교사 교육과정을
디자인하다

교사 교육과정을 디자인하다

2020년 4월 13일 초판 1쇄 발행
2023년 6월 1일 초판 6쇄 발행

지은이 | 박수원 · 심성호 · 이동철 · 이원님 · 임성은 · 임재일 · 정원희 · 최진희(교육과정디자인연구소)
펴낸이 | 이형세
책임편집 | 윤정기
교정교열 | 김경미
펴낸곳 | 테크빌교육(주)
주소 | 서울시 강남구 언주로 551, 프라자빌딩 5층, 8층
전화 | 02-3442-7783(333)
팩스 | 02-3442-7793
ISBN | 979-11-6346-081-7 03370
정가 | 18,000원

교사 교육과정을 디자인하다

Teachers' Curriculum

교육과정디자인연구소

박수원 · 심성호 · 이동철 · 이원님
임성은 · 임재일 · 정원희 · 최진희

테크빌교육

프롤로그

우리 선생님의 하루는 변화무쌍한 일들로 가득 차 있다. 오늘도 선생님들의 발걸음이 학교 안 여기저기를 꽉꽉 채웠을 것이다. 교실 안 선생님들의 실내화는 한시도 멈춰 있지 않았을 것이고, 운동장 속 선생님의 운동화도 분주하기는 마찬가지였을 것이다. 복도를 오가고, 계단을 오르내리며, 걷고 뛰는 선생님의 신발은 어쩜 전투화와 다름없다. 그렇게 하루 내내 학교라는 공간에서 선생님은 학생의 성장을 위해 고군분투 열정을 쏟아 내며 살아간다.

그런 선생님의 삶을 떠올리며 우리 동료들은 교육과정에 집중했다. 선생님의 시간과 공간을 가득 채우는 것이 다름 아닌 교육과정이라고 생각한 것이다. 교육과정 안에 선생님들의 삶이 있고, 학생의 성장이 있다고 두 번 세 번 되뇌고 곱씹었다. 시나브로 성장하는 배움이 학생과 웃고 떠드는 수업에 있고, 그 수업을 거울삼아 선생님도 성장한다고 소통해 왔다. 그래서 우리는 한입 모아 말한다. 선생님의 행복은 교육과정을 가지고 학생을 바라보는 것에 있다! 그리고 행복한 배움과 성장을 통해 교사도 행복해진다!! 이것이 바로 교사로서 행복하게 학생을 가르치는 비법임을 우리는 깨달았다.

'가르친다'라는 뜻을 가진 영어 동사 teach는 '누구에게', '무엇을' 가르친다는 4형식 동사다. '교사가 학생에게 교육과정을 가르친다'라는 명제를 두고, 우리는 어떻게 하면 학생들에게 잘 가르칠 수 있는지에 대한 고민으로 지난 1년 남짓을 궁리해 왔다. 그 결과, 내가 만나는 '학생에게' 주어진 교육과정(Mandated curriculum)을 효과적으로 가르치는 것이 매우 중요함을 깨달았다. 그런 통찰 뒤에 찾아온 우리의 한 가지 분명한 아이디어는 '교사'가 중심이 되어 학생들에게 적합한 교육과정을 디자인해야 한다는 것이었다. 즉, 주어진 교육과정을 내가 만나는 학생들에게 맞춤형으로 재구성하여 만들어 가는 교육과정(Making curriculum)을 설계해야 한다는 것이다.

우리가 일상에서 만나는 다문화학생, 학습부진아, 특수아동 등과 같은 배움의 속도와 수준이 다른 학생들까지 교사가 어떻게 가르칠 수 있는지에 대한 고민과 솔루션을 장고 끝에 담아내었다. 기존의 교육과정 서적들은 '무엇을(교육과정을)' 어떻게 가르칠지에 대해 논의가 중점적으로 다루어졌다면, 이 책은 '누구에게(학생에게)' 어떻게 가르칠지에 대한 부분까지 놓치지 않고 현장 적합성을 강조하면서 집필되었다.

결국, 국가, 지역, 학교에서 주어지는 교육과정을 바탕으로 교사는 학생의 성장을 구현하기 위해 학생에게 맞는 창의적인 교육과정을 개발하는 '교사 교육과정(Teachers' Curriculum)'이 진정 우리의 전문성을 담보할 수 있다는 강력한 믿음이 생기게 되었다. 그래서 이 책은 교사의 전문성을 위한 책이다. 그리고 교사의 행복, 학생의 성장, 함께하는 교육 공동체의 배움을 향한 책이기도 하다.

- 다양한 흥미와 적성을 가진 우리 반 아이들을 개개인의 특성에 맞게 가르치려면 어떻게 해야 할까?
- 의도한 수업대로 학생들에게 배움이 일어나지 않는다면 나는 어떻게 해야 할까?
- 미래에 역량 있는 학생들로 성장시키기 위해서는 교사에게 어떤 전문성이 필요할까?
- 마지막으로 학생이 원하는 수업, 학부모가 원하는 학교, 사회가 원하는 세상을 위해 나는 어떤 방법으로 학생들을 가르쳐야 할까?

이 책은 이런 질문들에 대한 모범 답안을 체계적으로 정리해 놓은 교사 교육과정 지침서다. 초 · 중 · 고 선생님이 함께 모여 과거에 힘들고 좌절했던 민낯 같은 아픈 기억들을 꺼냈고, 우리에게 중압감과 육중함으로 왔던 걸림돌과 장애물을 거둬 내기 위해 노력했다. 이윽고, 우리들은 위 질문들에 답할 수 있을 정도로 미래 사회에 필요한 필수 교육과정 안내서를 디자인하게 이르렀다.

서로의 이야기를 꺼내 놓으면서 서로 다른 교육과정의 모습을 조금씩 맞추어 갔던 모습들이 기억난다. 오갔던 대화 중에는 교육과정에 대한 오해도 있었고, 미처 파악하지 못한 무지의 소산도 있어 부끄럽고 창피했던 적이 일쑤였던 초반 우리들의 모습이 떠오른다. 하지만 우리들은 나눔을 멈추지 않았다. 일상에 일어나는 교육 활동을 좀 더 잘하고 싶은 열망과 도전이 있었고, 그것을 극복해 내기 위한 각오와 다짐이 대단했기 때문이다. 그리고 우리가 겪었던 긴장과 떨림은 우리 교사들 모두의 경험의 소산이라 생각하며, 고민하고 고뇌했던 교사들의 행복한 교육과정 사용법을 연구했다. 이런 경험은 우리 현장 선생님들에게도 모두 일어났거나, 일어날 거라고 헤아리며 이 책을 통해 조금이나마 도움이 되기 위하여 교사 교육과정의 이해와 실천적인 부분을 다듬고 또 다듬어 세상에 내놓게 되었다.

마지막으로 이 책을 위해 애써 주신 분들에 대한 감사로 마무리를 하고 싶다. 우선 '꿈을 담은 교육과정 소모임(꿈담소)' 회원님들께 심심한 감사의 마음을 전한다. 초 · 중 · 고를 넘나들며 관리자 · 전문직 · 현장 교사들이 정기적으로 모여 교육과정 이론과 실천을 함께 나누었던 경험들이 보물과 같은 자산이 되었다. 세미나, 포럼, 컨퍼런스 및 집필 활동 등으로 교사 교육과정에 대한 직 · 간접적인 조언과 응원이 큰 도움이 되었다. 이제 작은 소모임이 '교육과정 디자인 연구소'로 2020년 5월에 개소하였다고 하니, 이 책의 탄생과 함께 무궁한 발전이 있길 기원한다. 아울러, 오늘도 현장의 전투화를 신고 열심히 살아가고 있는 현장의 교장, 교감 및 부장 선생님들 덕분에 미흡했던 이 책 사이사이가 빛이 나고 향기까지 전해질 수 있었다. 무엇보다 생동감 있는 경험담과 격려를 주신 동료 선생님들에게는 더 특별한 감사를 이 지면을 통해 전해 본다. 끝으로 우리 집필자 여러분들께 하염없이 고마운 진심을 용기 내어 전한다. 셀 수 없이 많은 모임을 통해 동고동락했던 지난 날들은 우리의 소중한 추억이자 삶의 역사가 되었으리라. 함께 나누었던 소통의 결실이 이 책이라면, 그 결과는 함께 향유한 행복과 사랑이었다. 부족한 팀장을 믿고 따라 주었던 동료들의 팔로우십이 이 책을 완성할 수 있었다고 생각한다.

교사 교육과정은 우리 선생님들의 현장의 이야기를 담은 손에 잡히는 교육과정이다. 나와 만나는 학생들의 행복한 배움과 성장을 가능하게 하는 교사 교육과정에는 우리가 살고 있는 교육 현장을 좀 더 아름답게 스케치하기 위한 혁신적 관점이자 미래를 내다보는 전문적인 힘이 들어 있다. 학생의 성장을 위해 노력하는 분이라면 교사, 학부모, 연구자 누구이건 이 책을 추천하고 싶다. 그리고 교사 자신이 성장하고 싶은 행복한 미래를 꿈꾸는 분이라면 더더욱 이 책을 적극 권장한다. 모쪼록 이 책 출판 이후에도 우리 연구진들은 부족한 부분을 채우며 살아가고자 한다. 안주하지 않고 향상심을 가지며 좀 더 나은 '선생님'이 될 수 있도록 이 책을 읽는 많은 분들의 격려와 응원을 부탁드린다.

필자들을 대표하여

임재일 드림

CONTENTS

프롤로그 ······ 004

교육과정 개발, '집밥'과 같지 않을까? ······ 012

1. 교사 교육과정 (Teachers' Curriculum)

1. 교사 교육과정의 개념 ······ 016
2. 교사 교육과정의 필요성 ······ 025

♣ 나의 교사 교육과정에 나를 담고 싶다! ······ 039

2. 교사 교육과정의 오해와 진실

1. 학급 교육과정과 뭐가 다른가요? ······ 044
2. 교사, 혼자서/마음대로 만들면 되나요? ······ 049
3. 중등은 이미 교사 교육과정이다? ······ 057

♣ 우리는 왜 교육과정과 교과서 개발에서 '교사'를 배제하였는가? ······ 064

3. 교육과정 이해하기

1. 교사의 '교육과정 문해력' ······ 068
2. 역량을 기반한 국가 교육과정이란? ······ 083
3. 교육과정 대강화와 만들어 가는 교육과정 ······ 090
4. 성취기준 해석하기 ······ 098
5. 교육과정 통합 유형 ······ 113
6. 교사 교육과정–수업–평가–기록의 일체화 ······ 125
7. 과정 중심 평가를 위한 교사 교육과정 ······ 131
8. 교사 교육 철학 가지기 ······ 139

♣ 전문직으로서의 교사, 교육과정 전문가로 거듭나기! ······ 146

4. Step by step 교사 교육과정

1. 교사 교육과정 개발 준비하기 ······ 154
2. 교육과정 계획하기 ······ 161
3. 수업 만들기 ······ 171
4. 교사 교육과정 실천 및 피드백 ······ 178

♣ Fisher & Frey(2008): 학생 주도? vs 교사 주도? ······ 180

5. 교사 교육과정 실행의 예

1. 교육과정 계획하기 ······ 184
2. 교사 교육과정 실행 사례 – 학교 공통 주제형 ······ 190
3. 교사 교육과정 실행 사례 – 주제별 통합형 ······ 198
4. 교사 교육과정 실행 사례 – 학교 교육과정 연계형 ······ 203
5. 교사 교육과정 실행 사례 – 진로 선택 과목형 ······ 210
6. 교사 교육과정 실행 사례 – 초등 전담 교사형 ······ 222
7. 동 학년과 함께하는 교육과정, 이런 방법은 어떨까요? ······ 234
♣ 벽 속의 구멍 프로젝트: 학생의 자기 주도성 ······ 240

6. 교사 교육과정: 해외 사례

1. 뉴질랜드: 역량 기반 교육과정 ······ 244
2. 캐나다: 모두를 위한 교육 ······ 248
3. 일본: 앎과 삶의 교육과정 ······ 255
4. 싱가포르: 공동체성을 기반으로 ······ 260
♣ 미래의 학교: 새로운 고등교육 모델, 미네르바 스쿨 ······ 264

7. 시끌벅적 교육과정: 교육과정 이슈들

1. '국가 교육과정'은 없어져야 할까요? ······ 270
2. 핵심 개념, Less is more? ······ 275
3. 창체가 '시체'가 된 사연! ······ 278
4. 성취기준을 모두 평가해야 하나요? ······ 281
5. '학생의 의견을 반영한다'는 것의 의미 ······ 286
6. '교육과정을 지원한다는 것'의 의미 ······ 292
7. 초등학교 주요 교과서: 2022년부터 검정 체제 전환 ······ 296
8. 현행 '교육과정 진도표'의 문제점 ······ 299

에필로그 ······ 304
참고문헌 ······ 308

'집밥'과 '교육과정' 이야기

교육과정 개발, '집밥'과 같지 않을까?

당신은 가족과 함께 식당에서 아주 맛있게 식사를 할 수 있다.

➲ 당신은 학급 학생들과 함께 국가에서 만든 교과서로 진도 따라가기 수업을 할 수 있다.

당신은 '어떤 음식이 아이들에게 더 영양가 있을까, 무엇을 먹이지?' 고민한다.

➲ 당신은 '어떤 경험이 아이들을 더 성장시킬까, 어떤 아이로 키우고 싶지?' 고민한다.

당신은 유기농 채소, 유정란, 무농약 제품과 친환경적 다양한 재료로 요리를 할 수 있다.

➲ 당신은 아이들의 관심 분야별 신체놀이, 도서, 오디오-비디오 자료 등을 준비한다.

당신은 음식 재료를 깨끗하게 씻고 벗기고 자르고 익힐 것이다.

➲ 당신은 교실환경을 정리하고, 모둠을 조직하며, 주/월 단위 학습계획 및 활동 자료를 준비할 것이다.

누군가가 "편하게 나가서 먹지 뭘 고생해?" 하면 잠시 마음이 흔들릴 것이다.

➲ 옆 반 선생님이 당신에게 "귀찮게 뭘 그렇게 해? 교과서대로 그대로 가르치면 되지." 하면 당신은 잠시 자신의 행동에 회의가 들지도 모른다.

아이들이 "엄마, 아빠, 외식하고 싶어요."라고 말할 수도 있다.

➲ 아이들이 "선생님, 우리 공부하지 말고 게임하고 놀아요!"라고 말할 수도 있다.

당신은 찌개가 보글보글 끓고 두부가 몽글몽글 익도록 기다려야 한다. 재료 준비부터 식사가 완성될 때까지는 꽤 시간이 걸릴 수도 있다.

➲ 당신은 아이들이 자신의 생각과 마음을 자유롭게 표현할 수 있도록 기다려야 한다. 서로의 낯을 익히고 평안함을 느끼며 학습에 참여하기까지는 꽤 오랜 시간이 걸릴 수도 있다.

당신은 찌개의 맛이 우러나올 때까지 밥 익는 냄새와 찌개 향을 맡을 수 있다.

➲ 당신은 아이들이 자연스럽게 서로를 존중할 때까지 서로 도와 즐겁게 참여하는 것을 지켜볼 수 있다.

당신은 한 숟가락 찌개 맛을 보며, 그 구수함에 저절로 입가에 미소가 지어질 것이다.

➲ 당신은 아이들의 적극적인 배움 활동에 저절로 미소가 지어질 것이다.

매번 식사를 준비하는 것은 어려운 일이다. 그러나 당신은 식당에서 한 끼 먹는 것과 집밥이 다르다는 것을 안다.

➲ 의미 있는 배움을 준비하는 것은 어려운 일이다. 그러나 당신은 자신의 철학과 학생들의 필요와 요구를 담은 교사 교육과정이 다름을 안다.

집밥이 다름을 어떻게 아느냐고? 당신의 아이들이 충분히 건강한 것을 보라.

➲ 당신 반의 '교사 교육과정'이 좋은지 어떻게 아느냐고? 아이들이 즐겁게 학교에 오고, 배움에 열려 있으며, 더 당당하게 자신을 표현하는 것을 보라.

❶

교사 교육과정

Teachers' curriculum

출장 다녀오겠습니다~

"아, ○○ 선생님, 안녕하세요? 오늘 교육청에서 '교사 교육과정' 연수가 있는데 늦어서 급하게 나가고 있네요. 출장 다녀오겠습니다~."
오리의 우아한 겉모습과 달리 수면 아래 휘저어대는 무수한 발버둥처럼, 학교 안 부장 선생님들의 일상은 학생지도와 행정 업무 등으로 정신없는 나날의 연속이다. 오늘도 선생님은 오전 수업이 끝나자마자, 허둥지둥 학교 밖을 빠져나가느라 동료 선생님들과의 인사조차 급해 보인다.

그런데 「교사 교육과정」 연수라고?
그게 뭐지?

1

교사 교육과정의 개념

가. 「교사 교육과정」의 대두 배경

해외에서 교사 교육과정이 담론화되고 교육적 가치가 인정되기 시작한 것은 1970년대 후반부터다. 외부 전문가들이 교육과정을 잘 만들어 주면 학교 현장에서도 교육과정이 잘 운영되리라는 기존의 전제가 '환상'이었다는 학계의 성찰에 따라, 교실 속 교사들이 실행하는 실제적인 교육과정인 '교실 상황에서의 교육과정'에 관심을 가지기 시작한 것이다. 이러한 '교육과정 재개념화'의 패러다임은 교육과정에 대한 재해석을 통해 '문서로서의 교육과정'에서 '개별적인 경험으로서의 교육과정'으로 그 개념을 옮겨 놓았고,(이용환, 2002) 이는 교육과정학에서 1980년대 이후 'Teachers' Curriculum'으로 통용되는 개념이다.

우리나라에서 교사 교육과정은 교육과정 분권화 · 자율화, 학교혁신

운동과 맥을 같이한다. 국가가 목표, 내용, 방법, 평가 등 학교에서 무엇을 어떻게 가르치고 평가할 것인지 모두 결정하여 안내하던 중앙집권적 방식에서 지역의 특성, 학생 · 학부모 · 교사의 필요와 요구 등을 반영한 교과서 재구성, 교육과정 개발이 '학생들의 참된 배움(Authentic learning)'을 위해서 필수적이라는 패러다임적 변화가 생긴 것이다. 이처럼 교사 교육과정은 교사가 교육과정 가능성(Curriculum Potential, 교육과정 자율권)을 발휘할 수 있을 때 가능한 일이며, 교육과정 자율화가 강화됨에 따라 우리나라도 점차 국가 교육과정에서 교육과정 개발자로서의 교사상을 강조하게 된다.

❶ '교과서' 중심 수업에 대한 비판

교과나 특별 활동의 내용 배열은 학습의 순서를 의미하는 것이 아닌 예시적인 성격을 지니고 있음에도 불구하고, 우리는 흔히 교과서에 있는 내용은 하나도 빠짐없이 다 가르쳐야 하고, 평가 문항의 출제도 교과서에 있는 것을 그대로 제시해야 한다는 착각에 사로잡혀 학교 교육이 교과서 중심으로 이루어지는 경향이 있다.(교육부, 1998; 160~161)

❷ 교사의 '교육과정 개발자'로서의 역할 강조

교사는 학교 교육과정의 최종적 실행자인 동시에 학생들의 능력과 요구를 가장 잘 파악하고 학교의 지역적 특수성을 가장 잘 아는 사람이다. 따라서 교사는 단순히 교육과정 사용자가 아니라 교육과정의 실천가임과 동시에 개발자 및 결정자로서의 전문적 역량을 발휘할 수 있도록 지속적인 노력을 기울여야 한다.(교육부, 2010)

나. 「교사 교육과정」 개념

교육과정 실행 분야에서 교사 교육과정(Teachers' Curriculum, Curricula)은 넓게 '**교사가 개발하는 교육과정**' 모두를 의미한다.

- 국가 수준 교육과정을 상세화해서 교실 수준에서 사용하는 혹은 사용한 교육과정(Classroom curriculula, 김현규, 2016에서 재인용)
- 국가 교육과정(성취기준)을 적극적으로 재해석하여 우리 학급의 학생들에게 보다 적합한 수업으로 새로이 만들어 낸 실제적인 교육과정(김현규, 2016)
- 국가 · 지역 수준의 교육과정을 기준과 지침으로 학교 수준 교육과정에서 제시하는 요구 및 교육환경 등을 반영하여 단위 학급(학년)별로 편성 ·

운영하는 실천 중심 교육과정(에듀쿠스, 2019)

• 학생의 삶을 중심으로 국가, 지역, 학교 수준 교육과정을 공동체성에 기반하여 교사가 맥락적으로 해석하고 개발하여 학생의 성장 발달을 촉진하는 교육과정(경기도교육청, 2020)

이에 따라, 교사 교육과정은 **'학교 교육과정'과 '교실 교육과정' 수준에서 실행**되며,(김세영, 2015; 정미향, 2015; 이윤미, 정광순, 2015) 학교 교육과정은 '단위 학교에서 개발해서 실제 운영하는 교육과정'을, 교실 교육과정은 '교실 상황(수준)에서 운영되는 실제적인 교육과정'을 의미한다. 즉, 교사 교육과정이란, 국가 수준에서 제시하는 표준화된 교육과정을 기반으로 하되 교사가 교육과정 전문성(Curriculum literacy)을 발휘하여 새롭게 수정 · 개발한 교육과정이며, 주로 교실 속 학생들과의 직접적인 만남에서 실제적으로 실행되는 교육과정을 의미한다.

교사 교육과정은 '교과서 재구성, 교육과정 재구성, 교육과정 개발'의 양상으로 실행되며, 교사의 교육과정 전문성은 교육과정 문해력(Curriculum literacy)을 바탕으로 학생 · 학부모 · 교사의 필요와 요구에 따라 위 방식을 적절히 선택하여 운용할 수 있어야 한다.

단계		국가 교육과정 사용 방식		교사
교과서	0단계	교육과정 x	= 교과서 진도 나가기	교과서 전달자
교사 교육 과정	1단계	**교과서 재구성**	= 교과서 내용의 순서, 비중, 방법 재구성	교육과정 사용자
	2단계	**교육과정 재구성**	= 성취기준 재구조화: 통합, 압축, 수정 등	
	3단계	**교육과정 개발**	= 성취기준 삭제, 생성 등	교육과정 개발자

교사의 교육과정 개발 범위

'교과서 재구성'은 소극적인 재구성 방법(김평국, 2004)으로 교과서 내용의 전개 순서 변경, 내용 추가, 내용 축약, 내용 생략, 내용 대체 등 교과서를 재구성하여 활용하는 방식을 의미한다. '교육과정 재구성'은 교사가 스스로 전문성에 기초해 주어진 교육과정 목표를 효과적으로 달성하기 위해 교육 계획 및 교과서를 재조직화, 수정 · 보완 · 통합하는 등의 활동(성열관, 이민정, 2009: 75)으로, 국가 교육과정의 범위 내에서 학교, 교사가 자율권을 발휘하되 성취기준 압축, 수정, 통합 등의 방법으로 교육과정을 운영하는 것을 의미한다. '교육과정 개발'은 성취기준의 생성, 삭제 등 '주어진' 교육과정의 범위를 초월하여 새롭게 성취기준을 생성하는 등 교사의 교육과정 자율권을 폭넓게 행사한 것까지 확장된다.*

다만, '재구성' 용어 자체가 갖는 '다시-구성함'이라는 의미는 현재 우리나라의 국가 교육과정이 고정된 실체로서의 교육과정** (↔만들어 가는 교육과정 추구)이 아니며, 현 국가 교육과정은 성취기준을 임의로 삭제할 수 없는 상태(제한된 교육과정 자율권)이기에 '교육과정 재구성'이라는

• 단, 현행 2015 개정 교육과정에서는 '성취기준의 삭제가 불가'하다.
-학교생활기록부 기재요령(초등, 2019.02. p.80) 성취기준을 통합, 압축 등 재구조화할 경우, 성취기준의 내용 요소 일부가 임의로 삭제되지 않도록 유의해야 하며, 일부 내용 요소를 추가해야 하는 경우에는 학생의 학습 및 평가 부담이 가중되지 않도록 한다.

•• 서명석(2011)은 교육과정의 개념을 '실체관: 완성된 하나의 실체=주어지는 교육과정'과 '텍스트관: curriculum document= 만들어 가는 교육과정'으로 구분하여 설명한다. 실체관에서는 주어진 국가 교육과정을 교실 현장에서 그대로 전달하는 역할을 하나, 우리나라 교육과정은 이미 제7차 교육과정에서부터 '만들어 가는 교육과정'을 강조하고 있다.

말은 불가하다는 비판을 받는다.• 따라서 교육과정 해설서 및 현장에서 사용되는 '교육과정 재구성'이라는 용어는 그 개념의 모호성으로 '교사 교육과정의 개발'로 대체되고 있다.(서명석, 2011)

또한, 교사 교육과정의 목적이 '학생들의 배움'에 있는 만큼 교육과정을 어떻게 개발할 것인지는 '학생들의 배움에 적합한 방식'이어야 한다. 따라서, 무리한 교육과정 재구성/개발로 '재구성을 위한 재구성', '형식적인 교육과정 개발'이 되지 않도록 유의해야 한다.

다. 「교사 교육과정」의 특징과 의의

「교사 교육과정」은 교사의 '교육과정 문해력'을 기반으로 국가 교육과정의 범위 내에서 지역의 실태, 학생/학부모의 필요와 요구를 반영하여 '교육과정 – 수업 – 평가(기록)'가 일체화되도록 개발한 교육과정이다.

• 교육 현장에서 교육과정 개발은 '교육과정 재구성', '교육과정 설계', '교과서 재구성'의 명칭이 혼재되어 불리나, '교육과정 재구성'이라는 명칭이 교육과정 개념의 혼란과 개념의 불명료함으로 인해 재탐색되고 있다.(2015, 정미향에서 재인용) 정광순(2017)은 교사의 '교육과정 재구성'이라는 명칭에 대해 '명칭의 평등성이 문화의 평등성이 된다'는 신념 하에, 교육과정 재구성이라는 용어보다는 '국가 교육과정'이라는 용어와 함께 '교사 교육과정 혹은 교실 교육과정'이라는 용어를 사용함으로써 교사/교실 수준에서 개발하는 교육과정에 대한 담론을 형성해야 한다고 제안한다.

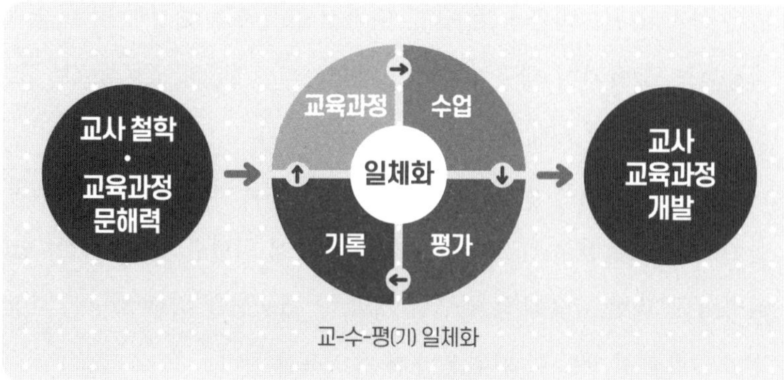

교사의 교육과정 개발 과정

이는 교육의 중심에 '학생'을 두고, 교육과정 전문가로서의 '교사'를 상정하며, 교과서가 아닌 '교육과정'을 강조하는 의미를 내포함으로써, 교사에게 필요한 교육과정 능력(문해력)과 교육과정 개발 및 실행 방법[교육과정-수업-평가(기록) 일체화]을 통해 「교사 교육과정」을 만들어 가는 것을 목표로 한다.

교사 교육과정의 성격(특징)을 정리하면 다음과 같다.

- **'교사의 교육과정 자율권'을 발휘하는 교육과정**

「교사 교육과정」은 고정된 실체로서의 교육과정이 아니라 '만들어 가는 교육과정'의 입장에서 '교사'의 전문성을 기반으로 교육과정 자율권을 적극적으로 발휘한 교육과정이다. 이는 교육과정 실행 주체로서의 교사의 위상을 재정립하는 개념이며, 중앙집권적 교육과정 체제에서 지역·학교로 이양되는 교육과정 의사결정권을 적극적으로 발휘한 개념이다. 교사는 '교육과정 의사결정자'이자 '교육과정 개발자(Curriculum maker)'로서 국가 수준의 교육과정을 학교와 학생에게 좀 더 적합한 교육과정이 되도록 개발하는 것이다.

• '학생 중심' 교육을 지향하는 교육과정

그동안 우리는 교육과정을 교육 내용으로 보고 교육의 목적이자 주체인 '학생'을 간과한 경향이 있다. 「교사 교육과정」은 국가 교육과정을 단위 학교, 교실에서 실행할 때 학생들의 필요와 요구에 적극적으로 대응하는 교육과정으로, 학생을 중심으로 교과서 재구성과 교육과정을 개발함으로써 그들의 의미 있는 배움과 배움 활동을 증진시키기 위한 교육과정이다. 따라서, 배움의 기준과 내용으로서 성취기준을 중심에 두나 이러한 내용도 주어진 상황 및 맥락에 맞게 수정, 변경, 통합 가능하며, 이러한 활동의 중심에는 언제나 '학생'이 있어야 한다.

• '공동체성'을 기반으로 하는 교육과정

언뜻 「교사 교육과정」은 교사의 입장에서, 우리 반 학생들의 특성을 고려하는 '개인적인' 특성이 강조되는 교육과정처럼 비춰지기도 한다. 그러나 「교사 교육과정」은 교육 공동체의 사회, 문화적 특성 및 합의를 전제로 한다. 교육이 태생적으로 사회적 영향(그 당시의 교육 철학 및 국가·사회적 필요와 요구를 반영한 국가 교육과정 등)을 무시할 수 없고, 다양한 학생 모두에게 적합한 교육(교육의 공공성, Equity)이 되려면 집단적 사고를 통한 '질 높은 교육과정'이 운영되어야 한다. 이를 위해 교육과정 개발은 교육 공동체의 공동 참여와 협의를 통해(교육의 민주성) 교육 방향(철학),

내용, 방법 등이 숙고되어야 하며, 교내외 위원회 및 협의회를 통해 적합성이 담보되어야 한다.•

- **학교/교실 현장에서의 '실행'을 강조하는 교육과정**

교육과정이라는 용어는 문화권마다 서로 다른 의미를 지닌다. 특히, 영어권에서는 연방 수준의 교육과정을 Standards로 칭하고, Curriculum은 교실 수준에서 교사가 개발한 프로그램, 교수학습 자료, 교재를 지칭하는 편이다. 따라서 교육과정 개발은 으레 교사의 교육과정 개발을 칭하고 그러한 활동을 촉진한다. 반면, 우리나라와 같이 처음부터 국가 교육과정 체제로 학교 교육을 시작한 나라에서 Curriculum은 국가 수준에서 개발하는 것이고, 교실 수준에서는 이를 구현할 뿐이라고 여겨 왔다. 그러나 「교사 교육과정」은 우리나라의 '주어진 교육과정(Mandated curriculum)'관이 교사에 의해 교실 현장에서 구현되는 즉, '개개인에게 경험되는 교육과정'으로 '실행'이 강조되는 의미로 변화하고 있음을 반증한다. 아무리 좋은 교육과정도 사람과 자료를 배제할 수 없듯이, 교육은 비로소 교사와 학생에 의해 교실 현장에서 구현되는 것이기 때문이다.

• 교육 자치/학교 자치가 강화됨에 따라, '지역 교육과정위원회'가 활성화될 것이며, 교내 기구로는 '학교 교육과정위원회', '학업성적관리위원회' 등이 있다. 현재 '학교생활기록부 기재요령(p.80)'에 따르면, '성취기준의 재구조화'가 필요한 경우에도 교내 위원회 및 협의회의 적정한 절차를 거쳐 합의하게 되어 있다.

2 교사 교육과정의 필요성

익숙한 교과서에서 벗어나 새롭게 교육과정을 개발하는 것은 그리 달가운 일이 아니다. 그럼에도 교사 교육과정 개발은 시대 · 사회적 당위성과 함께 교사의 전문성으로 교육의 본질을 살리는 길이다. 교사 교육과정의 필요성과 당위성을 이 관점에서 이야기해 보자.

해야만 하는 것 & 할 수 있고, 하고 싶은 것

가. 교육 패러다임 변화 : '학생'을 강조하는 교육과정관의 변화에 따른 필요성

- 교육과정이란? 학생들이 학교에서 경험하는 총체
- 배움의 주체로서의 학생상
- '가르침 중심'에서 '배움 중심'으로의 교육적 책무성 확대

Rugg(1927)는 교육과정을 '학생의 삶과 가장 닮은 경험으로 학생이 그들의 삶에 필요한 것을 충족시키는 데 필요한 것들을 제공하는 것'이라고 정의하여 학생의 삶을 기준으로 교육과정을 보았다.

Dewey(1933)는 가르침에 대한 교사의 책무성을 다음과 같은 비유로 설명하였다.•

> "우리는 어떤 상인이 상품을 하나도 팔지 못했으면서도 많이 팔았다고 말하면 그 상인을 조롱한다. 그런데 학생이 학습한 것과는 관계없이 하루의 교수를 잘 해냈다고 생각하는 교사들도 있을 수 있다. 교수와 학습 간의 관계는 물건을 사고파는 관계와 같다."(pp.35~36)

교사 교육과정의 출발은 바로 내 앞에 있는 '이~학생들'이다. Dewey의 교과의 심리화 즉, '학생을 교과에 맞추지 말고, 교과를 학생에 맞추라'는 것은 학생들의 흥미를 반영하여 삶과 연계된 교육을 하라는 것이며, 이는 그동안의 우리 교육과정이 가르쳐야 할 내용에만 집중하여 그 안에 있는 학생들을 보지 않음으로써 배움의 소외를 야기했음을 의미한다.

따라서, 배움의 주체로서의 학생상을 바로 세우고 교사는 가르침에 앞서 '우리 아이들이 이것을 왜 배워야 할까?'를 생각해 봄으로써, 지역/학교의 특성 및 학생들의 필요와 요구를 반영한 교육과정을 개발할 필요가 있다. 이러한 과정을 통해 학생은 교사와 함께 교육과정의 공동 기획자, 개발자가 되며(Schultz, 2017), 자신의 관심과 능력에 맞는 학습 경로

• 강충렬 외(2020)에서 재인용

를 설정하고 그에 적합한 학습 내용과 방법을 결정하면서 학습에 대한 주도권을 가질 수 있을 것이기 때문이다. 이와 같이, 학생과 교사를 교육과정의 주체로 적극 세우는 교육과정이 바로 교사 교육과정이다.

나. 교육의 공공성과 개별성: 가치 있는 배움을 위한 필요성

- 교육의 공공성: 모든 학생들을 위한 공정하고 공평한 교육 추구
- 민주시민 교육, 세계화 및 다문화 교육 강화
- 학습자 개별 맞춤형 교육에 대한 요구

'교육받을 권리'는 헌법• 및 세계인권선언문••에 명시된 인간의 기본권리다. 이에 따라 우리나라도 중학교까지를 의무 교육으로 정해 '모든 학생을 위한 기초 · 기본 교육'을 진행하고 있다.

그러나 그동안 우리 사회는 능력주의적 교육관(Meritocracy)에 따라 교육 기회, 교육 내용, 교육 방법적인 차별을 당연시해 왔다. 공부를 잘하는 학생에게는 좀 더 많은 기회와 우선권, 추가 지원을 하는 것이 당연하다는 편협한 수월성 이론이 강세한 것이다. 그러나 앞서 언급한 것처럼 교육은 국민의 기본권이자 의무로, 국가는 모든 국민이 경제적 능력, 종교,

• 헌법 제31조 1항. 모든 국민은 능력에 맞게 균등한 교육을 받을 권리를 가진다.

•• 세계인권선언문 제26조. 모든 사람은 교육받을 권리가 있다. 초등 교육과 기초 교육은 무상이어야 하며, 특히 초등 교육은 의무적으로 실시해야 한다. 부모는 자기 자녀가 어떤 교육을 받을지 '우선적으로 선택할 권리'가 있다.

성별에 관계없이 고른 교육적 혜택을 누릴 수 있도록 기회의 평등, 과정의 평등, 결과의 평등을 위해 조치하여야 한다. 학습 부진/장애/다문화 아동을 포함한 모든 학생들을 개별적 독특성, 필요와 요구를 가진 존재로서 인정하고 모든 아이들이 교육에서 소외되지 않도록 교육적 안전망을 갖추어야 하는 것이다.

이렇듯, 교육의 공공성은 학생 개개인을 개별적 존재로 인정하고 모든 학생들이 배움에서 소외되지 않도록 배려, 지원해야 함을 의미하는 것이며, 교사 교육과정은 학생들의 다양한 필요와 요구를 반영하여 교육과정을 개발함을 전제로 하기에 교육의 공공성을 담보하는 최적화된 방식이다.

다. 수업 효과성: 학생의 성장, 교사의 보람을 위한 필요성

- 교육의 효과성 확대
- 교사의 보람과 학생 성장에 대한 필요

교사 교육과정의 가장 실제적인 필요성은 바로 '개별 교사의 실천적 경험에 따른 필요성'일 것이다. 교사는 수업 시간 동안 아이들과의 관계 속에서 교사로서의 행복감, 좌절감을 모두 경험한다. 교사의 의도와 학생들의 반응이 일치할 때는 짜릿한 성취감과 함께 보람을 느끼며, 반대로 교사의 계획이 전혀 실현되지 못하거나 학생들의 반응이 다를 때에는 비참함과 우울함까지도 경험한다. 이는 교사들 역시 교사라는 사명감과 함께 학생들에게 도움이 되는 존재이고 싶은 욕구가 내면하고 있기 때문이다.

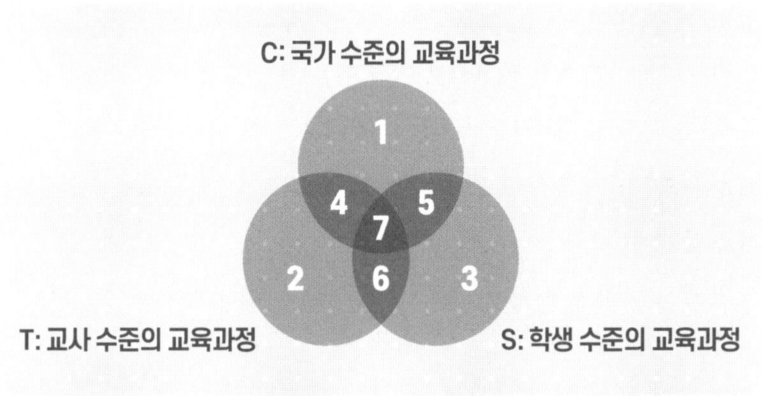

교육과정 개념 모형(김종서, 1987)•

교사가 주어진 교육과정과 교과서를 그대로 전달하는 역할을 하기보다는 학생들의 필요와 요구 등 상황적 맥락을 고려하여 교육과정을 수정/개발할 수 있을 때, 가르침과 배움이 맞닿아 교육적 효과는 확대될 것이다. 가르침과 배움의 관계를 그림으로 표현한 영역 7은 교육과정에 제시되어 있고 교사도 가르쳤으며 학생들 또한 잘 배운 가장 이상적인 상태다. 이는 문서로서의 교육과정이 교사의 수업을 통해 생명력을 얻어 학생들에게 참된 배움으로 연결된 지점이며, 교육과정 – 수업 – 평가가 일체화된 지점이기도 하다. 영역 7이 확장될수록 우리는 교육적 효과성

• Goodlad의 기준을 세분화한 김종서의 교육과정 개념 모형
- Goodlad의 교육과정 모형 개념은 수업 수준(Instruction level, 교사)의 교육과정, 기관 수준(Institu-tion level, 행정라인, 교장)의 교육과정, 사회적 수준(Societal level, 정부, 교육전문가)이다.
- 이를 김호권(1985)은 공약된 목표로서의 교육과정(의도된 교육과정), 수업에 반영된 교육과정(전개된 교육과정), 학습 성과로서의 교육과정(실현된 교육과정)으로 구분하기도 한다.

이 큰 '좋은 수업'이라고 말하고, 이는 가장 가까이에서 학생들의 필요와 요구를 파악하고 이를 배움으로 연결 지을 수 있도록 하는 교육과정 계획, 바로 교사 교육과정으로 가능한 것이다. 교사 교육과정은 학생들의 배움을 확장시켜 교사도 보람과 만족을 경험할 수 있는 교육과정적 가치를 갖는다.

라. 미래 사회: 교육 생태계의 변화에 따른 필요성

- AI 시대 등 4차 산업혁명
- 저출산 고령화/인구 절벽, 경제적 양극화, 평생학습 사회 도래 등
  →지식, 학교/ 교사 역할의 변화

알파고 사태로 실감한 4차 산업혁명에 대한 기대와 우려는 교육 부분에서도 다양한 이슈와 담론을 만든다. IT(Information Technology)와 AI(Artificial Intelligence)로 대변되는 사회는 시공간을 초월한 학습 기회의 확장을 예견하고 이로써 학교의 성격, 교사의 역할은 어떠해야 하는지 물음을 던지기 때문이다. 이미 MOOC(Massive Open Online Course, 온라인 공개 수업의 약자)로 전 세계 일류 대학의 수업을 온라인으로 접속해 무료로 강의를 들을 수 있으며, 스티브잡스 스쿨(Steve Jobs school), 알트 스쿨(Alt school)의 학교들은 교육용 로봇과 태블릿을 활용하여 개인별 맞춤형 학습을 운영한다.

심각한 저출산 · 고령화 및 인구 절벽 현상 역시 교육 생태계의 변화에 큰 영향력을 미친다. 인구 절벽 현상은 학령기 아동 감소의 문제를 넘어

국가의 존립 자체를 위험하게 하며, 단 한 명의 학생도 낙오되게 놔둘 수 없는 절박함에서 학생 개개인의 배움의 목적에 따른 맞춤형 교육의 필요와 이를 위한 코칭, 프로젝트 매니저와 같은 학교와 교사의 역할 변화를 요청한다.

변화는 이미 시작되었다. 근대 학교와 교사의 모습은 변화가 불가피한 상황이다. 더 이상 학교는 배움을 독점한 공간이 아니며, 교사 역시 누군가가 정해 놓은 내용을 학생들의 필요와 요구, 흥미를 무시한 채 '가르치는 일'을 하는 사람이 아니다. 미래세대와 직접적으로 대면하는 최전선의 기성세대가 바로 교사인 까닭에, 교사는 미래와 현재의 학생들의 연결 짓는 중요한 매개적 역할을 해야 하며, 그러한 방안의 하나가 바로 교사 교육과정 개발이다.

마. '국가 교육과정 변화'에 따른 필요성

- 2009 개정 교육과정의 특징
  : (공통) 학년군, 교과군, 집중이수, 시수 20% 증감 운영 등
- 교육과정 자율화에 따른 정책
  : (초등) 검정교과서제 도입, (중등) 자유학년제, 고교학점제 도입 등

2015 개정 교육과정은 교육과정의 안정성 확보 차원에서 2009 개정 교육과정의 큰 틀을 유지한 채 개발되었고, 2009 개정 교육과정은 학교 자율화 추진 계획(2008.4.15.) 및 교육과정 자율화 방안(2009.6.11.)의 연속선상에서 '총론 수준에서 단위 학교로 교육과정 편성 · 운영에 대한 권

한을 이양'하는 정책들을 제시한다. 즉, 교과군, 학년군을 통한 집중이수로 학생들의 이수 교과목 수를 줄이거나 학습의 효율성 차원에서 일정 기간에 집중적으로 운영할 수 있으며, 교과별 수업 시수 20% 증감제를 통해 특색 있는 교육과정 운영을 가능하게 한 것이다. 또한, 2022년부터 초등학교의 교과서를 검정교과서 체제로 확대해 단위 학교의 선택권을 강화하고, 고등학교의 선택 중심 교육과정을 학점제의 방식으로 운영해 학생들의 선택권을 강화함으로써, 단위 학교 및 교사의 교육과정 편성 · 운영의 결정권을 확대하고자 한다.

이는 학교와 교사가 학생, 교실, 학교, 지역의 특수성을 고려하여 학생의 능력과 욕구에 가장 적절한 교육과정을 실행할 수 있는 위치에 있음(정광순, 2012)을 인지하고 교육과정의 자율권을 강화하는 방안이며, 또한 교사의 교육과정 개발을 적극 권장하는 근거가 된다.

바. 교육 자치 · 학교 자치 강화에 따른 필요성

· 지방교육자치에 관한 법률 [법률 제11212호]

① 이 법은 교육의 자주성 및 전문성과 지방교육의 특수성을 살리기 위하여 지방자치단체의 교육·과학·기술·체육 그 밖의 학예에 관한 사무를 관장하는 기관의 설치와 그 조직 및 운영 등에 관한 사항을 규정함으로써 지방교육의 발전에 이바지함을 목적으로 한다.

1991년 지방교육 자치에 관한 법률이 처음 공시된 이후 그동안 유명무실하던 교육 자치가 현 정부의 정책 공약으로 가속도가 붙고 있다. 교육자치란 교육의 자주성 및 전문성과 지방교육의 특수성을 살리기 위하여 지방자치단체의 교육 · 과학 · 기술 · 체육 그 밖의 학예에 관한 사무를 지방에 위임 · 이양[•]하는 것으로, 유 · 초 · 중 · 고의 교육에 관한 권한을 시 · 도교육청으로 권한 위임 · 이양하는 것을 의미한다.

이처럼, 우리나라는 기존의 강력한 중앙집권적 교육 체제에서 제6차 교육과정 이후 분권화, 자율화를 표방하며 시 · 도 및 단위 학교(교사)의 교육에 관한 의사결정권을 점차 확대해 오고 있다. 기존의 국가 → 지역 → 학교 → 학년/학급의 위계적 관계에 따른 관료적 시스템을 단위 학교 및 교사에게 교육과정의 권한을 위임함으로써 학교 책임 경영 및 교육과정 중심의 학교 운영을 강조하는 것이다. 특히, 제7차 교육과정 이후부터는 단위 학교 및 교사의 자율권을 대폭 강화하여 교육 공동체가 함께 '만들어 가는 교육과정', '학급 수준의 교육과정 운영'을 강조하기에 이른다. 결국, 교육 공동체 주체들의 소통과 대화로 학생들의 개성과 인격을 존중하고 현장의 운영 실태를 반영하여 단위 학교에 '적합한' 교육과정을 구현해 내기를 기대하는 것이다. 교사 교육과정은 교사의 교육과정 재구성과 자율성을 넘어 학생의 성장을 일구어 내는 학교 자치의 한 단면을 보여 주는 정책이자 제도인 것이다.

• 두산백과.

사. 법률적 근거에 따른 당위성

- **초 · 중등교육법 제20조(교원)**

  ③ 교사는 **법령**이 정하는 바에 따라 학생을 교육한다.

- **초 · 중등교육법 제23조(교육과정 등)**

  ① **학교는 교육과정을 운영**해야 한다.

  ② 교육부 장관은 제1항에 따른 교육과정의 기준과 내용에 관한 기본적인 사항을 정하며, 교육감은 교육부 장관이 정한 교육과정의 범위에서 지역의 실정에 맞는 기준과 내용을 정할 수 있다.

초 · 중등교육법 제23조에 따라, 학교는 국가 교육과정의 범위 내에서 시 · 도교육청의 교육과정 편성 · 운영 지침과 실천 중심 장학 자료 등을 반영하여 학교의 특성, 학생 · 학부모의 요구, 교사의 필요 등을 고려한 개별 학교만의 특색 있는 교육과정을 개발하여(교육부, 1998) 운영하게 된다.

초 · 중등교육법 제20조 3항은 '교사는 교장의 명에 따라 학생을 교육한다'에서 '교사는 법령이 정하는 바에 따라 학생을 교육한다'로 개정되면서 명실상부하게 우리나라의 교육과정이 '교사 수권 교육과정•' 즉, 교사에게 그 실행을 위임하여 배부하는 교육과정임을 보여 준다. 교육과정의 실질적인 주체가 '교사'인 것이다.(정기오, 2009)

• 교육과정의 수령자(Mandatee)가 누구인가에 따라 학생 수권 교육과정, 교사 수권 교육과정, 행정 수권 교육과정으로 구분할 수 있으나, 우리나라 교육과정 현실 속에서는 위 3가지의 양상이 혼재되어 있다. 특히, 2015 개정 교육과정 이후 학생의 최소 성취기준 및 책무성의 기준으로서의 교육과정 성격은 우리나라 교육과정의 형태가 '학생 수권 교육과정'으로 이양하고 있음을 볼 수 있다.

이렇듯, 교사의 교육과정 개발은 법률적 차원에서도 더 이상 물러설 수 없는 문제다! '교사'는 법률이 직접 그 권한을 부여한 교육과정 개발 · 편성 · 운영의 주체이며,(박창언, 2004) 이는 중앙집권적 국가 교육과정을 운영하는 우리나라에서 교육과정의 분권화, 자율화를 통해 국가의 '통제'와 사회 및 학생이 요청하는 '개방' 간의 조화와 균형을 찾고자 하는 과정이다.(정광순, 2012)

아. 재난사고와 같은 긴급 상황에서의 교육과정 대응

2020년부터 우리는 코로나-19 감염병이라는 초유의 국가재난 비상사태를 겪어왔다. 마스크 부족, 치료제 개발, 병실부족, 입국금지문제, 취약계층보호, 경제 하강 등등 코로나-19 사태가 안겨 준 사회 혼란과 마비 증상은 실로 어마어마하였다. 이러한 변화무쌍한 사회적 변동은 바로 교육 활동에 나비효과로 나타났다.

교육부는 코로나-19 감염병 위기경보가 '심각' 단계로 조정됨에 따라 학생 최우선으로 보호하기 위한 선제적 대응 방안으로서 전국 초 · 중 · 고 개학을 수차례 추진하게 되었다. 이에 단위 학교는 개학과 입학을 전격 연기하고 학사 일정 조정은 물론 긴급 돌봄교실 운영 실시 및 온라인 가정학습 등으로 코로나-19 사태에 대응하였다. 이처럼 국가 재난사태와 관련한 범국민적 대응에는 정부와 교육부가 컨트롤타워가 되어 대한민국을 하나같이 일사분란하게 움직이면서 이 난국을 슬기롭게 헤쳐 나가고자 하였던 대처였다. 이때, 교육 활동에 기준이 되는 것은 국가 교육과정이다. 재난 대비 상황에 탄력적으로 조응하기 위한 학교 단위의 교육 활동은 법정 수업 일수 및 수업 시수를 비롯하여 학사 일정에 관한 모든 사항을 국가 교육과정과 관련된 법률, 명령, 고시된 지침에 따라 조정되었다.

단위 학교는 국가에서 정해 준 기준과 지침에 의해 학사 일정을 조정하여 연간 교육과정을 재조정하였다. 이제 단위 학교는 컨트롤타워 역할을 위임받아 학기와 방학의 일자 배정과 같은 실질적인 학사 조정을 추진하였다. 그 이유는 행정구역에 따라, 지역 사회에 따라, 또 학교 구성원에 따라 처한 상황과 여건이 천차만별이어서 학교 구성원들의 민주적인 합의 절차를 통해 국가의 기준과 지침을 근거로 현장에 맞게 재구성될 수밖에 없기 때문이다. 예를 들어, 대구와 같이 특별 관리가 필요했던 지역은 타시도와 차별화된 전략으로 학교 교육 활동이 편성 · 운영되었다. 같은 시 · 도 안에서도 코로나-19 감염 확진자에 따라 학사 일정의 변동이 확연히 달랐던 이유가 바로 그것이다.

몇 주 이상 개학이 연기된 학교에서는 계절과 날씨, 계기 교육과 관련하여 교육과정을 재구성할 수밖에 없는 상황이었다. 조정되는 교육과정 재구성의 방향은 학년(교과) 교육과정이 컨트롤타워가 되어 동 학년(동 교과) 선생님들과의 협의를 통해 공통의 아이디어를 모아 이 상황에 유연하게 대처하였다. 하지만 내가 맡은 학급 안에 감염 증세를 보이거나 이미 확진되었거나, 또는 감염병에 대한 공포로 가정 현장 체험 학습 및 등교 거부를 보이는 학생 · 학부모가 나타나 이에 대한 대책이 필요했다. 또한 수 주 이상의 개학 연기로 학생들이 수행되어졌을 것으로 예상되는 온라인 가정학습에 대한 성취도도 천차만별로 나타났다. 결국, 학급을 운영하는 담임교사는 내가 만나는 학생들의 제각기 다른 상황에 대한 탄력적인 운영이 불가피했다. 학교, 학년 교육과정에 기초하여 학교 구성원과 동 학년(동 교과)이 공동으로 추진하는 공통분모 이후에 학급 상황은 이렇게 다양할 수밖에 없기 때문이다. 내가 만나는 학생의 학습 상황, 가정 실태, 생활 여건 등은 1차적으로 담임교사의 교육과정 운영으로 해결해야만 했었다.

그렇다면, 이런 학생들에 대한 가변적인 교육과정 컨트롤은 누가 해야 할 것인가? 국가 교육과정은 이런 상황에 대한 근거와 지침을 열어 주는 요강화된 입장을 가지고, 지역 단위 시 · 도교육청에 위임하였다. 지역 단위는 학교를 지원하기 위해 이와 관련된 행정사무와 지원 체제를 조력하였다. 학교 단위는 앞서 말한 대로 학교 구성원의 합리적인 판단에 의해 민주적인 방식으로 여건에 맞는 학교 학사 일정과 학년(교과) 교육과정을 조정하였다(작은 학교의 경우 학년 교육과정은 없을 수도 있다). 그렇다면, 이제 학생을 만나며 수업을 하는 교사에게 그 다음의 이슈가 될 만한 것들을 자율적으로 결정하는 권한 위임만이 남았다. 이것은 학생 개개인의 특성이 반영된 교사 교육과정이 만들어져야 함을 시사한다. 이런 재난 대비 사태와 같이 특별한 학생의 요구들을 수용할 수 있는 포용적인 교육과정을 재구조화해야 하는 것이다. 예전에 있었던 사스, 신종 인플루엔자(독감), 메르스도 이런 교사 교육과정을 발휘하였으며, 앞으로 발생될 감염병을 비롯하여 재난 대비 상황에서도 교사 교육과정은 재난 대비와 같은 긴급 상황의 대처에 교사가 직접 교육과정을 학생에 맞게 편성 · 운영할 수 있도록 하는 현장 지향성의 영역이라고 할 수 있다. 대설 · 한파 · 지진 · 폭염 · 황사 · 화재 · 미세먼지 · 방사능사고 및 각종 테러 상황과 같은 재난 관리 대응은 학생이 학습할 여건과 안전하게 학습할 기본권이 1순위로 갖추어져야 하는데, 이런 개개인의 특성에 대응하고 맞춤형으로 조정할 수 있는 교사의 상황 맥락적 교육과정 편성 · 운영은 절실히 필요하다.

교사의 교육과정 개발은 더 이상 선택의 문제가 아니다. 이는 시대적 · 사회적 요청이자 학교와 교사의 소명이다.

나의 교사 교육과정에 나를 담고 싶다!

교사 교육과정에 대한 두려움

교사들의 교육과정 운영에 대한 불만 요소 중 하나로 교육청의 하달식 정책이 꼽힌다. 교사 교육과정이라는 정책이 교사인 우리들을 다시 힘들게 하는 건 아닐까 걱정스럽다. 교육과정을 작성하는 것이 우리의 기본적 업무이자 책임이라는 것은 알고 있지만 지금까지 교육과정 작성은 지침이나 규정을 반영하는 것에 지나지 않았다. 다만 이번에 제시되는 교사 교육과정은 그러한 수준을 넘어서 교사를 중심으로 교육과정의 자율성과 운영의 묘를 발휘할 수 있다는 면이 그나마 위안이 된다.

교사 교육과정, 그렇다면 어떻게 다가가야 할까?

첫째, 나의 교사 교육과정에 나를 담고 싶다. 교사 교육과정을 통해 가장 먼저 고민하고 고심해야 할 부분으로 교사인 나를 교육과정에 담아내는 것에서 시작해 보고 싶다. 그렇다면 나를 어떻게 교육과정에 담아낼 수 있을까? 이러한 질문의 시작이 교육과정 전문가로의 교사로 나를 세우는 계기도 되지 않을까? 이렇게 시작된 질문 이후 '내가 자신 있는 것은 무엇인가'를 물어보았다. 가장 자신 있게 아이들 앞에 설 수 있는 나만의 것이 무엇인지 생각했다. 다음으로는 '내가 가진 장점이 무엇일까', '내가 좋아하는 것은 무엇일까' 질문을 던져 보았다. 그래야 아이들에게 어떤 것을 줄 수 있을지 담을 수 있기 때문이다. 무엇보다 교사로서의 나를 발견하고 나를 관찰해야 한다. 교사 교육과정을 이끌어 가기 위해서는 우선 내가 당당하게 설 수 있는 나를 담은 교사 교육과정을 만드는 것에서 시작되어야 한다.

둘째, 지금까지 나는 어떤 교육과정을 운영해 왔는지 돌아보고자 한다. 교사 교육과정을 바라보는 나, 나는 어떻게 아이들을 교육하고 있었나? 학교에서 제출하는 형식적 교육과정의 평가가 아닌 교육과정 운영에서 남이 아닌 내가 나를 되돌아보는 교육과정 반성과 평가를 통해 나를 객관화하고 발전시킬 수 있는 계기를 마련하고 싶다. 이러한 시작이 비록 부딪히고 실패하더라고 스스로의 반성과 성찰을 통해 발전해 나갈 수 있는 중요한 밑거름이 되리라 믿는다. 이러한 질문은 결국 '교사로서의 나는 학생들을 어떻게 바라보고 어떻게 성장하게 하고 싶은가' 하는 답을 줄 것이다.

선물과 같은 교사 교육과정이 되길 바라며!

최근 들어 건강뿐 아니라 심적으로도 아픈 교사들을 많이 본다. 지쳐 있고 흔들리는 요소에는 어떤 것들이 있을까? 나를 힘들게 하는 환경적 요인을 객관적으로 바라봐야 한다. 환경 속에서 겪는 문제가 학부모 때문인지 학생 때문인지, 혹은 학교 구성원 때문인지 모르지만 환경적 어려움으로 부딪히는 상황에서 내가 헤쳐 나가야 할 상황에 대한 파악이나 한계를 명확히 체크해야 한다. 이러한 분석 없이 교육과정을 운영하기는 쉽지 않을 것이며 무엇보다 그 한계를 통해 내가 한 번 무너지면 또다시 좌절할 것이다. 그 한계나 약점 속에서 내 개인적 상황에서 할 수 있는 최선을 찾는 것이 필요하다. 연수, 책, 사람, 취미, 연구모임 등 내가 무너지지 않을 끈들을 가지고 있어야 한다. 우리는 하루를 살면서 교사로 가장 많은 시간을 살아가는데 그 안에서 행복하게 살아야 한다. 결국 내가 쓰러지지 않아야 하고 그런 나를 안아 주어야 한다. 그런 나에게 선물과 같은 교사 교육과정이 되기를 바라 본다.

❷

교사 교육과정의 오해와 진실

2월, 교사 다모임

새 학년을 준비하는 달, 2월!

아이들의 방학과 달리, 학교 현장의 2월은 새 학년을 준비하는 기간으로 학교가 교사들로 북적북적합니다.

"오늘, 교육과정 워크숍의 주제는 「교사 교육과정」입니다……."

어제 「미래 사회의 변화」에 따른 교사 교육과정의 필요성' 특강에 이어 오늘은 교사 교육과정에 대한 구체적인 내용이 시작됩니다.

그런데 선생님!
교사 교육과정이 지금 우리가 하고 있는
'학급 교육과정'과 뭐가 다른 건가요?

1

학급 교육과정과 뭐가 다른가요?

그동안의 교육과정은 중앙집권적 관료제 형태인 하향식 방향으로 교육과정이 하달되어 전해져 내려왔다. 국가 → 지역 → 학교 → 학년 → 학급으로 이어지는 하향적 공간 이동의 교육과정이 바로 그것이다. 이처럼 국가 수준 교육과정은 탑다운(Top-down) 방식으로 국가에서 학교와 교실로 공간 이동하여 전달되고, 교원들은 이를 운영하는 역할을 해 왔던 것이다.

하지만 국가 수준 교육과정은 학교 현장에 와서 그 면모가 달리 나타나기 시작한다. 국가에서 시달된 교육과정을 어떻게 읽고 해석하느냐에 따라 구현되는 방식이 천차만별 달라질 수 있기 때문이다. 이처럼 국가의 표준화된 교육과정이 현장에서 다양하게 구현될 수 있는 이유 중 가장 큰 요인은 바로 '교육과정 실제 사용자'가 처음 나타나기 때문이다.

즉, 공간 이동의 하향식 교육과정에서 처음으로 '사람(교사)'을 마주하게 되면서 교육과정은 학교 현장에서 교사마다의 특색 있는 자율적인 교육과정으로 변화하게 된다. 여기에 학생에 맞추어서 재구성하여 지도해야 하는 '사람(학생)과의 교육 활동(=수업)'을 고민하게 된다면, 국가 수준의 교육과정은 이제 현장의 '실천된 교육과정'으로 승화되어 그 본질의 꽃을 피우게 된다. 결국, 교육과정을 운영하는 교사의 입장에서 학생을 고려하여 국가 수준 교육과정을 구현하는 것은 공간 이동의 하향식 교육과정 방식에서 '사람 중심의 교육과정'으로 그 성격과 특성이 전환되는 것을 의미한다. 이것을 우리는 '교사 교육과정'이라고 말한다.

여기에서 교육과정은 힘이 생긴다. 기존에 주어진 고정된 지침을 '기준'으로 간주하고 자신이 만나고 있는 학교 현장의 여건과 실태에 맞게 가변성을 주어 창의적인 교육과정이 나타나게 되면, 교육과정은 주어진 것 이상의 더 풍성한 형태로 학교 현장을 채우게 된다. 그러한 힘의 원천은 바로 교사에게 있다. 기존의 교육과정을 단순히 전달하고, 수행하고 대리하는 역할을 넘어 교육과정 중심에서 학생의 성장을 주도적으로 이끌 수 있는 교사의 전문성이 바로 여기에 있는 것이다. 따라서 교사 교육과정은 '현장'과 '학생'이라는 교육환경과 여건에 맞추어 실제 배움이 올곧이 일어나도록 작성하게 된다. 결국, 학생을 마주하는 교사가 학생 맞춤형으로 설계가 가능한 것이 교사 교육과정이다.

이러한 위상은 학급 교육과정과 질적으로 다르다. 학급 교육과정은 국가→지역→학교→학년에서 전해 내려져 오는 공간 이동의 종착지로 '교실'을 단위로 운영되는 교육과정을 말한다. 학급 교육과정은 교사의 학급 경영관 및 학생의 실태 분석 등을 반영하는 것을 제외하고는 학년 교육과정과 그다지 큰 차이가 없다. 왜냐하면, 상위 교육과정의 전신을 그대로 이어받아 작성되는 경우가 십상이기 때문이다. 원래 학급 교육과정이 요구하는 내용은 교사 개인의 학급 경영관과 학생의 실태 분석뿐만 아니라 교육과정 재구성 및 교육 활동 변화에 대한 다양한 정보다. 그러한 학급 교육과정은 변화되는 정보를 업데이트시켜 주면서 만들어져 가는 교육과정을 학급 단위에서 기록되어야 한다. 하지만 학급 개별적으로 변화되는 내용을 학급 교육과정에 작성하고, 학년 단위에서 변화되는 내용을 학년 교육과정에 따로 나누어 적는 교사는 없다. 교육 활동을 구현하기 위해 학년에서의 공통적인 사항과 학급에서의 선택적인 사항이 한곳에 작성되어야 함께 조망하면서 교육 활동을 추진하기 좋다. 별도로 나누어 적게 되면, 혼란만 일어나고 업무는 가중된다. 따라서 실제 학급 교육과정은 3월부터 전개되는 교육과정 운영에 잘 쓰이지 않게 된다. 학급의 변화 요소를 담아 주기는 하지만 실제적인 유익한 기능을 발휘하지 못하고 단지 학교(장)에 확인시켜 주는 역할에만 그치고 만다. 이 부분이 학급 교육과정의 한계이자, 불편한 실태다.

좀 더 풀어서 설명하자면, 국가 교육과정을 시 · 도교육청이 지역의 교육과정 편성 · 운영 지침으로 하달하고, 학교는 교육과정위원회를 중심으로 학교 교육과정을 편성 · 운영한다. 여기서 국가, 지역, 학교 교육과정은 국가에서 반드시 가르쳐지기를 바라는 교과 내용과 운용 방식을 준수하게 된다. 공통 · 필수 · 핵심 · 본질 · 기초 · 보통 · 의무 · 보편적인 교육 사항들을 일관성 있게 유지해야 하는 일련의 과정이 갖춰지게 되는 것이다. 나아가 학년 교육과정으로 내려오면, 학생들의 발달연령과 수준 및 해당 동 학년, 동 교과 선생님들의 중점 교육 활동을 가미해 한 학년 혹은 한 교과가 한 해 동안 꾸려 나갈 전반적인 교육 활동들이 결정된다. 마지막으로 초등의 경우, 학급에서 교사가 만나는 학생들의 실태를 반영하여 3월에 학급 교육과정이라는 것을 결재받게 된다. 결국, 기존 학년 교육과정까지 많은 부분들이 결정되어져 온 것을 마주하는 학급 교육과정은 학생들의 정보와 교사의 학급경영관 정도를 추가적으로 담아내는 모습으로 완결될 뿐 상위 교육과정보다 더 쓰이지는 못하고 있는 실정이다.

전체를 조망하자면, 교육과정은 공간의 하향식 이동으로 각 특성을 조금씩 추가적으로 반영하는 일련의 프로세스를 갖추고 있으며, 종착역인 학급 교육과정은 교사 개인의 교육적 철학과 학생의 정보를 추가해 학급을 운영하게 된다. 그러다 보니 일상적으로 교육과정을 운영할 때 학급 교육과정을 잘 보지 않는다. 교사 개인의 교육적 아이디어는 이미 숙지가 된 상황이고 학생의 정보 역시 이미 파악된 상황이어서, 학교 관리자가 단위 교실에서 운영하는 것을 확인하는 기능을 제외하고는 그다지 유용성이 높지 않다. 오히려 동 학년과 함께 운영되는 학년 교육과정을 더 들여다봐야 하고, 때로는 전체 학교가 운영되는 것을 파악하기 위해 학교 교육과정을 손에 닿는 곳에 두어 자주 살펴보게 되는 것이 현실이다. 결국, 교사는 학급 교육과정을 제한적으로 사용하고, 학교-학년 교육과정을 좀 더 활용하고 있는 상황이다. 교사 자신의 교육과정 자율성을 행사하기 위해서는 그 '기준'을 알아야 하기 때문에 간단한 정보만 추가로 담긴 학급 교육과정은 당연지사 후순위로 밀리게 된다. 따라서 학급 교육과정의 기능과 역할은 앞서 언급한 교사 교육과정이 말하는 사람 중심의 교육과정과 질적으로 다르다.

교사 교육과정은 교사의 교육과정 자율성을 높이고 자신의 역량을 발휘하도록 하는 전문성 신장의 교육과정을 지향한다. 그래서 교사의 교육과정 자율성을 높이기 위해서는 그러한 권한(Empowerment)을 부여받아 내가 만나는 학생들의 흥미 · 적성 · 소질 · 능력 · 수준을 고려하여 그들의 가능성을 최대한 끌어내는 데 적합해야 한다. 이러한 것을 가능하게 하는 것이 교사 교육과정이며, 이는 학생이 실제 경험하는 삶에 기반한 실제적(Authentic)인 배움이 일어나도록 지원하는 데 용이하다. 교육 현장의 맥락과 상황을 잘 반영하고 교사가 주체적인 힘을 발휘하여 학생이 궁극적으로 올바르게 성장하도록 도와줄 수 있는 것이다.

따라서 교사 교육과정은 학교 교육과정부터 관여한다. 학교 교육과정이 어떻게 운영되고 있는지에 대한 소상한 정보가 파악되어야 하고, 학년의 동질적인 교육 운영 형태도 담겨 있어야 한다. 이처럼 학급뿐만이 아니라 학년과 학교 교육과정까지 모두 담아낼 수 있도록 '조망'하는 플랫폼이 바로 교사 교육과정이며, 학급 교육과정과는 그 위상이 다르다고 할 수 있다.

	기존 학급 교육과정	교사 교육과정
교육과정 범위	학급 단위	학교 + 학년 + 학급
주체	교사	교사 + 학생
교수 활동의 의미	가르치는 계획	학생의 정보가 담긴 재구성된 교육 활동
시기	3월부터	3월 이전부터

학급 교육과정과 교사 교육과정의 차이

2

교사, 혼자서/마음대로 만들면 되나요?

교사 교육과정이 주는 오해 중 가장 대표적인 것은 바로 '교사 개인(개별)'의 교육과정이 교사 교육과정이 아닌가라는 인식이다. 그동안 학교 교육과정, 학년 교육과정, 학급 교육과정을 작성해 오던 방식과 다르게 사람인 교사가 주체로 들어오게 됨으로써 교사 개개인의 교육과정을 선뜻 떠올리게 된다. 그러다 보니 자연스럽게 교사마다의 특별한 개별 교육과정을 연상하게 되고, 기존 학급 교육과정 개념과 맞닿아 교사 교육과정이 혼란스럽게 인식되고 있기도 하다. 하지만 교사 교육과정은 앞서 이야기했듯이, 학급 교육과정이 아닌 공동체성을 기반으로 한 학년 교육과정의 작동 원리와 더 유사하며, 학교 교육과정의 요소를 모두 포함하고 있음을 확인한 바 있다. 따라서 교사 교육과정은 '절대' 혼자서 하는, 혹은 개인 저마다 각자 마음대로 하는 교육과정이 아니다. 교사 교육과정은 교사의 교육과정 자율성을 발휘하는 것이 가장 중요한 원리이지만, 공동체성을 중심으로 작동된다는 것 또한 커다란 하나의 축이 되기도 한다. 따라서 교사 교육과정은 자율성과 공동체성이라는 두 수레바퀴가 연동될 때 굴러갈 수 있다. 결국, 공동체성을 기반으로 하는 범위 안에서 교사 자신의 자율성을 발휘하는 운신의 폭이 생기게 되는데, 학교 및 학년 교육과정이라는 공동체성을 바탕으로 교사가 학생의 정보를 반영하여 자신만의 교육 철학, 신념, 강점, 삶을 반영하여 전문성을 발휘하는 교육과정이 교사 교육과정이다.

가. 공동체성이 필요한 이유

학교 교육과정은 학교 구성원이 모여 '공동체 기반'으로 민주적 · 협력적 참여에 의해 편성된다. 학교의 비전을 설정하더라도 모든 구성원이 참여해 우리 학교에 대한 공동의 관점을 관철하고자 워크숍을 하거나 학생, 학부모와 함께 대토론회를 하는 이유가 여기에 있다. 그리고 교육과정위원회를 통해 학교의 교육 방향을 공론화하고 지침으로써 작동되게 한다. 따라서 교육 공동체의 공동의 비전을 만들어 교육 구성원들이 함께 가르치고 배우는 교육 활동의 모습은 교육다운 교육의 진정성 있는 모습이라고 할 수 있다.

교사는 이런 학교 교육과정을 학년의 위계에 맞게 안배하여 가르치게 된다. 이유는 학생의 발달 단계에 따라 구별되는 능력과 수준이 있으므로 학생의 성숙도와 발맞추어 적합한 교육을 하기 위해 위계성을 설정해야 하기 때문이다. 초등학교 1학년에서 6학년까지의 위계에 따라 교육과정에서 계열성이 있어야 하고, 중학교 1학년에서 3학년까지에서도 역시 교육과정 상의 계열성이 잘 잡혀져 있어야 아이들의 지속적인 성장과 발달이 이루어진다. 따라서 교육과정은 가르쳐야 할 내용을 반복적으로 제시함으로써 각 교과의 중요한 내용들을 지속적으로 배우는 '계속성'의 원리와 배우는 내용의 폭과 깊이가 학년이 올라갈수록 점점 심화 · 확대되는 '계열성'의 원리를 가지고 있다. 이 틀의 원리로 인해 통합적인 배움이 이루어지게 되는 '통합성'을 갖추게 된다. 따라서 학교 교육과정에서 중점 교육이 선정되었다면, 그 중점 교육은 학년의 위계에 맞게 계속적으로 가르쳐지고 그 폭과 깊이가 점점 심화 · 확대되어지는 방향으로 나가야 한다. 예를 들어, A초등학교에서 중점 교육을 독서 교육으로 잡았다면, 1학년은 그림책을 읽고 자신의 생각을 그림이나 몸짓, 대화나 간단한 글로 표현하여 독서 교육에 대한 후속 교육을 하는 수업 활동들이 중점적으로 제시될 수 있다. 6학년에서는 권장도서를 함께 읽고 가치가 대립되는 사안을 두고 찬반논쟁을 벌여 자신의 삶에서 어떻게 내면화할 것인지 삶과 연계지어 고민해 보는 수업 활동들을 할 수 있을 것이다. 따라서 이 학교를 졸업하는 학생은 지난 초등학교 6년 혹은 중학교 3년 동안 배운 이 중점 교육의 결과를 궁극적으로 습득해 그 역량을 가지고 졸업할 수 있어야 한다. 이것을 디자인해 주고 보장해 주는 것이 바로 학교 교육과정이다.

이처럼 학교 교육과정은 교사마다 할 수 있는 자율적인 것 이전에 공통필수적으로 해야 하는 보편성을 가지고 있어 교사가 학교 공동체 구성원으로서 반드시 구현해야 하는 핵심 사항이 된다. 곧 교사 교육과정은 교사 개인만의 교육과정을 말하는 것이 아니라 학교가 제시해 주는 공동의 비전과 중점 교육과 같은 '공동체성'을 분명히 반영해야 함을 알 수 있다.

또한, 학년 교육과정은 학교 교육과정에서 제시된 전반적인 사항들을 해당 학년의 발달 수준에 맞게 교육 내용과 교육 방식 및 평가를 맞추어 디자인하는 역할을 한다. 앞서 A초등학교 1학년 과정에서는 학생의 발달 단계를 고려하여 그림책을 선정하게 된다. 아직 한글의 자음과 모음이 분명하게 습득되지 않은 1학년 단계에서는 글밥이 많은 책을 읽는 것은 적절하지 않기 때문이다. 따라서 그림 위주의 독서 교육을 하고 그것을 그림이나 몸짓, 혹은 자신의 경험을 말로 표현하면서 학년 교육과정 안에 녹아들어 간다. 이때 독서 교육을 국어 시간에 할지, 창의적 체험활동 시간에 할지, 아니면 동 학년 선생님들이 모여 만들어 낸 프로젝트 수업에서 할지에 대한 것은 학년 교육과정에서 정할 수 있다. 즉, 중점 교육인 독서 교육의 구현을 동 학년이 합의하여 여건과 실정에 맞게 디자인할 수 있다는 것이다. 이것이 학년 교육과정의 핵심이다. 학교 교육과정은 전체적인 얼개를 제시하여 우리 학교가 지향하는 바를 안내하고 중점적으로 가르칠 것과 방향을 시수와 함께 연간 일정의 가이드라인을 제시해 주는 것이라면, 학년 교육과정에서는 동 학년 선생님들이 모여 1년 동안 교과와 비교과를 대상으로 어떻게 풀어내야 할지에 대한 공통의 합의된 과정을 통해 교육 활동들이 선정되거나 배제된다. 이러한 결정은 동 학년 선생님들의 공동체성에 의해 이루어지며, 중등의 경우 동 교과 선생님들에 의해 해당 교과의 내용과 가르치는 방식 그리고 평가가 계열성 있게 정해진다. 이처럼 학생의 발달과 연령에 적합하게 동 학년 선생님이 가르쳐야 하는 학년 교육과정(혹은 교과 교육과정) 역시 '공동체성'을 기반으로 작동한다.

위에서 살펴본 바와 같이 학교 교육과정과 학년 교육과정에서의 공동체성은 교사 교육과정이 제대로 운영되기 위한 구심점 역할을 한다. 즉, 교사 교육과정을 운영할 때 공동의 방향과 지향점이 무엇인지 명확하게 잡아 주는 역할을 학교 및 학년 교육과정이 해 주는 것이다. 이러한 가이드라인을 통해 교사 교육과정은 타당성을 확보할 수 있다. 이것은 교사가 자신의 자율적인 방법으로 교사 교육과정을 운영할 때 모두가 합의된 범위 안에서 그 자율성을 발휘할 수 있게 된다는 것을 의미한다. 이러한 맥락에서 교사 교육과정은 공동체성을 기반으로 하는 교사의 교육과정 자율성이라는 명제가 성립된다.

나. 자율성이 발휘되는 이유

이 맥락 속에서 교사 교육과정은 이제 교사가 조우하는 학생에 초점을 두고 있다. 지금까지 공동체성 기반으로 반드시 가르쳐야 하는 교육 내용과 함께 따라야 했던 기준과 지침들로 인해 교사의 자율성을 발휘할 운신의 폭이 제한적이었다. 즉, 해야 하는 '재현'의 교육과정을 전달하다 보니 창의적인 생각이나 자율적인 방식을 개입시킬 여지가 없었던 것이다. 따라서 교사 교육과정은 학년 교육과정까지의 공동체성을 기반으로 이제 내가 만나는 학생들의 다양한 실태와 여건, 환경 등을 고려하여 배움과 성장을 보장하기 위해 자율성을 발휘하게 해 준다.

앞서 A초등학교 4학년 선생님을 예를 들어 보자. 4학년 1반 선생님이 학교에서 제시해 준 비전과 중점 교육을 파악하고 있고, 연간 계획에 의거하여 동 학년 선생님들과 독서 교육을 국어 시간에 '온 책 읽기' 방식으로 수업을 구현하기로 합의하였다고 가정하자. 그렇게 4학년 선생님들은 학교에서 추진하는 '교사 학습 공동체'를 통해 중점 교육인 독서 교육에 대한 전반적인 이해와 필요한 서적 및 다양한 창의적인 독서 수업 자료들을 모아 공유하고 수업에 들어가고자 새 학기 시작 전인 2월까지 준비하게 된다. 하지만 3월에 들어가면 예상치 못한 상황이 발생하게 된다. 그 이유는 4학년 1반에 기초 학력 부진 학생이 있을 수 있어 4학년 공통으로 준비한 책과 가르치는 독서 수업 활동이 그 학생의 수준과 맞지 않은 상황이 발생했기 때문이다. 또한 4학년 3반에서는 다문화 학생이 많이 있다는 것을 3월에 알게 되었다. 한글을 평균보다 더 모르는 아이들이 있다는 것을 알게 되어 3반 선생님은 다문화와 관련된 서적을 선정하는 것이 좋다고 판단할 것이다. 다문화 학생들의 삶과 다양한 문화와 공존하는 학급생활과 연계될 수 있는 수업 자료들을 추가적으로 마련해야 함을 절실하게 느끼게 될 것이다. 한편, 4학년 5반 선생님은 또 다른 걱정을 하게 될 수도 있다. 5반의 학생 구성에는 영재아도 몇 명 있고, 독서 교육을 나름 잘하는 아이들이 있다는 것을 3월에 알게 되었기 때문이다. 무엇보다 4학년 5반 학생들이 전반적으로 토의, 토론을 좋아하는 성향을 가지고 있음을 알게 되어 5반 선생님은 동 학년에서 합의된 것보다 조금 수준을 상향 조정하여 5반 학생들에게 맞춤식으로 가르치기로 계획을 수정하게 된다. 그리고 이러한 것에 대한 평가 또한 2월 말에 계획한 평가를 수정하여 학생에 맞는 교사별 평가를 새롭게 수립해 가면서 조정되는 독서 교육을 하게 된다.

만약 공동체성만을 기반으로 한 교육과정 그대로 4학년 모든 학생들을 가르치게 된다면 어떤 일이 일어나게 될까? 4학년의 학년 교육과정까지는 공통적인 요소들을 모두 고려하여 반드시 필요로 하는 필수적인 것을 합의하에 설정하였다면, 4학년 반마다 특성이 다른 학생들을 두고 담임 선생님들은 어떻게 대처해야 하는 것일까? 이는 선생님이라면 누구나 겪는 고민이자 해결해야 할 부분이 아닌가 싶다. 교사 교육과정은 이런 질문과 문제를 해결하기 위한 모범 답안이다. 그동안의 교육과정을 공동체성 중심으로 가르쳤다면, 이제는 교사가 자신의 교육 철학과 신념, 가치관, 강점 등을 기초로 하여 마주하게 되는 학생들의 실태를 분석해 자율성을 발휘하며 가르칠 수 있도록 하는 교육과정이다. 즉, 학생들의 능력이나 수준, 흥미나 소질, 취향이나 경향 등이 분석될 때, 일관적으로 가르치게 될 경우 학생들의 정상적인 배움과 성장이 담보되지 못하는 부분을 교육답게 가르쳐 줄 수 있는 최적의 교육과정을 의미한다. 따라서 교사가 공동체성을 기반하여 학생의 요구(Needs)를 맞추어 제각기 다른 성장 속도와 수준을 가진 학생들을 맞춤식으로 가르칠 수 있는 방식을 지향한다. 결국, 사람 중심의 교육과정이요, 성장을 중시하는 교육과정다운 교육과정이라고 말할 수 있다.

여기서 교사는 교사 나름의 자율성을 십분 발휘할 수 있어 교사 수준의 교육과정이 학생의 성장과 함께 실현된다. 이때 교육과정은 비로소 국가 → 지역 → 학교 → 교사 → 학생까지 이어지는 학생 중심의 교육과정이 완성이 된다. 이것은 어찌 보면 국가가 바라는 교육과정의 이상향이 아닐까? 모든 학생들이 모두 다 다름을 인정하고 공통필수적인 것을 반드시 가르치되, 학교 현장과 학생의 여건과 실태에 따라 '교사'가 적재적소 맞춤형으로 제대로 가르치길 바라는 것이 국가가 학교에 기대하는 교육과정이 아닐까 생각한다. 그리고 학생을 둔 학부모가 기대하는 교육과정 역시 이러한 맥락에서 교사가 그런 실천적인 역할을 해 주는 것이 아닐까 생각해 본다. 결국, 교사 교육과정은 혼자서 마음대로 만드는 '자유로운' 교육과정이 아니라 자기통제와 자기책임을 가지고 공동체성에 기반하여 마주하는 학생들의 실태를 반영할 수 있게 하는 '자율적인' 교육과정임을 알 수 있다.

3

중등은 이미 교사 교육과정이다?

아이들은 교과를 매개로 하여 세상과 소통하게 된다. 그런데 과연 우리 아이들은 교실 안에서 행복한 배움을 경험하고 있을까? 중등에서는 교과군에 따라 교과별로 교육과정이 구분되어 이미 편성 · 운영되고 있기 때문에 마치 교사 교육과정을 잘하고 있는 것처럼 보일 수 있다.

교사 교육과정의 특징에 대해서는 1장에서 다음과 같이 언급한 바 있다. 과연 우리는 제대로 된 '교사 교육과정'을 하고 있는 것일까? 다음의 기준에 준하여 현재 중등학교에서 이루어지는 교사 교육과정을 들여다보자.

교사 교육과정이란……

- 교사의 교육과정 자율권을 발휘하는 교육과정이다.
- 학생 중심 교육을 지향하는 교육과정이다.
- 공동체성을 기반으로 하는 교육과정이다.
- 학교/교실 현장에서의 실행을 강조하는 교육과정이다.

가. 교육과정 중심으로 이루어지고 있는가?

교육과정을 단순히 교과별 시수 배당 · 편제 정도의 문서로만 여겨 교육과정을 가르쳐야 할 내용 목록으로만 여기고 있지는 않은가? 또는 교과서를 교육과정으로 동일시하고 있지는 않은가? 교육과정 성취기준에 대한 검토 없이 교과서에만 의존하여 진도 나가기에 급급한 수업을 하고 있지는 않은지, 교사용 지도서 또는 교과 매뉴얼을 맹목적으로 따라가고 있지는 않은지 반성해 볼 필요가 있다.

중학교의 경우, 자유학년제가 확대 · 일반화되어 있지만, 학생의 선택권을 충분히 반영하여 내실 있는 주제 선택 및 진로 탐색 활동을 하고 있는 학교들이 있는가 하면, 그렇지 않은 학교들도 아직 많이 있다. 고등학교의 경우에도 다음과 같이, 2015 개정 교육과정에 따라 학생의 과목 선택권이 점차 확대되어, 다양한 일반 · 진로 선택 과목을 가르쳐야 하는 상황이 눈앞으로 다가왔다.

교과 영역	교과 (군)	공통 과목	선택 과목	
			일반 선택	진로 선택
기초	국어	국어	화법과 작문, 독서, 언어와 매체, 문학	실용 국어, 심화 국어, 고전 읽기
	수학	수학	수학Ⅰ, 수학Ⅱ, 미적분, 확률과 통계	실용 수학, 기하, 경제 수학, 수학과제 탐구
	영어	영어	영어 회화, 영어Ⅰ 영어 독해와 작문, 영어Ⅱ	실용 영어, 영어권 문화, 진로 영어, 영미 문학 읽기
	한국사	한국사		
탐구	사회 (역사/ 도덕 포함)	통합 사회	한국지리, 세계지리, 세계사, 동아시아사, 경제, 정치와 법, 사회·문화, 생활과 윤리, 윤리와 사상	여행지리, 사회문제 탐구, 고전과 윤리
	과학	통합 과학 과학 탐구 실험	물리학Ⅰ, 화학Ⅰ, 생명과학Ⅰ, 지구과학Ⅰ	물리학Ⅱ, 화학Ⅱ, 생명과학Ⅱ, 지구과학Ⅱ, 과학사, 생활과 과학, 융합과학
체육·예술	체육		체육, 운동과 건강	스포츠 생활, 체육 탐구
	예술		음악, 미술, 연극	음악 연주, 음악 감상과 비평, 미술 창작, 미술 감상과 비평
생활·교양	기술·가정		기술·가정, 정보	농업 생명 과학, 공학 일반, 창의 경영, 해양 문화와 기술, 가정과학, 지식 재산 일반
	제2 외국어		독일어Ⅰ, 일본어Ⅰ, 프랑스어Ⅰ, 러시아어Ⅰ, 스페인어Ⅰ, 아랍어Ⅰ, 중국어Ⅰ, 베트남어Ⅰ	독일어Ⅱ, 일본어Ⅱ, 프랑스어Ⅱ, 러시아어Ⅱ, 스페인어Ⅱ, 아랍어Ⅱ, 중국어Ⅱ, 베트남어Ⅱ
	한문		한문Ⅰ	한문Ⅱ
	교양		철학, 논리학, 심리학, 교육학, 종교학, 진로와 직업, 보건, 환경, 실용 경제, 논술, 민주시민, 평화시민, 세계시민	

2015 개정 교육과정 고등학교 교과목 편제

출처: 2015 개정 교육과정 총론 해설서 ※ □ 표시된 교과는 검·인정교과서가 개발되지 않음.

심지어 교과의 성격 및 목표, 학습자의 수준과 요구를 반영하여 교사의 재량껏 수업 자료를 선택하고 평가할 수 있도록 하기 위해 검 · 인정교과서를 개발하지 않은 과목들이 몇 개 있다. '고전 읽기, 수학 과제 탐구, 영미 문학 읽기'가 그 대표적인 예다. '영미 문학 읽기'의 경우, 영미 문학 작품을 이해하고 감상하는 능력을 배양하는 데 중점을 둔 교과로, 읽기와 쓰기 영역의 성취기준과 함께 학습자들의 흥미와 학습 동기를 유발할 수 있는 다양한 장르의 문학 작품을 자유롭게 선정하여 가르치도록 하고 있으나, 검 · 인정교과서는 그 어느 것도 개발되어 있지 않다. 따라서 교사는 학습자의 수준과 학습 동기, 흥미, 텍스트의 난이도와 어휘 및 언어 형식의 수준 등을 고려하여 작품을 직접 선정하고 그에 따른 교수 학습 및 평가 계획을 수립해야 한다. 즉, 영미 문학에 대한 학습자의 인문학적 소양과 영어 독서 능력 향상 여부는 그야말로 교사의 손에 달려 있다.

이처럼 선택 교과목이 많아질수록 교사 스스로 교육과정을 재구성해야 하는 역량은 크게 요구될 것으로 보인다. 획일적인 교육과정으로는 학생의 관심, 흥미, 적성, 진로 등에 대한 요구를 충분히 충족시켜 줄 수 없다. 교사 교육과정에 대한 준비가 되어 있지 않으면 내실 있는 교육과정 운영은 어려울 것이다. 교육과정이 교사와 학생들에게 어떤 의미인지, 학생의 성장과 발달에 적합한 교육과정을 만들어 가고 있는지 고민해 볼 필요가 있다. 교사는 교육 활동의 주체로서 뚜렷한 교육 철학과 신념을 가지고, 단순한 지식 전달을 넘어서서, 학생들의 삶의 역량을 길러주는 교육과정으로 재구조화할 필요가 있다.

나. 공동체성에 기반하였는가?

교사 교육과정에서의 공동체성을 살펴보기에 앞서 짚어 볼 것이 있다. '공동체성'이라는 단어가 아직도 우리에게 낯선 이유는 우리가 몸담고 있는 학교 교육과정부터 공동체성에 기반하지 못한 데서 오는 것이 아닐까 싶다.

학교 교육과정은 뒤의 표에서와 같이, 국가, 지역, 학교 등 3가지 수준으로 제시되어 있으며, 초 · 중등 교육법에 근거하여 국가 수준에서 교육과정의 기준과 내용을 제시하고 지역 수준에서 지역의 실정에 적합한 기준과 내용을 작성하여, 학교 수준에서 학교 교육과정을 운영하도록 하고 있다.(2015 개정 교육과정 총론 해설서) 즉, 국가 수준에서 개발하고 제정한 교육과정을 지역 사회와 각급 학교의 실정에 맞게 재구성하여 학교 수준에서 그것을 다시 창의적으로 적용하도록 하고 있다.

그런데 우리의 학교 교육과정은 공동체적 고민이 충분히 반영되어 이루어진 것인가? 학교 교육의 비전과 가치를 구성원의 합의와 철학에 기반하여 공동으로 창조하고 공유하였는가? 보여 주기식의 실적 위주의 전시성 행사들이 난무하지는 않은가? 학교 교육과정의 비정상적인 관행을 예방하고 '교육과정 정상화'를 실천하려면 학교와 지역 사회의 상황과 여건을 반영하고, 학교 구성원들의 끊임없는 성찰과 나눔을 바탕으로 학교별 특색 있는 교육과정부터 수립해야 할 것이다.

이로써 국가, 지역, 학교, 더 나아가 교사 교육과정의 각 수준에서 고려해야 할 요소들과 그 역할을 다음과 같이 정리해 볼 수 있다.

교육과정 수준	역할 및 기능	고려해야 할 요소
국가	•대강화: 교육과정의 목표와 방향 등 큰 틀 제시 •적정화: 지역 및 학교에 교육과정 자율성 부여 •분권화: 학생의 성장 발달 단계에 맞는 난이도와 분량 조절	•보편적 가치 •시대의 요구와 상황
↓	↓	↓
지역	•시·도별 교육 중점 제시, 지역적 특색 반영	•지역 사회의 특색 •지역적 여건 및 상황
↓	↓	↓
학교	•학교 교육 철학 수립 및 공유 •학생·학부모·지역 사회 특색 및 요구 분석 •민주성·전문성·공공성·지역성에 따른 교육과정 만들기	•학교 비전 및 중점 가치 •학교의 여건 및 상황
↓	↓	↓
교사	•학년별·교과별 교육과정 재구성 •학생 참여형 수업 활동 •학생의 성장과 발달을 돕는 평가	〈교사〉 •교사의 철학과 신념 •교사의 내면적 성찰 •참된 학습의 의미 고찰 •학년 간/학교급 간 위계 및 연계 〈학생〉 •학생에게 필요한 미래 역량 •학생의 교실 밖 실제 삶 •학생의 참여와 요구 •학생의 현재 출발점 및 준비도 •학생의 흥미, 동기, 관심 •학생의 다중지능 •학생의 학습 스타일 •학생의 학습 전략 •학부모의 기대 및 요구

각각의 교육과정 수준에서의 역할과 기능

※ 한국교육연구네트워크 '더 나은 세상을 위한 학교혁명'을 바탕으로 재구성한 내용임.

과정 중심 평가의 확대로 학습 결과뿐만 아니라, 학습 과정상의 평가를 중시하게 된 것은 큰 성과다. 그런데 수행 평가의 횟수와 양이 증가하면서 학생들의 학습 부담과 피로도가 높아지고 있는 것도 사실이다. 수행 평가의 결과물 형태가 교과 간에 중복되다 보니, 아이들은 일주일 동안 여러 개의 동영상을 밤새워 만들고 있는가 하면, 한 학기 동안 치르고 있는 수행 평가가 평균 50여 개 이상이라고 한다. 학생들의 학습 부담을 줄여 주고자 한 우리의 교육과정 취지에 비추어 반성할 필요가 있다. 국가 수준의 교육과정이 교과별로 분절되어 편성 · 운영되고 있기는 하나, 학년별 · 교과별 교육과정을 재구성하기 위해 동료 교사와 함께 평가 계획 및 수업 활동 내용과 일정 등을 고민한다면 위와 같은 문제를 쉽게 해결할 수 있다.

미래 핵심 역량을 키워 줄 수 있는 교육과정이 되려면 교사는 교과 지식을 학생 자신의 삶과 연계시켜 학생에게 유의미한 경험을 제공할 필요가 있다. 교과가 분절된 상태로는 아이들의 다양한 요구와 수준을 충족시키기 어렵다. 또한, 교과의 핵심 내용을 중심으로 다른 교과들과 상호 연계할 수 있어야 하며, 총체적인 관점에서 아이들의 삶과의 관련성을 제고할 필요가 있다. 따라서 동 학년, 동 교과 간의 협의뿐만 아니라, 타 교과 교사와의 협의를 생활화하여 교과 간의 장벽을 무너뜨리고 학생들의 실생활을 고려한 교과 간 통합 및 융합, 연계 활동을 적극 확대해 나가야 한다.

우리는 왜 교육과정과 교과서 개발에서 '교사'를 배제하였는가?

교사 전문성의 역설: 국정교과서 체제 & 교사 배제 교육과정

'교사 배제 교육과정(Teacher-proof curriculum)'은 미국에서 1960~1970년대 초반에 실시했던 교육과정 개혁 운동에 의해 교육계에 새롭게 대두된 개념이다.

1957년, 세계 최초의 인공위성인 스푸트니크호(Sputnik) 발사 이후 군사와 과학 기술에서 소련보다 우위를 차지하고 있다고 믿었던 미국은 엄청난 위기의식을 느끼게 되었고 이의 원인을 잘못된 교육으로 보아 대대적인 교육 개혁에 착수했다. 이로써 당시 주류였던 듀이의 생활 적응 교육 대신 학문 분야의 전문적인 지식 전달을 목표로 하는 학문 중심 교육 분야가 교육계를 주도하게 되었으며,(박승배, 2007) 각 분야의 전문가들이 개입하여 교육과정을 개발하게 되었다. 이에 따라 교사의 영향력을 최소화한 상태(Teacher-proof)에서 주어진 내용을 효과적으로 전달할 수 있는 교육과정 개발이 각광을 받기 시작하였고,(정미향, 2015) '자세하고 친절한 교수-학습 자료 및 교수 프로그램'을 개발하여 현장에 보급하였다. 이처럼, 교사 배제 교육과정은 교육과정 개발 및 적용과정에서 교사의 통제와 영향력을 최소화하려는 경향을 지칭하는 말로, 능력이 없는 교사도 잘 가르칠 수밖에 없는,(조영태, 2007) 어떤 교사라도 모두 같은 결과를 얻도록 하는(Mustafa & Martina, 2010, 정미향에서 재인용) 교육과정이다.

그러나 이는 현장에서 여러 가지 부작용을 발생시켰다. 교사들은 더 이상 교육과정을 그들이 다뤄야 할 영역으로 여기지 않았고, 잘 개발된 교육과정을 충실하게 전달하는 기술자(Technicians)로 전락하여, 교사의 탈숙련화, 탈전문화 현상을 야기하였으며, 학생과 교사의 목소리를 배제한 교육과정은 기대했던 만큼의 효과도 거두지 못한 것이다. 자료는 자료일 뿐 교사를 대체할 수는 없었다.

교사 배제 교육과정은 한국에서는 다른 의미로 사용되었다. '교사가 교육과정에서 제도적으로 배제되는 교육과정 체제(서명선, 2007)' 즉, 국가 교육과정 개발 과정에 교사를 참여시키지 않는 교육과정으로 그 의미가 변한 것이다.(김학준, 2013) 이는 중앙집권적 교육과정 개발 모형에 익숙한 우리나라의 상황에 적합한 체제였고, 이에 따라 우리나라는 한동안 교육과정 및 교육과정 자료(교과서) 개발에 교사를 배제하였다.

이처럼, 교사의 교육과정을 강화하고 교육과정 편성 · 운영의 자율권을 부여한다는 것은 교사의 전문성을 신뢰하는 증표이자 기대인 것이다.

③

교육과정 이해하기

뭐라고요? 문해력이 없다고요?

수시 개정 체제에 따라 국가 교육과정의 개정 주기는 점점 더 짧아지고, 교과서가 아니라 교육과정 중심의 학교 운영이 강조되면서도……. 정작 국가 교육과정에 대한 안내나 자료는 크게 달라지지 않습니다. 국가 교육과정은 어디에서 찾을 수 있는지? 국가 교육과정에서 무엇을 보아야 하는지? 그러한 변화의 교육적 배경과 의도는 무엇인지? 교육과정 실행의 주체인 교사는 답답하기만 합니다.

1

교사의 '교육과정 문해력'

교사의 지식은 학생의 배움을 실천하는 사람으로서 교사가 가져야 할 중요한 요소다. 가르치는 교과에 대한 이론적 지식을 갖춰야 함은 당연한 것이고 교육과정의 이해, 수업 방법 연구, 학생 수준과 발달 특성 등 가르침에 필요한 실천적 지식도 갖추어야 한다. 그리고 이런 실천적 지식을 갖는 것이 일반 사람들과 교사를 구분 짓게 하고, 교사를 전문가로서 바라볼 수 있도록 하는 부분이다.

최근 학교 현장에서는 교육과정에 대한 교사의 자율성이 부여되면서 교육과정에 대한 관심이 증가하였고, 교육과정을 실천하는 교사의 전문성에 대해 논하며 '교육과정 문해력'을 강조하기 시작하였다.

가. 교육과정 문해력이란 무엇인가?

교사의 교육과정 문해력(Curriculum literacy)이란, 말 그대로 풀이하면 '교사가 교육과정을 읽고, 쓸 수 있는 정도'다.

학자	년도	교육과정 문해력 정의
정광순	2012	교사가 국가 수준 교육과정에 대한 자율권을 행사하기 위해 갖추어야 할 능력
백남진	2013	교사가 교육과정 문서를 읽고 해석, 이해하는 학습의 과정을 통해 교육과정의 배경 및 기본 방향, 교과의 내용 등 교육과정에 대한 교사 자신의 전문적인 지식과 안목을 종합적으로 구성하고 이를 수업 사례를 위해 지속적으로 활용하는 능력
김세영	2014	주어진 교육과정을 해석하여 기준에 부합하는 수업을 설계하여 실행하고 평가하는 교육과정 상용 능력
김병수	2017	교육과정에 대한 해석을 통해 외부 개발자의 의도를 파악하는 것을 넘어, 교사 자신의 의미 구성을 통해 교육과정의 타당성을 따지고 필요한 경우 쓸 수 있는 단계까지 나아가는 능력

교육과정 문해력 정의•

교육과정 문해력에 대한 여러 의견을 종합해 볼 때 교육과정 문해력은 '교사가 교육과정과 관련된 다양한 문서와 자료를 읽고 해석하여, 교사의 교육과정을 개발 실행하는 능력'으로 '교육과정을 읽고, 쓴다'는 의미를 다음과 같이 정리할 수 있다.

• 경기도교육청(2017). 교육과정 문해력 이해자료. 경기: 경기도교육청.

교육과정 문해력

나. 교사에게 교육과정 문해력이 왜 필요한가?

교사를 교육의 전문가로 인식할 때 교사에게 필요한 능력을 '교육과정 문해력'으로 볼 수 있다. Jackson(1986)은 전문적인 교사는 비전문적인 교사보다 더 많은 것을 본다고 하면서 '전문가는 다른 사람과 다르게 인식할 줄 알고, 좀 더 민첩하게 인식하며, 다른 사람들이 보지 못하는 가능성을 볼 줄 안다'고 하였다.

이를 교육과정 문해력과 관련지어 생각해 보면 '문해력을 갖춘 교사는 교육과정 문서를 비판적으로 읽고 해석할 수 있으며, 교육과정을 재구성하여 학생들의 가능성을 알고 성장할 수 있도록 교육과정을 실천한다'로 연결 지어 생각할 수 있다.

그리고 교육과정 문해력을 교육과정 문서 읽기를 넘어 수업을 설계하고 실행하는 능력까지로 보고 있는 이유는 교사가 교육과정을 개발하고 실천할 때 국가 교육과정을 해석하고 이를 반영하여 수업과 평가에까지 교육과정 편성 · 운영이 일관성 있게 이루어지도록 하기 위함이다.

초임 시절을 되돌아보면 수업을 준비하기 위해 교과서와 교사용 지도서를 보고 연구하던 때가 생각난다. 당시 교육 목표를 학생들에게 지식을 잘 전달하는 것으로만 보고 주어진 교과서의 내용을 학생들에게 어떻게 잘 전달할지에 집중했다. 하지만 경력이 쌓이고 교육의 본질에 대해 고민해 보며 교육과정 문서를 통해 '무엇을 가르칠 것인가?', '어떻게 가르칠 것인가?'에 대해 연구하고, 우리 반 학생들과 교사에게 맞는 교육과정 개발과 수업, 평가가 필요함을 느끼게 되었다.

이는 교육 실행의 중점을 교사 중점에 두었던 시각에서 학생을 중심으로 한 교육을 실천하고자 한 것이다. 근무지인 학교를 이동하며 내가 가르치려는 학생들의 앎의 수준이 다름을 알게 되고, 삶의 모습이 변화했음을 이해하며 교육과정을 다양하게 계획하고 실천했던 경험을 통해 학생 중심의 교육은 다양하면서도 일관성 있게 이루어져야 함을 알게 된 것이다.

이렇게 교육과정에 대한 인식과 실천력, 즉 교육과정 문해력이 교육 경력을 통해 확장되고 향상될 수도 있지만 교육과정에 대한 자율권과 재량권이 확대된 이때 교사의 교육과정 자율성과 전문성을 시각의 축척으로 쌓이기만을 기다릴 수는 없다. 이제 교사가 교육과정 연구를 통해 교육과정에 대한 역량을 갖추고 교사 교육과정 실천으로 문해력이 길러졌음을 표현해야 할 것이다.

다. 교사는 교육과정 문해력을 어떻게 갖출 수 있는가?

교육과정 문해력은 교사가 일정한 과정을 거치면서 습득될 수 있고, 각 단계별 과정과 실천 내용은 다양하게 나타날 수 있다. 정광순(2012)은 교육과정 문해력 습득 과정을 교육과정 읽기, 교육과정 지도 만들기, 교육과정 활용하기 단계로 제시하였고, 경기도교육청(2017)은 교육과정 문서찾기, 교육과정 읽고 해석하기, 교육과정 조망도 갖기, 교육과정 상용하기 등 4단계로 제시하였다.*

이를 바탕으로 교육과정 문해력을 갖추기 위한 단계를 교육과정 읽기(Redading), 교육과정 조망도 만들기(Mapping), 교육과정 상용하기(Using) 3단계로 제시하고, 실천 내용을 다음과 같이 제안해 본다.

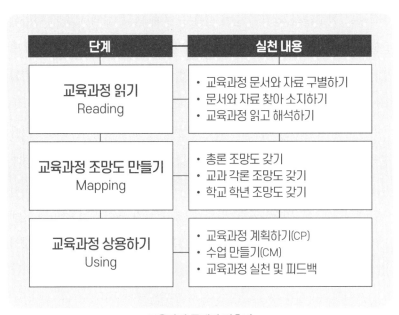

단계	실천 내용
교육과정 읽기 Reading	• 교육과정 문서와 자료 구별하기 • 문서와 자료 찾아 소지하기 • 교육과정 읽고 해석하기
교육과정 조망도 만들기 Mapping	• 총론 조망도 갖기 • 교과 각론 조망도 갖기 • 학교 학년 조망도 갖기
교육과정 상용하기 Using	• 교육과정 계획하기(CP) • 수업 만들기(CM) • 교육과정 실천 및 피드백

교육과정 문해력 갖추기

* 정광순(2012) 교사의 교육과정에 대한 문해력. 통합교육과정연구
경기도교육청(2017) 교육과정 문해력 이해자료

1) 교육과정 읽기

• **교육과정 문서와 자료 구별하기**

교육과정과 관련하여 교사는 국가·지역·학교 수준에서 작성된 문서와 자료를 갖게 된다. 그러나 교육과정 문서와 자료를 구분하여 인식하는 교사는 많지 않다. 실제 국정교과서를 사용하는 우리나라인 경우 교사 개개인에게 하나씩 지급되는 '교과서와 교사용 지도서'를 교육과정 문서로 착각하는 경우도 있다.

교사가 교육과정 문서를 알아야 하는 이유는 교육과정 문서는 법령에 의해 작성된 것으로 교사는 교육과정 문서의 내용을 꼼꼼히 확인하고 교육과정의 지침에 따라 교육을 실천해야 하기 때문이다.

그런데 여기서 교과서와 교사용 지도서가 교육과정 문서의 내용을 담아 잘 개발되어 있는데 교육과정 문서를 꼭 찾아봐야 하는지에 대한 의문을 가질 수 있다. 이에 대한 의문은 교사 교육과정의 정의에 대해 다시 생각해 보며 해결할 수 있을 것이다.

교사 교육과정은 '국가 수준에서 제시하는 표준화된 교육과정을 기반으로 하되 교사가 교육과정 문해력을 발휘하여 새롭게 수정·개발한 교육과정'이다. 우리가 쉽게 보았던 교과서와 교사용 지도서는 교과서 개발에 참여한 교사가 국가 수준의 교육과정을 보고 만들어 놓은 '교과서 개발자의 교육과정 결과물'일 뿐이다. 교과서가 좋은 수업 자료임에는 틀림없지만, 내가 가르치는 아이들의 삶을 바라본, 우리 학생들에게 맞는 교육과정은 아닐 수 있다는 것이다.

교과서 및 교사용 지도서 등은 교육 자료로서 교사가 교육과정을 작성, 운영하는 데 도움이 되도록 하기 위해 만들어진 것이다. 따라서 교사가 활용 여부를 선택할 수 있고, 그 내용도 수정하여 사용할 수 있다.

이제 교과서를 교육과정으로 오해하지 말고 교사 교육과정 작성을 위해 무엇을 알고, 참고해야 할지 교육과정 문서와 자료를 구분할 수 있어야 한다.

구분	국가 수준	지역 수준	학교 수준
교육과정 문서 – 법령에 의해 작성 교사 수정 불가	2015 개정 교육과정 총론 및 각론	예) 경기도 초·중·고등학교 교육과정 예) 강원도 중학교 교육과정 편성 운영 지침	학교 교육과정 편성 운영 계획
교육과정 자료 – 도움 자료로 제작 교사 활용, 수정 가능	교육과정 해설서, 교사용 지도서, 교과서 등	지역화 교과서, 인정도서, 학교 지도용 자료 등	교수·학습 과정안, 교수–학습 자료, 활동지, 평가지 등

교육과정 문서와 자료 구분

• 문서와 자료 찾아 소지하기

이런 교육과정 문서와 자료를 요즘은 인터넷을 통해 쉽게 찾아 다운받을 수 있다. 다음은 교육과정 문서와 자료를 볼 수 있는 사이트 등을 정리해 놓은 것으로, 국가교육과정정보센터 사이트를 방문하면 우리나라에서 실행된 1차 교육과정에서부터 현행 교육과정까지의 교육과정 문서와 지역 교육과정 문서를 얻을 수 있을 뿐만 아니라 다른 나라 교육과정에 대해서도 살펴볼 수 있다.

교육과정 문서와 자료 찾기

1. 국가 교육과정 문서
   1) 국가교육과정정보센터(http://ncic.go.kr) [우리나라 교육과정]
   2) 에듀넷 티-클리어(http://www.edunet.net) [국가 교육과정]

2. 지역 교육과정 문서
   1) 국가교육과정정보센터(http://ncic.go.kr) [지역 • 학교 교육과정]
   2) 각 시도별 교육청 사이트

3. 교육과정 자료
   1) 에듀넷 티-클리어(http://www.edunet.net) [2015 개정 교육과정 교수 • 학습 자료]
   2) 창의인성교육넷 크레존(www.crezone.net)
   3) 교과서 출판사 사이트
   4) 교사 공동체 사이트(인디스쿨 등)

국가교육과정정보센터(http://www.ncic.re.kr)

- **교육과정 읽고 해석하기**

국가 수준의 교육과정인 2015 개정 교육과정은 총론과 각론으로 구성되어 있다. 총론에는 교육과정 구성의 방향과 학교급별 교육과정 편성 · 운영 기준 등 국가 수준에서 교육의 방향과 교육 목표를 제시하였고, 각론에는 각 교과의 성격, 목표, 내용 체계 및 성취기준, 교수 · 학습 및 평가의 방향에 대해 정리되어 실제 교육과정 실행을 위한 내용으로 구성되어 있다.

교사는 2015 개정 교육과정 문서를 읽고 이전과 다르게 총론에 '**핵심 역량**'이 도입되었다는 것과 각론에 '**성취기준**'이 제시되었다는 교육과정의 변화를 읽을 수 있어야 한다.

그리고 교육 내용의 적정화를 실현하고 선진국의 교육과정의 변화를 반영하여 핵심 개념,* 일반화된 지식, 내용 요소, 기능으로 교육 내용 체계를 구조화하였으며 이를 성취기준으로 진술하였음을 확인해야 한다. 성취기준은 교과의 지식과 기능 및 태도를 담고 있으며, 학습의 결과로 학생들이 할 수 있어야 할 것을 의미한다.

이처럼 교사는 교육과정 문서에서 개정 내용을 찾아 읽고 그 의미가 무엇인지 해석하여, 수업을 통해 학생들이 교육 목표에 어떻게 도달할 수 있을지 고민하며 교육과정 문서와 자료를 읽고 해석해야 한다.

---

* 핵심 개념이란 교과의 성격을 드러내는 기초 개념과 원리를 포함하는 근본적인 아이디어다. 이는 학습 내용의 구조를 드러내며 그 교과에서 가장 핵심적인 아이디어가 무엇인지를 보여 준다. 일반적 아이디어(General ideas), 빅 아이디어(Big idea)와 유사한 의미라고 할 수 있다.(2015개정 교육과정 총론)

2) 교육과정 조망도 만들기

교육과정 조망도란, 교육과정 문서를 읽고 교육과정의 중요 내용을 대충 정리해 놓은 것으로 교사 교육과정을 계획하기 위한 기초 작업이다.

교육과정 조망도를 만들어 보는 이유는 교육과정의 변화 모습을 확인하고 교육과정에 반드시 포함되어야 할 사항이나 지침을 빠뜨리지 않기 위함이고, 상위 교육과정의 목표와 추구하는 인간상의 모습들을 확인하여 교사 교육과정에 반영하기 위함이다.

이렇게 교사는 교육과정 문서의 중요한 내용을 표나 그림, 노트 정리 등의 형태로 정리할 수 있으며 자신만의 조망도를 가질 수 있게 된다.

- **총론 조망도 갖기**

구분		내 용	교사 교육과정에 반영할 내용
성격		가. 공통성과 다양성을 추구하는 교육과정 나. 자율성과 창의성 신장을 위한 학생 중심의 교육과정 다. 교육 공동체가 함께 실현해 가는 교육과정 라. 학교 교육 체제를 교육과정 중심으로 구현 마. 학교 교육의 질적 수준을 관리하고 개선	교육 공동체가 함께 실현해 가는 교육과정을 실천하고자 5학년 학생들의 의견을 반영한 교육 활동을 학기별 1회 운영하고자 함.
방향	추구하는 인간상	핵심 역량을 갖춘 창의융합형 인재상 제시 자주적인 사람 / 창의적인 사람 / 교양 있는 사람 / 더불어 사는 사람	
	핵심 역량	가. 자기 관리 역량 나. 지식 정보 처리 역량 다. 창의적 사고 역량 라. 심미적 감성 역량 마. 의사소통 역량 바. 공동체 역량	– 고학년으로서 '우리'라는 공동체 역량을 기를 수 있도록 하기 위해 협동 학습을 강조할 것임. – 학생들의 의견을 학급 운영 등으로 학급법 만들기 및 프로젝트 수업에 학생의 의견 반영

방향	구성 중점	가. 학생의 적성과 진로에 따른 선택 학습을 강화 나. 교과의 핵심 개념-학습량의 적정화로 학습의 질 개선 다. 학생 참여형 수업을 활성화 라. 학습의 과정을 중시하는 평가 및 평가 결과를 활용하여 교수·학습의 질 개선 마. 교과의 교육 목표, 교육 내용, 교수·학습 및 평가의 일관성	- 진로 교육 운영에서도 학생들의 선택권 강조(사전조사)
	초등학교 교육 목표	일상생활과 학습에 필요한 기본 습관 및 기초 능력 기르기, 바른 인성을 함양	
기준	편제 및 시간 배당	교과(군)와 창의적 체험 활동 교과: 국어, 사회/도덕, 수학, 과학/실과, 체육, 예술(음악/미술), 영어(1, 2학년) 국어, 수학, 바른 생활, 슬기로운 생활, 즐거운 생활 창체: 자율, 동아리, 봉사, 진로 활동, (1, 2학년) 안전한 생활(64시간) -교과군별 20% 증감 편성 운영 가능(단, 체육, 예술 제외)	국어 중복된 성취 기준 확인하여 시수 감축 → 수학 기초 학습 관리 시수 확보
	편성 운영 기준	공통 교육과정과 선택 중심 교육과정, 학년군, 교과군 재분류, 집중 이수 가능, 창의적 체험 활동-학생 소질과 잠재력 개발, 공동체 의식 기르기(범교과 포함)	3~5교시 프로젝트 수업 집중 운영 시간 확보 연극 수업 및 연극제 운영을 위한 예산 사용

2015 개정 교육과정 총론 조망도(예)

교사는 교육과정 총론을 읽고 주요 개정된 내용을 확인하고 그 내용이 의미하는 바가 무엇인지 해석하여, 조망도에 그 내용을 정리해 봄으로써 이런 내용을 교사 교육과정에 어떻게 반영해야 할지 고민하며 교육의 목표를 설정할 수 있게 된다.

• 교과 각론 조망도 갖기

각론은 교과에 대한 내용으로 구성되어 있으며 초등학교 1학년부터 고등학교 1학년까지 공통 교육과정에 대한 내용 체계표가 제시되어 있다. 교사는 내용 체계표를 통해 각 학년군별 내용요소의 위계를 확인할 수 있어야 하고, 교과 영역의 핵심 개념을 확인해야 한다. 그리고 자신이 가르쳐야 할 학년의 성취기준을 선정할 수 있어야 한다.

<table>
<tr><td rowspan="7">각론
조망도
(국어)</td><td>성격</td><td>국어를 정확하고 효과적으로 사용하는 데 필요한 능력과 태도를 기르고, 비판적이고 창의적인 국어 사용을 바탕으로 하여 국어 발전과 국어문화 창달에 이바지하려는 뜻을 세우며, 가치 있는 국어 활동을 통해 바람직한 인성과 공동체 의식을 함양</td></tr>
<tr><td>교과
역량</td><td>비판적·창의적 사고 역량, 자료·정보 활용 역량, 의사소통 역량, 공동체·대인 관계 역량, 문화 향유 역량, 자기 성찰·계발 역량</td></tr>
<tr><td>영역</td><td>듣기·말하기, 읽기, 쓰기, 문법, 문학</td></tr>
<tr><td>목표</td><td>가. 다양한 유형의 담화, 글, 작품을 정확하고 비판적으로 이해하고 효과적이고 창의적으로 표현하며 소통하는 데 필요한 기능을 익힌다.
나. 듣기·말하기, 읽기, 쓰기 활동 및 문법 탐구와 문학 향유에 도움이 되는 기본 지식을 갖춘다.
다. 국어의 가치와 국어 능력의 중요성을 인식하고 주체적으로 국어생활을 하는 태도를 기른다.</td></tr>
<tr><td>특징</td><td>– 초 1~2학년에 한글교육 강화 (27차시 → 62차시 확대)
– 초 3학년부터 매 학기 수업시간에 책 한 권을 읽기
– 초·중학교에 활동 중심의 연극 단원 개설</td></tr>
<tr><td>내용
체계표</td><td>[듣기·말하기]
<table>
<tr><th rowspan="3">핵심 개념</th><th rowspan="3">일반화된 지식</th><th colspan="5">학년(군)별 내용 요소</th><th rowspan="3">기능</th></tr>
<tr><th colspan="3">초등학교</th><th rowspan="2">중학교
1~3학년</th><th rowspan="2">고등학교
1학년</th></tr>
<tr><th>1~2학년</th><th>3~4학년</th><th>5~6학년</th></tr>
<tr><td>• 듣기·말하기의 본질</td><td>듣기·말하기는 화자와 청자가 구어로 상호 교섭하며 의미를 공유하는 과정이다.</td><td></td><td></td><td>• 구어 의사소통</td><td>• 의미 공유 과정</td><td>• 사회·문화성</td><td rowspan="2">• 맥락 이해·활용하기
• 청자 분석하기
• 내용 생성하기
• 내용 조직하기
• 자료·매체 활용하기
• 표현·전달하기
• 내용 확인하기
• 추론하기
• 평가·감상하기
• 경청·공감하기
• 상호 교섭하기
• 점검·조정하기</td></tr>
<tr><td>• 목적에 따른 담화의 유형
• 정보 전달
• 설득
• 친교·정서 표현
• 듣기·말하기와 매체</td><td>의사소통의 목적, 상황, 매체 등에 따라 다양한 담화 유형이 있으며, 유형에 따라 듣기와 말하기의 방법이 다르다.</td><td>• 인사말
• 대화[감정표현]</td><td>• 대화[즐거움]
• 회의</td><td>• 토의[의견조정]
• 토론[절차와 규칙, 근거]
• 발표[매체활용]</td><td>• 대화[공감과 반응]
• 면담
□토의[문제 해결]
• 토론[논리적 반박]
• 발표[내용 구성]
• 매체 자료의 효과</td><td>• 대화[언어예절]
• 토론[논증 구성]
• 협상</td></tr>
</table>
</td></tr>
<tr><td colspan="2">교사
교육과정에
반영할 내용</td><td>– 1, 2학기 온작품 읽기 도서 선정
– 5학년 2학기 연극 수업 계획
– 듣기·말하기 토의토론 수업으로 의사소통능력 향상</td></tr>
</table>

국어과 각론 조망도(예)

• **학교 학년 조망도 갖기**

초등학교인 경우 1~6학년까지 교사가 담당하는 학년의 간격이 넓어, 자신이 맡은 학년의 교육과정 특성을 파악하지 않으면 중요한 내용을 놓치기 쉽다. 또, 중 · 고등학교인 경우도 학교급에 따라 특색이 달라 학년별로 교육과정 운영상 중요한 내용을 정리해 두는 '학교 학년 조망도'를 만들어 보는 것도 좋을 듯하다.

<table>
<tr><td rowspan="2">초등
1학년</td><td>교과</td><td>• 국어: 한글 교육 강화(한글 교육 수업 시수 62시간 확대)
→ 한글 쓰기가 미흡한 학생의 부담을 줄이기 위해 1학기 받아쓰기, 알림장 쓰기 지양
• ○○초등학교 중점 교육 활동
→ 마을 교육과정 운영, 학생 수준별 SW 교육 운영</td></tr>
<tr><td>시간
배당</td><td>– 3월 초 입학 초기 적응 활동 집중 편성(30주 기준)
– 1~2학년군 안전한 생활(64시간) 포함 창의적 체험 활동 운영</td></tr>
<tr><td colspan="2">교사
교육과정에
반영할 내용</td><td>• 마을 교육과정 '우리 마을 둘러보기' 운영: 10차시 이상
• 1학년 SW언플러그드 중점 교육(1학기 16차시) 운영
• 창체 170시간 중 입학 초기 적응활동 64시간 운영, 안전한 생활 32시간 운영</td></tr>
</table>

<table>
<tr><td>중
1학년</td><td>교과</td><td>• 자유학년제/자유학기제 운영
→ 자유학년제, 융합 체험 활동 중심</td></tr>
<tr><td colspan="2">교사
교육과정에
반영할 내용</td><td>• 이전 학년 '자유학년제' 평가 반성 내용 확인
• 0월 0일 1학년 다모임: 자유학년제 협의(1학년 담임, 학생 참여)</td></tr>
</table>

학교 학년 조망도(예)

3) 교육과정 상용하기

교육과정 상용하기 단계는 교사 교육과정을 개발하고 실천하는 단계로 교육과정 계획하기(CP), 수업 만들기(CM), 교육과정 실천 및 피드백 단계로 진행될 수 있다.

앞 단계에서 교육과정 조망도를 만들며 교사 교육과정에 반영하고 싶었던 내용들을 실제 어떻게 운영할 것인지 교육과정을 개발하고, 수업에서는 어떻게 적용할지에 대한 수업 만들기와 수업 진행 과정으로 교사 교육과정의 구현 단계다.

교육과정 상용하기 단계가 잘 실행되기 위해서는 앞의 '교육과정 읽기' 및 '조망도 만들기' 단계가 잘 이루어져야 한다. 교육과정 읽기 단계에서 각론의 내용 체계표를 제대로 확인하지 않고 교육과정을 개발할 경우 교육과정 계획(CP) 결과가 교육 목표에 맞지 않거나 선행 학습의 내용까지 교육 내용의 범주로 포함시키게 되는 오류(선행 학습 금지법 위반)가 발생할 수 있기 때문이다.

이런 교육과정 상용하기 단계의 구체적인 실천 내용 등은 4장 'Step by step 교사 교육과정'에서 자세히 살펴볼 수 있다.

이처럼 교사는 각 단계의 실천 내용을 확인하고 실행하며 교육과정 문해력을 갖추고, 국가–지역–학교 교육과정을 연결 지어 학생 수준에 맞는 교육과정의 범위 안에서 교사 교육과정을 개발, 실행할 수 있어야 한다. 그리고 각 단계별 실천 내용을 실행하며 갖추어진 자신의 문해력 수준이 어떤지 다음 질문을 통해 문해력 수준을 점검할 수 있다.

교육과정 문해력을 갖춘 교사로 거듭나기

1. 현재 『2015 개정 교육과정』을 소지하고 있거나, 찾을 수 있는가?
2. 교육과정 총론과 각론을 구분하고 각각에서 교사가 꼭 확인하여 시행해야 할 것에 대해 알고 있는가?
3. 국가 교육과정을 바탕으로 교사 교육과정을 실현하는 데 일관성과 다양성을 조화롭게 구현할 수 있는가?
4. 교과서대로가 아니라 교과서를 활용하는 교육과정 전문가가 될 수 있는가?
5. 교육과정이 교사의 교수권과 평가권을 보장하고 보호해 줄 수 있음을 인식하고 있는가?
6. 학생 중심의 교육 철학을 세우고 다양하고 창의적인 교사 교육과정을 편성 · 운영하는가?
7. 교육과정 전문성에 근거하여 교사로서의 자존감이 향상되고, 존경과 신뢰를 받고 있는가?

교육자치제가 실행되고 교육과정 분권화의 필요성이 대두되어 실제 교육과정 개발 권한이 학교로 이양되었고 교사 및 학생에게 교육과정 개발에 대한 권한이 넘어와야 한다는 요구들을 반영하여 교사 교육과정, 학생 주도 교육과정이라는 말이 사용되는 이 지점에서 교사는 교육과정 문해력을 갖추어 교육의 전문가로 거듭날 수 있어야 한다.

2 역량을 기반한 국가 교육과정이란?

가. 역량과 역량 기반 교육과정

경제협력개발기구(OECD)의 미래 사회에 필요한 역량에 대한 연구인 '역량의 정의와 선택(Definition and Selection of Competencies: DeSeCo) 프로젝트'로 역량은 국제적인 관심을 받고 있다.(백남진 · 온정덕, 2014) 교육 분야에서도 역량에 대한 중요성을 인식하고, 꾸준히 논의를 전개하고 있다. 사회가 빠르게 변화하는 만큼 그에 맞는 인재를 길러 내야 한다는 요구가 교육 개혁에 대한 요구와 연결되어 '역량 기반 교육'이라는 이름으로 나타나는 것이다. 세계 여러 나라에서 교육과정을 역량 중심으로 개편해 나가고 있는 것도 같은 이유다.

DeSeCo 프로젝트를 통해 강조된 역량이 아주 새로운 개념인 것은 아니다. 교육에서 역량을 강조하는 경향은 교과 중심의 교육과정을 비판하고 '사회적 필요와 요구에 적합한 능력 증진'을 중시했던 과거 교육 동향에서도 찾아볼 수 있다. 1920년대부터 1950년대 미국에서 유행한 '생활 적응 교육'이나, 1970년대 일어났던 '능력 중심 교육 운동'이 대표적인 예다. 이들 동향을 종합해 보았을 때, 역량은 단순히 다량의 지식을 습득하는 것이 아니라, 습득한 지식을 수행할 수 있는 능력까지를 의미한다. 역량은 인지적 요소뿐만 아니라 정의적, 사회적, 심동적 요소까지를 포함하는 총체적 능력을 의미하는 것이다. 최근 OECD가 정의한 역량의 개념에는 그런 의미가 종합되어 있다.

> 역량, 특정한 상황에서 심리 · 사회적 자원(기능과 태도를 포함)을 이용하여 복잡한 요구를 성공적으로 해결하는 능력.(OECD, 2005)

이러한 역량을 바탕으로 교육과정을 개편하거나, 변화를 모색하는 것을 역량 기반 교육(Competence-based education), 역량 기반 교육과정(Competence-based curriculum)이라고 한다.(김선영, 2019) 우리나라에서 '역량 기반 교육'은 2007년 대통령자문교육혁신위원회 학습 사회 실현을 위한 '미래 교육 비전과 전략(안)'에서 미래 사회에서 요구되는 핵심역량을 중심으로 교육과정을 개편될 것이 제안된 후,(김경자, 2014) 2015 개정 교육과정에서 처음으로 국가 교육과정 총론 문서에 명시적으로 반영되었다.(황규호, 2017) 2009 개정 교육과정 역시 역량의 중요성을 강조하였지만, 역량을 교과 교육과정에 적극 반영하지 못하였고,(곽영순 외, 2013) 2015 개정 교육과정에서부터 본격적으로 역량에 기반한 교과 교육과정을 개발하게 되었다. 더욱이 총론에서 2015 개정 교육과정을 '미래 사회가 요구하는 핵심 역량을 함양하여 바른 인성을 갖춘 창의융합형 인재를 양성하기 위한 교육과정'으로 명시함으로써,(교육부, 2016: 42) 2015 개정 교육과정은 본격적인 '역량 기반 교육과정'의 시작이라 할 수 있다.

나. 핵심 역량과 교과 역량, 그리고 성취기준

2015 개정 교육과정은 역량을 '미래 사회 시민으로서 성공적이고 행복한 삶을 살아가기 위해 필요한 핵심적인 능력으로서, 지식, 기능, 태도 및 가치가 통합적으로 작용하여 발현되는 능력'으로 정의하고,(교육부, 2014) 학생들에게 중점적으로 가르치고자 하는 핵심 역량을 다음의 6가지로 제시한다.

- 자아정체성과 자신감을 가지고 자신의 삶과 진로에 필요한 기초 능력과 자질을 갖추어 자기 주도적으로 살아갈 수 있는 자기 관리 역량
- 문제를 합리적으로 해결하기 위하여 다양한 영역의 지식과 정보를 처리하고 활용할 수 있는 지식 정보 처리 역량
- 폭넓은 기초 지식을 바탕으로 다양한 전문 분야의 지식, 기술, 경험을 융합적으로 활용하여 새로운 것을 창출하는 창의적 사고 역량
- 인간에 대한 공감적 이해와 문화적 감수성을 바탕으로 삶의 의미와 가치를 발견하고 향유하는 심미적 감성 역량
- 다양한 상황에서 자신의 생각과 감정을 효과적으로 표현하고 다른 사람의 의견을 경청하며 존중하는 의사소통 역량
- 지역 · 국가 · 세계 공동체의 구성원에게 요구되는 가치와 태도를 가지고 공동체 발전에 적극적으로 참여하는 공동체 역량

각 교과는 총론에 제시된 범교과적 성격의 6가지 핵심 역량을 바탕으로, 해당 교과 교육과정에 맞게 변형한 '교과 역량'을 제시한다. 김경자(2015)에 의하면 2015 개정 교육과정에서 교과 개발자가 교과 역량을 결정하도록 하였고, 교과 역량이 교과의 성격, 목표, 내용, 교수 · 학습 방법, 평가 전반에 반영되도록 하였다고 한다. 이는 핵심 역량과 교과 역량의 상호작용적 역할을 강조해, 교과를 배우는 이유와 교과를 어떻게 활용할 수 있는지를 분명히 드러내고자 한 것이다. 따라서 역량 기반 교육과정에서는 각 교과의 교과 역량을 설정하고 이를 구체화하는 작업이 무엇보다 중요하다. 역량을 구체화함으로써 총론 수준의 추상적인 핵심 역량을 수업 실제에 사용할 수 있는 구체적인 제재로 만들 수 있기 때문이다.

교과	교과 역량
수학	문제해결, 추론, 창의·융합, 의사소통, 정보 처리, 태도 및 실천
사회	창의적 사고력, 비판적 사고력, 문제해결력 및 의사결정력, 의사소통 및 협업 능력, 정보 활용 능력
미술	미적 감수성, 시각적 소통 능력, 창의·융합 능력, 미술 문화 이해 능력, 자기 주도적 미술 학습 능력
국어	비판적·창의적 사고 역량, 자료·정보 활용 역량, 의사소통 역량, 공동체·대인 관계 역량, 문화 향유 역량, 자기 성찰·개발 역량

2015 개정 교과 교육과정에 제시된 역량

2015 개정 교육과정은 교과 역량을 중심으로 교과 내용을 구성할 수 있도록, '교과 내용 구성 방식'을 개편한다. 2015 개정 교과 교육과정 문서 체계는 '성격', '목표', '내용 체계와 성취기준', '교수 · 학습 및 평가의

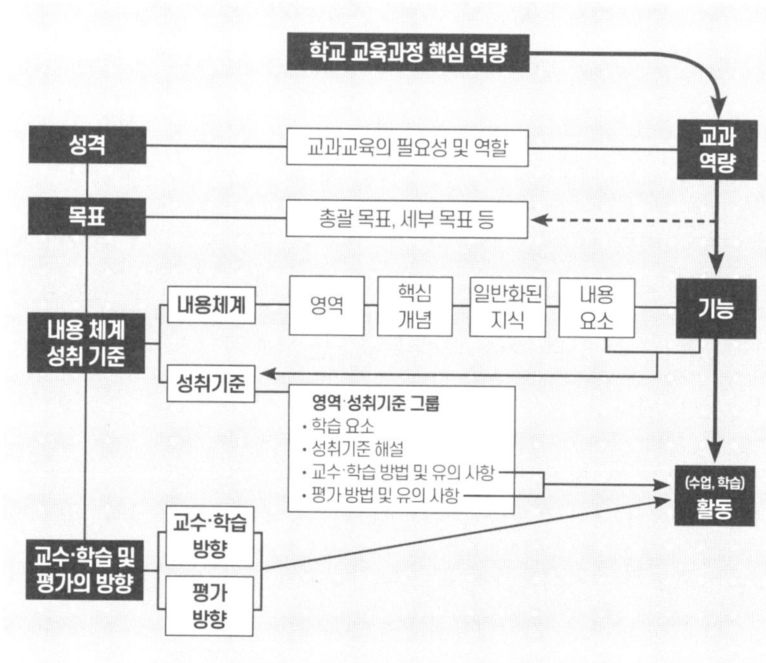

2015 개정 교과 교육과정 문서 체계(이광우 외, 2015)

방향'으로 구성된다. 이중 '성격' 항목에서는 학생들이 성취하기를 희망하는 교과 역량이 제시된다. 이후 '내용 체계 및 성취기준' 항목에서 교과 역량의 성취를 위한 내용을 선별하고 정련하여 제시한다. 내용 체계에서 교과 역량을 함양하는 데 필요한 교육 내용을 핵심 개념, 일반화된 지식, 기능이라는 하위 요소로 구조화하고, 이를 바탕으로 성취기준을 개발하는 것이다.(교육부, 2015)

내용 체계 중 '핵심 개념'은 교과와 관련된 학문의 가장 기초적인 개념이나 원리를 포함하는 교과의 근본적인 아이디어를, '일반화된 지식'은 핵심 개념을 배우기 위해 학생들이 학습해야 할 핵심적인 원리 및 지식을, '내용 요소'는 핵심 개념과 일반화된 지식을 좀 더 구체적으로 표현한 학습 요소를, '기능'은 지식을 습득할 때 활용되는 탐구 및 사고 기능을 각각 가리킨다.(교육부, 2015) 이때 '기능'은 학생들의 학습 활동이 교과 지식의 습득에 머물지 않고 그 교과 지식을 가지고 할 수 있고 또는 할 수 있기를 기대하는 것을 나타낸 것으로 교과 역량을 구현하는 중요한 통로가 된다고 볼 수 있다.(이광우 외, 2015) 여기서 '내용 요소'와 '기능'을 결합한 것이 '성취기준'이며, 교과 역량이 '교과 성취기준'을 통해, 학생이 학습 결과로 수행할 수 있는 형태로 구체화된다. 따라서 2015 개정 교육과정의 성취기준은 학습 목표 진술로서의 기능을 넘어, 교육과정 총론의 핵심 역량과 교과 교육과정의 교과 역량, 그리고 교과 내용을 연결하는 교두보 역할을 맡게 된다.

라. 교사 교육과정과 역량 기반 교육과정

역량을 중심으로 한 교육과정 설계 방식은 이론적 지식을 중심으로 교육과정을 조직하였던 설계 방식과 근본적으로 다르다.(김선영, 2019) 다량의 지식을 전달하고 습득해야 했던 과거의 교육 방식으로는 더 이상 미래 사회에 필요한 인재를 길러 낼 수 없다는 위기의식하에, 새로운 유형의 교육과정이 요구된다. 그래서 역량 기반 교육과정에서는 교사의 설명이 주가 되는 교사 중심의 교육 방법보다, 주어진 과제를 자신의 역량으로 해결하고, 반성적 성찰을 통해 자신의 역량을 확장해 가는 학생 중심의 교육 방법이 더 필요하다.

더욱이, 역량 기반 교육과정은 교수 · 학습 방법 및 평가 측면에 큰 변화를 유도하게 된다. '무엇을' 가르칠 것인가에 초점을 두고 지식을 전달하는 것이 아니라, 역량을 함양하기 위해 '어떻게' 가르칠 것인가에 초점을 두게 되는 것이다. 그런데 '어떻게' 가르칠 것인가의 문제는 '무엇을 어떻게' 다루는가 하는 방법에 대한 문제다. 이런 맥락에서 역량은 교육 내용을 가르치거나 배우는 전혀 새로운 방법이라기보다는, 학습자나 교육 내용에 적절한 교수 · 학습 방법을 개선하기 위한 방안이라고 할 수 있다.(이광우 외, 2014)

이 지점에서 교사 교육과정과 역량 기반 교육과정의 관련성을 찾을 수 있다. 두 이론은 서로 다른 내용을 논하지만, 학생의 삶과 요구를 적극적으로 반영한다는 점, 그 목적이 삶에 필요한 능력을 증진하는 것이라는 점, 교육 방법으로 일방적 지식의 전달을 지양한다는 점에서 공통점이 있다. 역량 기반 교육과정이 가져온 새로운 교육과정 설계 방안이나 교수 · 학습 방법 및 평가의 변화는 교사 교육과정이 필요한 이유이자 실제적인 방법이다.

3

교육과정 대강화와 만들어 가는 교육과정

가. 국가 교육과정은 대강화되어 있는가?

학교에서 이루어지는 교육은 국가 교육과정을 바탕으로 계획되고 구체화된다. 각 학교의 실정을 고려하여 학생들에게 필요한 학습 내용을 선정하고 조직함으로써 학교 교육과정을 구체화한다. 국가－학교－교실로 이어지는 체계적 교육과정 설계 절차를 거쳐 수업을 통해 교육적으로 의미 있는 학습 경험을 제공해 준다.

우리나라는 국가 교육과정을 고시함으로써 교육과정과 관련된 내용들을 규정하고 있으며, 시 · 도교육청은 학교에 지역 교육과정이나 교육과정 편성과 운영에 관한 지침으로 영향을 미친다. 이러한 국가 교육과정은 표준화된 교육 내용들을 다룸으로써, 학교 교육의 보편성을 담보하는 것과 동시에 학교 현장에서 요구되는 자율성을 무시한 채 학교에서 이루어지는 교육과정을 통제해 왔다. 교육의 질 관리를 통해 학생들을 일정 수준 이상으로 끌어올리는 데 중요한 역할을 담당하였지만 미래 사회의 다양한 능력을 필요로 하는 인재 양성에 있어서 국가의 성취기준을 중심으로 표준화된 교육과정 획일화는 분명한 한계가 존재한다.

이러한 한계를 극복하고자 국가 교육과정 대강화라는 용어가 등장하기 시작하였다. 국가 교육과정 대강화는 국가 교육과정의 줄거리와 방향을 간략하게 제시하는 것을 의미한다.• 학교 교육과정을 설계할 때, 국가 교육과정이 너무 상세하게 제시되어 있으면 시 · 도나 학교의 특성을 반영하는 데 많은 제약이 따르게 된다. 그렇기에 국가에서는 보편적으로 적용 가능한 공통 기준만 제시하고 나머지 구체적인 세부 사항은 시 · 도나 학교에서 자율적으로 정하여 운영이 가능하도록 교육과정 개정을 할 때마다 교육과정 대강화를 위해 노력해 왔다.

1) 국가 교육과정 대강화는 학교 교육과정의 자율화를 의미한다

교육과정 대강화는 학교 교육의 자율성과 다양성을 구현하기 위한 수단으로서 국가 교육과정에서 학교 교육과정에 대한 과도한 규제나 간섭을 최소화하는 것을 말한다. 최근의 교육 자치, 학교 자치와 상통한다고 할 수 있다.

먼저 제6차 교육과정(1992~1997)을 살펴보면 교육과정 결정의 분권

• 강현석 외(2006). 국가 교육과정 대강화의 방향과 과제: 교육과정 체제의 개정을 중심으로. 중등교육연구, 54(1), p.224.

화를 통해 시 · 도와 학교에 자율재량권을 확대하고자 하였다. 이는 국가 교육과정을 대강화하여 교육과정 결정 권한을 시 · 도와 학교에 위임하는 것으로서 교사의 전문성에 기반한 학교 교육과정 편성의 자율성을 부여하고자 하였다. 시 · 도 교육과정 편성 및 운영 지침을 단위 학교에 제공하여 교육부, 시 · 도교육청과 학교에 이르기까지 그 역할과 기능을 명확히 하였다. 구체적으로 살펴보면 학교재량시간을 신설하여 초등학교 3학년 이후부터 주당 1시간씩 교과나 특별활동의 보충 · 심화 또는 학교의 실정에 맞게 창의적인 교육시간으로 활용할 수 있게 되었다.

(가) 교육과정 결정의 분권화

중앙집권형 교육과정을 지방 분권형 교육 과정으로 전환하여, 시·도교육청과 학교의 자율재량권을 확대하였다.

• 종전에는 교육부가 고시한 국가 수준의 교육과정만이 각 학교에 직접 전달되었으나, 제6차 교육과정에서는, 교육부는 국가 수준의 기준을 고시하고, 시·도교육청은 국가 기준을 근거로 당해 시·도 교육과정 편성·운영 지침을 작성하여 각 학교에 제시하고 편성·운영을 지도하며, 각 학교는 국가 기준과 시·도의 지침을 근거로 학교 실정에 맞게 교육과정을 편성하여 운영하도록 하여, '교육 현장 - 시·도교육청·교육부'의 역할 기능을 명확히 하였다.

출처: 제6차 초등학교 교육과정 해설서(1992, p.26)

제7차 교육과정 시기(1997~2009)의 대강화 정책은 국가 수준에서 지니고 있던 규제를 완화하는 방향으로 내용면에서 자율화가 가능하게 되었다. 구체적으로 살펴보면 수업 시수의 경우 주당 평균 시수를 제시하는 것에서 연간 운영 시수를 제시함으로써 학교의 실정에 따라 탄력적인 운영을 가능하게 하였다. 재량 활동과 특별 활동을 확대 개편하여 학생들의 요구, 진로나 적성, 학교의 상황과 지역적인 특색에 맞게 구체적인 내용을 학교에서 결정할 수 있도록 교육과정 운영의 탄력성을 부여하였다.

2008년 발표한 학교 교육과정 자율화 정책은 국가 교육과정 대강화를 더욱 강조하며 학교에 대한 국가의 통제를 실질적으로 벗어나게 만들었다. 2009 개정 교육과정(2009~2015)에서 학교별 선택에 따라 교과군별로 20%까지 시수 증감을 가능하도록 함으로써 시수의 구조적인 변화가 가능하게 된 것이다.

2015 개정 교육과정(2015~현재)에서의 국가 교육과정은 줄거리와 방향만 제시하고 교육과정 결정의 주요 역할을 지역과 학교 수준으로 이양하는 교육과정 대강화가 이루어졌다. 시 · 도교육청에서는 국가 교육과정에 근거하여 지역 교육과정 편성 · 운영 지침을 만들어 고시하였으며, 일부 시 · 도교육청에서는 지역 교육과정을 개발하는 데까지 이르고 있다. 그러나 교육과정의 지역화를 통해 시 · 도교육청에 교육과정 자율권이 어느 정도 부여되어 학교의 특색을 살리는 방향으로 영역의 선택과 집중이 가능하도록 하였음에도 불구하고 아직도 성취기준이 국가 교육과정에 100% 집중됨으로써 그 권한을 효율적으로 사용하지 못하고 있다.

2) 국가 교육과정 대강화는 양적 축소만을 의미하지 않는다

교육과정의 줄거리와 방향을 제시한다는 대강화의 의미를 보았을 때 대강화가 실현되면 국가 교육과정 문서의 양이 줄어들 것이라고 생각할 수 있다. 그러나 실제로 교육과정에 제시된 편성 · 운영 지침의 양을 살펴보면 제7차 교육과정 이후로 오히려 더 많이 증가한 것을 알 수 있다.

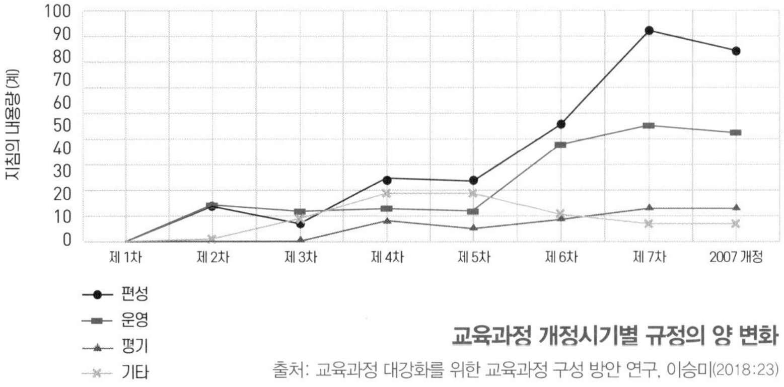

교육과정 개정시기별 규정의 양 변화

출처: 교육과정 대강화를 위한 교육과정 구성 방안 연구, 이승미(2018:23)

그 이유는 국가 교육과정을 통해 학교에 대한 강제적인 권한을 행사하려고 문서의 양을 늘린 것이 아니라 자율성에 대한 분명하고 구체적인 지침을 제시하면서 국가, 시 · 도, 단위 학교에 대한 내용이 늘었기 때문이다. 이처럼 교육과정 대강화를 통해 문서의 양을 줄이는 것도 중요하지만 질적으로 적합한 내용을 담는 질적 적정화가 대강화의 본질이라고 할 수 있다. 대강화를 하여도 질적인 필요에 따라 양이 늘어날 수 있기에 교육과정 대강화라고 해서 양이 무조건 축소가 되는 것은 아니다.

	형식	내용
양적 간소화	문서 체제 간소화	내용의 간략한 제시
질적 적정화	핵심 체제 - 필수 항목 제시	내용의 질적 적정화 - 필수 내용 제시

국가 교육과정 대강화의 방향 출처: 강현석 외(2006), 국가 교육과정 대강화의 방향과 과제, p.224

그러나 질적 적정화를 위해 국가 교육과정 지침이 너무 상세화되고 구체적으로 나타나면 학교의 특수성이나 여건을 반영하는 데 제약이 생기게 된다. 또한 과학, 사회 교과와 같은 경우에는 성취기준이 너무 구체화되어 있다. 이렇게 교과별 교육과정의 영역에서 자율적으로 결정할 영역까지 성취기준이 자세하게 안내되어 있어 편성과 운영에서 자유롭지 못하다. 다시 말하면 국가 교육과정 지침이 상세화되고 구체적으로 나타날수록 학교 교육과정 결정 권한이 줄어들게 되며, 탄력적이고 융통성 있는 교육과정 편성과 운영에 어려움을 겪게 된다는 것이다. 그렇기에 교육과정의 전체적인 개요나 핵심 사항만을 간략하게 제시할 수 있도록 양적 간소화와 질적 적정화 모두를 이룰 수 있는 교육과정 대강화가 필수적으로 이루어져야 한다.

국가 교육과정 대강화에서 '대강'은 '대략'이라기보다 '핵심'에 가깝다. 국가 교육과정 대강화는 세부 사항을 국가에서 결정하는 것이 아니라 학교에 의해 탄력적으로 운영한다는 의미다. 단위 학교에서 교사 교육과정을 실현하기 위해서는 학교의 교육과정 체제와 내용을 간략하게 구성하는 '학교 교육과정의 대강화'가 이루어져야 한다. 학교 교육과정 대강화는 교사 교육과정에 좀 더 많은 재량권과 탄력성을 부여하는 것으로서 교사 교육과정을 실현하는 데 필요한 전제 조건이다. 학교의 특색과 중점사업에 관련된 부분을 너무 상세하게 제시할 경우 교사의 자율성을 발휘하는 교사 교육과정 영역이 줄어드는 것이다.

나. 교사 교육과정은 만들어 가는 교육과정이다

제6차 교육과정에서 제시되었던 '교육과정 결정의 분권화'에서 나아가 제7차 교육과정부터는 학교 현장에서 '만들어 가는 교육과정'을 강조하였고, 단위 학교 교육과정의 자율성을 보장해 주고자 하였다. 교육 수요자인 학생, 학부모, 지역 사회에 대한 상황을 고려하여 교사들의 교육과정 편성 및 운영에 대한 자율성을 확보하고자 한 것이다.

교실 속 수업은 교사용 지도서와 같이 미리 정해진 교수-학습 방법을 모든 교실에 동일하게 적용하기에는 교사가 다르고 학생이 처한 상황도 모두 다르다. 특히 교사는 주어진 교육과정을 그대로 적용하지 않고 교사의 가치, 철학, 신념, 살아온 경험, 배경과 지식을 가지고 수업을 계획하며, 수업의 진행 과정에서 학생들의 반응에 따라 적절히 조정하고 변형하며 수업을 진행한다. 따라서 계획한 교육과정이 교실에 맞게 변형되는 것이 자연스럽게 인식되기 시작했고, 교실에서 교사와 학생이 만들어 가는 교육과정으로 나타나게 되었다.

만들어 가는 교육과정이란, 공동체의 소통과 참여에 의해 학교 교육 비전, 목표 등을 공유하고, 지역과 학교 특성에 맞는 교육과정 운영 계획을 함께 수립하여 학교 및 교실의 상황과 맥락에 맞게 구성해 나가는 교

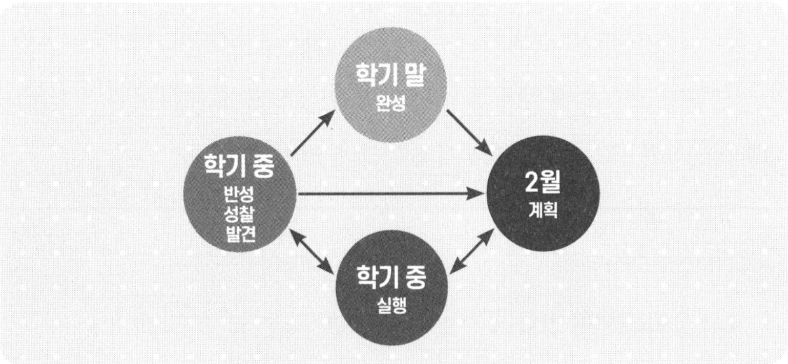

학기 중 만들어 가는 교육과정 흐름도

육과정이다. 만들어 가는 교육과정은 주어지고 고정된 것이 아니라 교실 상황과 맥락에 따라 변화가 가능한 교육과정이다.

만들어 가는 교육과정은 학교 구성원들의 공동체성을 바탕으로 교육적 합의 과정에 따라 자율성을 발휘하여 학교의 특색을 담아 창의적으로 구성한다. 구성원들 간의 협의와 숙의를 통해서 학교 교육과정 대강화의 방향과 내용을 수립하여 학교 교육과정에서 중요한 것이 무엇인지를 찾아 특색을 살리고, 줄여야 할 것과 간소화해야 할 것 등을 정하여 학교 교육과정 대강화를 실현한다. 그리고 대강화된 학교 교육과정을 바탕으로 학년 교육과정 계획을 수립하고, 학생, 학부모 등 학교 구성원들의 요구를 반영하여 교육과정을 실행하며 만들어 가는 교육과정을 구현하는 것이다.

만들어 가는 교육과정은 처음에 다 만들고 시작하는 완성된 교육과정이 아니다. 보통 학교는 2월에 교육과정을 계획하여 수립한 후 학기 중에 교육과정을 실행해 나간다. 교육과정을 실행한 후 반성과 성찰을 통해 새롭게 발견되는 것으로 피드백하여 교육과정을 수정하고 만들어 간다. 이러한 과정을 끊임없이 순환해 가며 학기 말이나 학년 말에 완성되는 교육과정이 바로 만들어 가는 교육과정인 것이다. 그렇기에 4월과 9월, 정보 공시에 입력하는 교육과정은 계획된 교육과정이지 만들어 가는 교육과정이라고 볼 수 없다.

이런 의미에서 만들어 가는 교육과정은 교사가 계획하고 실행하며 반성과 성찰을 통해 새롭게 발견되어 가는 교육과정 개발로서의 교사 교육과정을 의미한다. 만들어 가는 교육과정을 통해 교사들은 교육과정의 주인공으로 설 수 있다.

4

성취기준 해석하기

가. 성취기준이란

> 학생들이 교과를 통해 배워야 할 내용과 이를 통해 수업 후 할 수 있거나 할 수 있기를 기대하는 능력을 결합하여 나타낸 수업 활동의 기준(교육부, 2015)

성취기준은 제7차 교육과정 개정 시기에 교육과정 문서와 교육과정 담론에 처음으로 등장한 용어(에듀쿠스, 2018)로, '수업이나 평가에서 실질적인 기준이나 지침의 역할을 수행할 수 있도록 현행 교육과정 상의 목표와 내용을 분석하여 상세화한 목표나 내용의 진술문'으로 정의된다(교육부, 2015).

이후 몇 차례의 교육과정 개정을 거치면서, 성취기준은 핵심 개념 또는 원리를 중심으로 정선 · 감축되었고, 학생 발달 단계 및 국제적 기준을 고려하여 이수 시기 및 내용 조정, 역량이 함양되도록 개발되었다. 이를 통해 성취기준은 '교수 · 학습 기준으로서의 역할'뿐만 아니라 '평가 근거로서의 역할'이 강조된다. 성취기준은 국가 차원에서 교육과정의 질 관리 및 기초 학력 보장을 위한 조치이자 교사의 입장에서는 무엇을 어떻게 가르치고 배울 것인가에 관한 좀 더 구체적인 교수 · 학습 준거인 것이다.

유성열(2017)의 연구에 따르면, 학교 현장에서 성취기준은 아래와 같은 상황에서 사용된다.•

· 학생들의 성취기준 도달 여부를 판단할 때
· 차시 단위의 수업 흐름에서 벗어나 전체적인 맥락(목표)를 고려하고자 할 때
· 교과서 차시를 재구성할 때
· 가르치고 평가해야 할 내용을 확인할 때
· 파편적인 수업을 삶과 연계할 때
· 학교, 학생별 개인차를 반영하여 수업을 구상하고자 할 때
· 단위 학교의 특수성을 반영한 교육과정을 편성하고자 할 때

나. 성취기준의 특징

• 성취기준은 모든 학생들이 도달할 것을 전제로 한다. 성취기준은 일정 수준의 교육의 질을 확보하기 위해 국가에서 설정한 기준이다. 따

• 유성열(2017). 초등교사가 교육과정(성취기준)을 사용하는 용례 기술. 한국교원대 석사학위 논문.

라서 특별한 사유를 제외하고 성취기준은 모든 학생들이 도달할 것을 전제로 하며 임의로 누락, 삭제할 수 없다.

• 성취기준은 지식과 기능을 통합하여 제시하고 있다. 성취기준은 교과를 통해 배워야 할 내용과 이를 통해 수업 후 할 수 있거나 할 수 있기를 기대하는 능력을 결합하여 나타낸 수업 내용 기준으로 지식과 기능적 요소를 함께 제시하고 있다. 따라서, 수업에서는 인지적인 내용 중심의 임기 진달식 수업을 넘어 다양한 활동을 통해 충분히 경험하고 생활에 적용해 볼 수 있는 기회가 마련되어야 한다.

• 성취기준은 지도 시기 및 시간이 고정되어 있지 않다. 학생의 필요와 요구, 지역 및 학교의 특성 등을 반영하여 지도 시기를 정하며, 성취기준별 수업 가능한 시수는 해당 교과 시수를 성취기준의 개수로 나눈 평균 시수로 적용될 수 있다. 성취기준별 수업 시수는 학생들의 선행 학습 정도 및 제반 조건에 의해 증감이 가능하며 융통성이 있다.

• 성취기준은 학년군 단위로 제시되어 있다. 사전 교육과정 준비 시 동 학년군에서는 해당 학년에서 다뤄야 하는 성취기준을 서로 협의해야 하며, 해당 학년 내에서도 학기별 지도할 성취기준을 적정 배분 – 활용하여야 한다. 특히 도구 교과인 국어, 영어 및 음악, 미술, 체육 등의 예체능 교과는 성취기준을 여러 단원에 걸쳐 학습할 수 있으므로, 학생들에게 평가 부담이 되지 않도록 성취기준을 중복하여 평가하지 않도록 한다. 지속적인 학습의 연속성을 감안하면 학년군 내 담임연임제를 취함이 바람직하다.

• 교과에 따라 성취기준은 추상적이기도 하고 구체적이기도 하다. 현행 교육과정에서 제시된 교과별 성취기준을 분석하면 하나의 성취기준

에 여러 개의 내용이 종합된 경우, 너무 추상적으로 제시되어 무엇을 가르쳐야 할지 혼란을 주는 경우, 반대로 성취기준이 너무 구체적이어서 교사의 자율성이 발휘되기 어려운 경우 등의 문제를 보인다.* 국가 수준에서의 성취기준 개선이 요청되는 일이지만 현장 교사의 입장에서는 성취기준을 해석하는 여러 가지 방법을 익히고 내용 체계표를 통해 성취기준을 판단–해석하는 노력이 필요하다.

• '성취기준을 갖는다'는 것은 '교사의 교육과정의 자율권'과 '학생에 대한 배움의 책무성'을 강화한다는 의미다. 국가 수준의 성취기준은 낱낱의 가르쳐질 내용이 아닌 핵심 개념을 중심으로 학습의 적정성을 고려한 내용 기준이다. 따라서, 교사는 해당 학생들의 관심과 필요, 학교 및 지역 사회의 특성 등을 반영하여 성취기준을 해석할 필요가 있으며 이를 통해 교사의 교육과정 전문성이 발휘된다. 교사는 성취기준이 '모든 학생들이 도달해야 할 일정 수준 이상의 능력'임을 고려하여 학생을 교과에 맞추는 것이 아니라 교과를 학생에게 맞춤으로써 배움의 공공성을 실현해야 한다.

• '성취기준을 해석한다'는 것은 '배움의 중심에 학생을 놓는 것'이다. 교과 내용을 전달하는 것이 아니라 '해석한다'는 것은 '학생들의 앎과 삶에 의미 있는 배움'을 주고자 성취기준을 학생들에게 맞추는 것이다. 이를 위해 교사는 학생들이 배움의 내용에 흥미를 갖고 적극적으로 참여할 수 있도록 학생의 의견 및 요구 등 그들의 목소리에 충분히 귀 기

---

* 황현정(2019). 학교 자치와 지역 교육과정 개념화. 경기: 경기도 교육연구원.

울여야 하며, 학생들의 관심, 흥미와 배움을 연결할 수 있는 교육과정 문해력이 필요하다. 이를 바탕으로 보편적인 학습 설계 및 적극적인 학생 참여형 수업을 구안할 수 있어야 한다.

다. 성취기준 해석하기

성취기준을 해석하는 방식은 크게 4가지 유형으로 구분할 수 있다.

1. 내용 중심 해석	① 분절하는 방식	② 초점화 방식
2. 학생 중심 해석	③ 생략하는 방식	④ 집중하는 방식

'내용'을 중심으로 해석하는 방식은 성취기준의 내용적 요소를 중시하여 지식, 기능, 태도 등 내용을 객관적으로 해석하는 방식으로, '분절'적으로 해석하는 방식과 핵심 내용으로 '초점화'하는 방식이 있다.

'학생'을 중심으로 해석하는 방식은 맥락적 · 상황적 해석이라고도 하며 성취기준의 내용을 학생의 입장에서 해석하여 조정하는 방식으로, 학생들의 선행 학습 정도를 반영하여 이미 아는 것을 '생략'하는 방식과 진짜 배워야 할 것에 '집중'하는 방식이 있다.

성취기준의 추상성 및 대강화 경향에 따라 학교급별 또는 학년(군)별 구체적인 내용을 확인하기 위해서는 내용 체계표상의 '일반화된 지식'과 '내용 요소'를 함께 확인해야 하며, 내용 체계표는 성취기준을 해석하고 수업으로 실행할 때 학습 내용의 범위(Scope)와 계열(Sequence)를 규정한다.

1. 【내용 중심】 '분절적으로 해석'하는 방식

• 지식, 기능, 태도로 분절하기

[2슬 01-03]

나의 몸을 살펴보고 / 몸의 여러 부분의 이름과 하는 일을 / 관련짓는다.

기능 / 지식 / 기능

위 성취기준과 관련된 내용 체계표를 보면, 일반화된 지식은 '나는 몸과 마음으로 이루어져 있다'이며, 내용 요소로는 '몸의 각 부분 알기', '나의 재능, 흥미 탐색'이다. 즉, 위 성취기준은 내용 요소 첫 번째와 관련된 것임을 알 수 있다.

성취기준 해석의 가장 일반적인 방법인 '분절적으로 해석'하는 방식으로 위 성취기준은 ① 나의 몸을 살펴보기 ② 몸의 여러 부분의 이름과 하는 일을 알아보기 ③ 몸의 각 부분과 하는 일 관련짓기 등으로 내용을 분류할 수 있고, 아래 표와 같이 내용별로 동등하게 차시를 배분하여 수업할 수 있다.

차시	수업 내용	비고
1~2	• 나의 몸 살펴보기	
3~4	• 몸의 여러 부분의 이름과 하는 일 알아보기	
5~6	• 몸의 각 부분의 이름과 하는 일 관련짓기 –코/입/귀/손/발이 없다면~?	

'분절적 해석' 방식 수업 계획의 예

⇨ 이는 전형적으로 교과서가 취하는 방식으로, 이러한 성취기준 해석 방식은 내용 요소 중 어느 하나도 놓치는 것이 없으나, 지극히 지식 중심의 방향으로 흐를 위험이 있으며, 현행 교과서의 진도 나가기식(Coverage) 수업과 크게 다를 바 없다. 따라서, 실제 수업을 위한 교과서 재구성의 경우, 수업 내용상의 변화보다는 수업 방법상에서의 변화만 있게 된다.

2. 【내용 중심】 '핵심 내용으로 초점화'하는 방식

• 성취기준의 핵심 찾기

[6국 01-01]

구어 의사소통의 특성을 바탕으로 하여 / 듣기, 말하기 활동을 한다.

지식 / 기능

위 성취기준은 내용 체계표를 보아도 매우 추상적이고 대강화되어 있어 무엇을 가르치라는 것인지 핵심을 잡기 힘들다. 따라서, 교육과정 해설서의 '성취기준 해설' 및 '교수학습 방법 및 유의 사항' 등을 참고하는 것이 성취기준의 학습 내용을 이해하는 데 도움이 된다.

구어 의사소통으로서의 '언어적, 준언어적, 비언어적 표현'에 대한 앞의 성취기준은 초등 5~6학년기에 처음 나오나, 서로 간의 관계를 형성하거나 유지 · 발전시킬 수 있는 중요한 학습 내용이다. 따라서, '언어적 · 준언어적 · 비언어적 표현'의 개념을 인지적으로 학습하기보다는 실생활에서의 경험을 바탕으로 역할극, 드라마, 영화 등 다양한 상황 속에서 반복적으로 찾아보고 표현해 봄으로써 그 내용의 중요성과 효과, 의의를 이해할 필요가 있다. '핵심 내용을 중심으로 초점화'하는 방식으로 수업을 계획하면 아래와 같다.

차시	수업 내용	비고
1~2	• 일상 대화 상황의 특성 • 대화에 실패했던 경험, 오해를 불러일으킨 경험 • 다양한 자료에서 '준언어적, 비언어적 표현' 알아보기	※ 핵심 내용을 다양한 상황 속에서 반복 적용하게 함!
3~4	• 상황에 맞게 '언어적, 준언어적, 비언어적 표현'을 넣어 역할극하기(일상적 대화)	
5~6	• 시, 애니메이션, 드라마, 영화 등 한 장면을 정해 '언어적, 준언어적, 비언어적 표현'해 보기	
7~8	• 주어진 상황과 반대되는 '준언어적, 비언어적 표현'해 보기 – '준언어적, 비언어적 표현'의 효과 알기	

'초점화' 수업 계획의 예

⇨ 이러한 방식은 '구어 의사소통(언어적, 준언어적, 비언어적 표현)'이라는 내용 요소를 중심으로 국가 교육과정의 공통성을 확보하면서도, 다양한 방식의 수업을 통해 학생 및 현장의 다양성을 추구하는 수업을 가능하게 한다. 학생들이 선호하는 학습 방식을 반영한 맞춤형 수업이 가능하고, 또한 학생들 삶 속의 문제와 직결된 경험을 나눔으로써 서로를 이해하고 오해를 줄이는 등 실천적 지식을 경험할 수 있는 시간이 될 수 있는 것이다.

3. 【학생 중심】 이미 아는 내용을 '생략'하는 방식

• 학생들이 이미 알고 있는 내용 '생략'하기

[4과 14-01]

물이 수증기나 얼음으로 변할 수 있음을 알고, /
지식
물이 얼 때와 얼음이 녹을 때의 무게 변화를 / 관찰할 수 있다.
지식 기능

이 성취기준의 경우, 물이 수증기나 얼음으로 변할 수 있다는 것은 대부분의 아이들이 일상의 경험을 통해 이미 알고 있는 내용이다. 따라서, 이 성취기준을 수업으로 구체화하고자 할 때에는 굳이 이미 아는 내용을 반복하기보다 성취기준의 뒷부분 – '관찰하기'에 초점을 두어 관찰 및 탐구 학습에 좀 더 많은 시간을 배치할 수 있다.

즉, 성취기준에서 제시된 부피와 무게 변화를 확인하는 실험만 하게 하기보다는, 충분한 시간을 확보하여, 학생들 스스로 '물의 상태 변화에도 불구하고 그 공통점과 차이점이 무엇일지' 조사 · 탐구하게 하거나, 가정을 증명하기 위한 실험 설계(탐구), 증명 과정을 개별/팀별로 다양하게 시도해 보는 탐구 수업이 가능하다.

차시	수업 내용	비고
1~2	• 남극/북극의 빙하가 계속 녹는다면..? – 물의 상태 변화에서 같은 점과 다른 점 (다른 점: 부피, 무게에 초점) – 자유 탐구 안내: 탐구 방법 소개	※주제통합학습: 지속가능발전교육
3~4	• 실험1: 물이 얼 때의 무게 변화 [주제1] 빙하기 시대 vs. 현재의 지구: 무게비교	※자유탐구 주제 안내 (개인/모둠, 주제선택/희망)
5~6	• 실험2: 얼음이 녹을 때의 부피 변화 [주제2] 기후 난민 : 원인과 대안 만들기	
7	• 과학글쓰기: 물의 상태 변화와 우리 생활과의 관계	※수행 평가 연계

성취기준 '생략' 수업 계획의 예

⇨ 이러한 방식은 이미 아는 것을 중복함으로써 학생들이 느끼게 되는 흥미 상실과 배움의 지루함을 제거하고, 여유 있는 수업 시간으로 '과학과 추론 능력 및 실험 설계-탐구 능력'을 강화함으로써 과학과 본질에 적합한 탐구 수업을 가능하게 한다.

4. 【학생 중심】 진짜 배워야 할 것에 '집중'하는 방식

- 이 성취기준을 '배워야 하는 이유'에 집중하기

[6사02-04]

헌법에서 규정하는 기본권과 의무가(지식) / 일상생활에 적용된 사례를 조사하고,(기능)

권리와 의무의 조화를 추구하는 자세를 기른다.(기능)

초등 과정에서 '법' 관련 단원이 편성되고 헌법과 기본권, 의무에 대한 내용을 배우는 것은 5학년에서 처음이다. 이 내용은 중학교에서 기본권 간의 충돌-갈등 상황에 대한 국가적 개입 또는 기본적 보장을 위한 국가 차원에서의 정책 등으로 확장된다. 따라서, 5학년에서의 본 성취기준이 법 관련 단원의 초기임을 감안할 때, 이는 기본권 및 의무의 종류와 의미 등 기본적인 개념을 배우는 것도 꼭 필요한 일이다. 그리고 실제 현 교과서에서 이 성취기준은 기본권과 국민적 의무의 종류를 설명하고 이를 개념적으로 구분하는 데 중점을 두고 있음을 알 수 있다.

그러나 생각해 보자! 이 단원이 초등에서 처음 나오는 '법' 관련 단원이며 기본 개념의 이해가 중요 내용일 수밖에 없으나, 그러한 권리와 의무를 배우는 이유는 무엇일까? 우리가 이 아이들에게 가르치는 법 관련 내용은 지식적 정보를 주기 위함이라기보다는 법이 우리 삶에서 왜 필요하고 어떻게 제정되며 국가와 국민의 의미는 무엇일지 이해할 수 있어야 하지는 않을까?

총론 해설시에 제시된 성취기준 해설은 '기본권 및 의무와 관련된 일상생활의 사례를 탐구함으로써 권리 의식과 공동체 의식을 함양하도록 하며, 권리와 의무의 상호의존성을 인식, 서로 조화를 추구하는 자세를 함양하도록 한다'라고 설명한다. 즉, 이 설명에 따른 이 성취기준은 기본적인 개념을 인지적으로 기억하고 구분하게 하는 데에 초점을 두는 것이 아니라, 국가와 그 안에 살고 있는 국민 간의 관계에서 왜 법이 필요한지 그리고 그 법을 통해 국민의 권리가 보장되어야 하며, 국민으로서의 의무를 수행할 때 국가 공동체의 지속적 발전이 가능하다는 점을 인식하게 하는 데 초점을 두어야 한다. 즉, 이 성취기준은 민주적 시민성 함양에 초점을 두어야 할 것이다. 따라서, 본 성취기준을 시민성 함양을 중심으로 다음과 같이 수업을 계획할 수 있다.

차시	수업 내용	비고
1~2	• 어서와, '헌법'은 처음이지? – 헌법 함께 읽기 – 헌법에 명시된 기본권과 의무 알아보기	※ 헌법 전문
3~4	• Q. 학교에 꼭 다녀야 하나요? – '교육받을 권리(학습권)'은 권리야, 의무야? – 학생/학부모/교사: 침해문제, 충돌 지점 – 내가 요구할 수 있는 교육권리는?	※ 학생들의 삶의 중심인 '교육권'으로 초점화

5	• 나의 '교육 권리장전' 만들기 – 학습에 대한 나의 의무, 권리 주장문 만들기	※ 첫 단원(학급 세우기) 으로 운영

'진짜 배워야 할 것'에 집중하는 수업 계획의 예

⇨ 진짜 배워야 할 것에 '집중'하는 성취기준 해석 방식은 아이들이 힘들어하고 어려워하는 암기로서의 공부가 아니라, 배움과 나의 삶과의 직접적인 관련성을 통해 배움의 참된 의미와 우리가 사는 세상을 이해하고 바라볼 줄 아는 조화로운 안목을 길러줄 수 있다.

라. 성취기준 활용의 확장

교과서 재구성 및 교육과정을 개발하다 보면, 성취기준을 활용할 때 어려움이 발생하는 경우가 있다. 대표적인 경우가 첫째, 성취기준 간의 위계 관계를 확인하지 않아 교과 내용 간에 중복, 누락 등이 발생하는 경우와 둘째, 2개 이상의 성취기준을 통합하여 사용하고자 하는 경우다.

1) 성취기준의 범위와 위계: 「내용 체계표」로 확인!

성취기준을 해석하여 교육 활동으로 수업을 구상하는 과정에서 아이들의 삶을 고려하고 다양한 내용을 통합하다 보면 해당 학년군의 내용 수준과 범위를 벗어나게 되는 경우가 있다. 내용이 중복되더라도 방법이 달라지고 활동이 달라지면 또 다른 교육적 의미를 경험하게 할 수도 있으나, 반대로 누락되는 내용은 없는지 혹은 해당 학년군의 이해 범위를 넘어서지는 않는지 고려해 보아야 한다.

예시 자료로 제시된 단원 개발 자료의 가장 큰 특징은 **수학과의 「꺾은**

- **수업 계획**

– 수학과 「꺾은선그래프」 단원의 내용적 요소로 '인권' 등의 사회과 내용 통합

	수학 / 4학년		6. 꺾은선그래프		11차시
주제	그래프에는 무엇이 숨어 있지?				
수업 목표	막대그래프와 꺾은선그래프의 특성을 알고, 두 그래프를 비교하여 설명할 수 있다.				
성취 기준	[4수05-03] 여러 가지 자료를 수집, 분류, 정리하여 자료의 특성에 맞는 그래프로 나타내고, 그래프를 해석할 수 있다.				
단원 구성	1/11	단원 계획 및 쓰임새 알아보기	7~8 /11	주제가 있는 꺾은선그래프 읽기 (인권)	
	2/11	꺾은선그래프 이해하기			
	3/11	꺾은선그래프 그리기	9/11	주제가 있는 꺾은선그래프 읽기 (우리 문화)	
	4/11	다양한 꺾은선그래프 읽기 (자연 현상)	10~11 /11	주제가 있는 꺾은선그래프 읽기 (지역 사회)	
	5~6/11	주제가 있는 꺾은선그래프 읽기 (공정 경제)			

'진짜 배워야 할 것'에 집중하는 수업 계획의 예

- **본시 수업 자료: 학생들에게 배부된 학습지의 예**

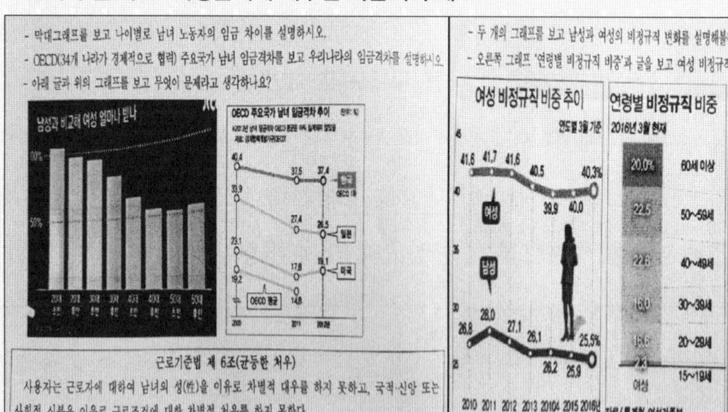
- 막대그래프를 보고 나이별로 남녀 노동자의 임금 차이를 설명하시오.
- OECD(34개 나라가 경제적으로 협력) 주요국가 남녀 임금격차를 보고 우리나라의 임금격차를 설명하시오.
- 아래 글과 위의 그래프를 보고 무엇이 문제라고 생각하나요?

근로기준법 제 6조(균등한 처우)

사용자는 근로자에 대하여 남녀의 성(性)을 이유로 차별적 대우를 하지 못하고, 국적·신앙 또는 사회적 신분을 이유로 근로조건에 대한 차별적 처우를 하지 못한다.

- 두 개의 그래프를 보고 남성과 여성의 비정규직 변화를 설명해볼까
- 오른쪽 그래프 '연령별 비정규직 비중'과 글을 보고 여성 비정규직이

해당 학년군의 내용 범위를 벗어난 예

선그래프」 단원과 사회과를 통합하여 수업을 구상한 것이다. 이는 교사가 자신의 수업 철학을 기반으로 10월 주제인 '다름을 존중해요'에 맞춰 '인권'과 관련된 내용을 추가한 사례다. 이에 따라 다양한 인권 사례와 그래프 속 숨어 있는 사회 문제를 알아봄으로써 학생들을 인권을 존중하는 민주시민으로 성장시키고자 하는 교사의 교수 목표가 담겨 있다.

그러나 우려스러운 것은 **'학습 내용의 적정성과 난이도'**다. 실제 수업에서의 내용도 그러했지만 무엇보다 초등 4학년의 수준에서의 인권, 남녀별 임금 격차, 정규직과 비정규직, 육아 휴직자 수 등의 내용은 그 낱말조차 쉽지 않은 개념이라 과연 위 자료와 학습 내용이 '4학년의 수준에 적절한가?'라는 의문을 주기 때문이다. 결국, 교사는 평소 '교육과정 읽기•'를 통해, 교과 내 영역 간 내용의 위계성을 살펴 '해당 학년에서 무엇을 어느 정도 수준까지 가르쳐야 하는지'에 대해 충분히 인지하고 있어야 한다.

2) 성취기준의 재구조화

'성취기준의 재구조화'는 교육과정 성취기준을 실제 평가의 상황에서 준거로 사용하기에 적합하도록 좀 더 구체적이고 명료하게 하는 것을 의미한다. 특히, 성취기준을 통합하거나 일부 내용을 압축하여 재구조화

• 정광순(2012). 교사의 교육과정 문해력. 통합교육연구.
-교사의 교육과정 문해력의 단계(교육과정 찾기→교육과정 읽기→조망도 만들기→교육과정 실행하기) 중, '교육과정 읽기'란, 현행 국가 교육과정을 찾아 교과의 목표와 성격, 성취기준과 내용 체계표, 교수학습 방법 및 평가 등 일련의 교과 내용과 기준을 인지하는 단계로, 성취기준은 지도순서와 시간이 고정된 것이 아니므로 각 성취기준별 수업 가능한 시간 및 관련성 등을 해석하는 과정이 이에 해당된다.

할 경우에는, 성취기준의 내용 요소 일부가 임의로 삭제되지 않도록 유의하여야 하며, 일부 내용을 추가해야 하는 경우에는 학생의 학습 및 평가 부담이 가중되지 않도록 학년(군), 학교급 및 교과(군) 간의 연계성을 충분히 고려해야 한다.(학교생활기록부, 2019: 80)

예를 들어, 교수학습 장면과 연계하여 동일 평가 과제에서 2개 이상의 성취기준 평가가 가능할 경우 아래와 같이 성취기준을 통합하여 재구조화할 수 있다.

• 2개 이상의 성취기준을 동일 평가 과제를 통하여 평가하는 것이 효율적일 때

[2국03-03]
주변의 사람이나 사물에 대해
짧은 글을 쓴다.

[2국03-04]
인상 깊었던 일이나 겪은 일에 대한
생각이나 느낌을 쓴다.

성취기준 통합

[2국03-03,04 통합 성취기준]
주변의 사람이나 사물과 관련된 인상 깊었던 일을
생각이나 느낌이 드러나는 글로 쓴다.

성취기준 통합의 예•

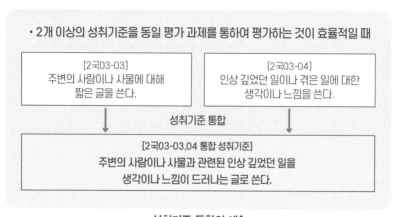

• 2019. 경기도 초등학교 학업성적관리 시행 지침(p.19)

5 교육과정 통합 유형

가. 왜 교육과정 통합이 필요할까?

교실 속에서 교육과정을 통합하여 가르치는 교사들은 수업을 더 잘 가르치고 싶은 마음과 더불어 학생들에게 더 유의미한 방식으로 학습되도록 하기 위해 기존의 것을 '관련짓고, 합치고, 연결하고, 연계하고, 집중하고, 구성하고, 창조하는' 통합을 한다.* 통합을 하는 주된 이유는 수업 변화를 고민하는 교사들의 관심이 교과서에 정해져 있는 고정된 지식보다 현재 살아가고 있는 삶과 관련된 의미 있는 주제들을 찾고자 하였기 때문이다.

* 정광순, 홍영기, 강충열(2012). 2009 개정 교육과정에 따른 초등학교 통합교과 교육론. 서울: 학지사.

교육과정 통합은 각 교과의 경계에 얽매이지 않는 내용을 주제로 하여 교사와 학생들이 교육과정을 공동으로 설계하는 것이다. 보통 주제는 우리 생활 주변의 중요한 문제나 이슈를 가지고 교육과정을 설계함으로써 학생과 사회의 통합 가능성을 높이는 데 관심을 둔다.(Beane, 1995)

교과를 중심으로 한 교육과정 편성 및 운영은 각 교과의 학문 구조를 충실히 학습하기에 적합하다. 그러나 사회의 모습은 총체적인 모습으로서 각 교과별로 구분되어 삶을 살아가는 곳이 아니다. 학교의 교육과정을 마치고 나서 경험하는 통합된 사회를 맞이하기 위해 학교 교육과정은 통합의 관점으로 바라볼 필요가 있다. 따라서 학문적 교육과정은 통합의 관점이 보완되어야 하고 학생들의 관심과 흥미를 반영하며 사회적으로 의미 있는 주제를 선정하여 교육과정을 통합할 필요가 있다.

교육과정 통합은 1920년대서부터 시작된 프로젝트 학습, 중핵 교육과정, 문제 중심 학습 등 다양한 관점에서 발전하였다. 하지만 스푸트니크호 사건(1957)을 계기로 점차 이런 흐름이 약해지고 항존주의, 본질주의, 학문주의를 강조하며 교과가 다시 중심으로 서게 되면서 학교는 교과 중심으로 분절적인 운영이 이루어지게 되었다. 2000년대로 들어와 급변하는 사회의 폭발적인 지식의 증가와 복잡성, 가변성으로 인해 제도화된 교과 지식이 유연하게 대처하지 못함에 따라 학문 중심 교육과정은 점차 한계를 보이기 시작하였다. 현대 사회는 어떤 하나의 이론으로 무엇을 설명할 수 없는 사회이기에 다양한 지식의 통합과 교과의 융합을 강조한다. 4차 산업혁명에 따라 급변하는 사회에 맞춰 학교에서 배운 교과 지식이 사회를 살아가는 데 필요한 힘, 즉 역량을 키워 주지 못한다는 비판을 받게 됨에 따라 2015 개정 교육과정에서는 역량을 강조하고 있다.

2015 개정 교육과정에서 제시하는 핵심 개념은 한 측면의 지식이 아니라 학생들의 총체적인 역량을 발휘할 수 있도록 하는 내용이다. 2015 개정 교육과정은 학생의 전인적 발달을 도모하기 위해 종래의 교과 경계를 허물고 학생의 경험과 참여를 중심으로 구성된 교육과정으로 교과별 지식과 경험을 통합해 가는 교육과정이므로 교육과정 통합이 필요하다.

나. 교육과정 통합의 유형에는 무엇이 있을까?

교육과정 원천을 기준으로 분류한 통합의 유형

교과	사회		학생
교과 중심 통합		학습자 중심 통합	Taba
코스 연계형		학생 중심형	Dressel
교과 수준	간학문적 협동 수준	심리적 수준	Skibeck
다학문적 통합	간학문적 통합	탈학문적 통합	Drake
교과 중심 평행 조직 다학문적 간학문적		완전 통합	Jacobs
분절형 연결형 둥지형 계열형 공유형 거미줄형 사선형 통합형 잠재형 연결망형			Fogarty
구조형		기능형	Ingram
교차 교과형 다교과형 복수 교과형		탈교과형	Meeth

출처: 2009 개정 교육과정에 따른 초등학교 통합교과 교육론(정광순 외, 2012: 50)

교육과정 통합의 기초는 Dewey가 놓았는데 학교 교육과정의 3가지 원천인 교과, 학생, 사회 이들 간의 조화가 중요하다는 점을 이야기하기 시작하면서부터 교육과정 통합이 발전하기 시작하였다. 교육과정 통합의 유형은 학자마다 다르게 제시하고 있지만 통합을 하는 이유에 따라 교과 내용 습득, 학생 학습, 사회 문제 해결을 축으로 분류할 수 있다. 또

이 축은 교과의 경계가 무너지는 정도에 따라 더 다양한 유형으로 나눌 수 있다.(정광순 외, 2012)

1) Drake, Burns의 교육과정 통합

다양한 교육과정 통합의 유형 중 가장 많이 알려진 것은 Drake, Burns에 따른 것인데 무엇을 중심으로, 교과 간 경계를 얼마나 허무는가에 따라 다학문적, 간학문적, 탈학문적 통합의 3가지 기본 범주를 제시하고 있다.

	다학문적 통합 방법	간학문적 통합 방법	탈학문적 통합 방법
통합의 정도	• 보통	• 중간 · 강	• 패러다임의 전환
도식	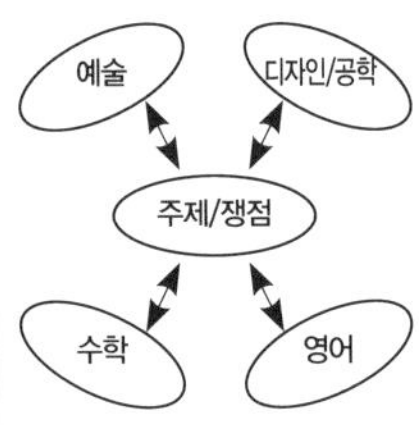	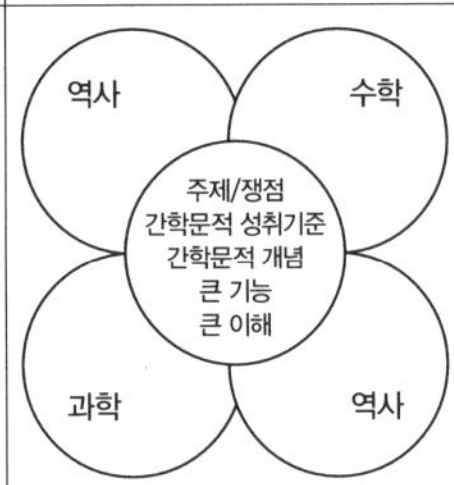	
조직하는 중점	• 어떤 주제를 중심으로 한 교과들의 기준(Standards)	• 각 교과에 깃들어 있는 간학문적인 기능과 개념	• 실생활 맥락 • 학생의 질문
교사의 역할	• 촉진가 • 전문가	• 촉진자 • 전공자 · 만능 교사(갖가지 지식과 기능이 있는 교사)	• 공동 계획자 • 공동 학습자 • 만능 교사 · 전공자
출발점	• 학문 분야의 표준 요소와 절차	• 간학문적인 다리 • 지식 · 기능 · 인성	• 학생의 질문과 관심사 • 현실 세계의 맥락
평가	• 학문 분야 기반	• 간학문적 기능 · 개념 강조	• 간학문적 기능 · 개념 강조
발달단계	고등학교, 대학교	중학교, 고등학교	초등학교

Drake, Burns의 교육과정 통합 출처: Drake, Burns, 박영무 역(2006), 통합 교육과정, p.17.

첫째, 다학문적 통합은 교과 간의 경계가 허물어지지 않으면서 다양한 교과의 렌즈로 바라볼 수 있도록 교육과정을 통합하는 방식이다. 학생 스스로 한 교과에서 배운 내용을 다른 교과에서 배운 내용과 연결시키게 된다. 다학문적 통합은 교사의 입장에서 개별 교과로 접근하는 방식과 큰 차이가 없다.

둘째, 간학문적 통합은 여러 교과에 걸쳐진 공통된 기능과 개념을 중심으로 하여 교육과정을 통합하는 방법으로 교과 간의 공통점을 찾아 그것을 중심으로 교과를 재구성하는 방식이다. 간학문적 개념을 찾아 여러 교과의 내용과 결합시키기도 하고, 비판적 사고력, 창의적 문제해결력 등과 같은 기능을 중심으로 재구성할 수도 있다. STEAM 교육은 간학문적 통합 방법의 대표적인 방법이다. 예를 들어 효율성이라는 하나의 주제를 중심으로 학생들이 개념을 배울 때 사회, 수학, 국어 교과에서 각 교과가 어떻게 해석하고 어떻게 바라보고 있느냐를 알아보는 것이 간학문적 통합 방법이다.

다학문적 통합 방법에 비해 간학문적 통합 방법은 개별 교과의 경계가 조금 더 약화되는 모습을 보인다. 간학문적 통합 방법에서 여전히 교과 자체의 특성이 남아 있으나 다학문적 통합 방법에 비해 교육과정을 통합하는 활동이 더 강조된다고 볼 수 있다. 구체적으로 다학문적 통합 방법의 경우는 국가 교육과정의 교과별 각론에 있는 내용 체계표를 보면 알 수 있다. 내용 체계표는 영역, 핵심 개념, 일반화된 지식, 내용요소, 기능 등이 담겨져 있는 것으로서 아무렇게나 만들어진 것이 아니라 어떤 주제를 중심으로 한 다학문적 통합 방법에 의해 만들어진 것이다. 분명히 각론의 내용 체계표는 개별 교과의 학문적 특성이 잘 드러나 있어 교육과정 통합이 이루어지지 않는 것처럼 보이기도 한다. 그러나 학생들의 입장에서 보면 개별 교과로서 국어, 수학, 사회, 과학 수업의 핵심개념을 따로 배우지만 스스로 흩어져 있는 각 교과의 개념들을 연결 짓는 다학문적 통합 방법이 이루어지고 있는 것이다.

셋째, 탈학문적 통합은 학생의 흥미나 관심, 사회적 쟁점을 중심으로 교육과정을 통합하는 것이다. 교과를 넘어서서 특정 주제나 문제를 해결해 나가는 데에 필요한 지식과 기능을 실생활 맥락 속에서 습득하고 문제를 해결해 나간다. 프로젝트 중심 학습은 탈학문적인 통합의 대표적인 방법 중 하나인데 학생 주도로 문제해결에 참여하여 최종적으로 과제, 작품, 보고서 등의 결과물 발표회로 이어지게 된다.

이처럼 교과의 지식이 통합되고 교과 간 경계가 약해지는 정도에 따라 다학문적, 간학문적, 탈학문적 통합으로 구분할 수 있다. 그러나 Drake, Burns 모형들은 주제 선정의 기준이나 교과 간 통합의 정도에 대해 명확한 기준이 없어 구분하기 어렵다는 한계를 가지고 있다.

가장 중요한 것은 학교급에 따라 교육과정 통합의 방법이 결정되어야 한다는 것이다. 다학문적 통합 방법은 고등학교나 대학교에서 배우기에 적합한데 그 이유는 교과를 각각 배우지만 개인의 능력으로 교과를 연결시켜 학생 스스로 통합하기 때문이다. 각각이 희망한 것, 선택한 것, 주어진 교과 속에서 다양하게 배우고 학습 주체로서 학생 스스로가 연결하는 것이 다학문적 통합 방법이다. 반면 초등학교 저학년 학생들은 각 교과를 분절적으로 학습하여 연결하는 것이 어렵기 때문에 통합 교과로서 봄, 여름 등으로 제시되고 있다. 그 안에 바른 생활, 슬기로운 생활, 즐거운 생활이 구분되어 있으나 학생들 입장에서는 봄과 관련된 다양한 활동들을 하는 것이다. 초등학생들의 발달 단계상 전인적 경험이 필요하기 때문에 비교적 덜 구조화되고 비형식적인 것을 학습하도록 생활 주변의 주제를 토대로 한 탈학문적 통합 방법으로 접근할 필요가 있다. 이처럼 Drake, Burns가 제시한 통합 방법은 어느 한 방법이 우수한 방법이 아니기 때문에 학생들의 발달 단계에 따라 이 유형은 적절히 선택되어야 한다.

2) Fogarty의 교육과정 통합

Fogarty는 다양한 통합의 유형을 종합하여 교육과정 통합을 일직선상에 놓고, 양극단에 분과의 형태와 학습자 내부의 통합에 따라 교육과정 통합의 유형을 나누고 있다. 교육과정 통합의 유형을 크게 단일 교과 내 통합, 여러 교과 간 통합, 학습자 내 통합의 세 단계로 범주화하였으며 각 범주에서 교육과정 통합의 정도에 따라 10가지의 통합(분절형, 연관형, 둥지형, 계열형, 공유형, 주제망형, 사선형, 통합형, 몰입형, 연결망형)의 유형을 제시하였다. 이는 내용이나 목적에 따라 여러 가지 통합의 방식이 활용될 수 있음을 보여 준다. Fogarty가 제시한 교육과정 통합의 모형의 특징은 다음과 같다.

유형			내용
단일 교과 내 통합	**분절형** Fragmented	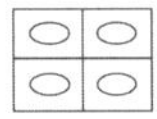	각 교과 영역의 분리된 전통적인 모형 잠망경–단일학문의 하나의 관점
	연관형 Connected	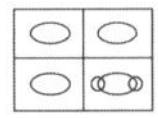	각 교과 영역 내에서 교육 내용이 주제로 통합 오페라안경–단일학문의 상세화
	둥지형 Nested	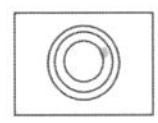	한 교과 내에서 다양한 기능 추구 3D 안경–한 주제의 다양한 측면
여러 교과 간 통합	**계열형** Sequenced	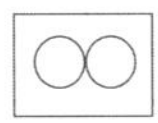	여러 교과에서 주제의 재배열 안경–관련된 개념의 다양화된 내적 내용
	공유형 Shared	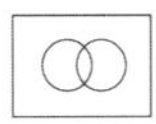	두 학문에서 공유될 수 있는 개념의 통합 쌍안경–공유된 개념의 두 학문
	거미줄형 Webbed	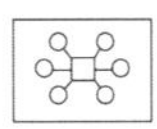	주제에 따른 간학문적 접근(실제적인 통합 모형) 망원경–한 주제의 다양한 요소
	사선형 Threaded	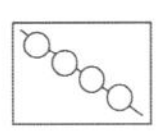	메타 교육과정 접근 여러 학문을 관통하는 기능(예–다중지능)들을 꿰는 접근 확대경–내용을 확대 발전
	통합형 Integrated	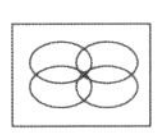	4개의 주요 교과의 중복된 내용의 통합 만화경–각 학문의 기본 요소를 활용한 새로운 패턴과 설계
학습자 내 통합	**몰입형** Immersed	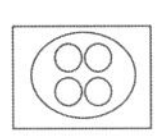	학습자의 관심 영역을 그의 렌즈를 통하여 모든 내용을 자신의 경험에 집중시킴. 현미경–집중적으로 개별화된 관점
	연결망형 Networked	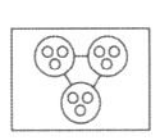	몰입형이 확대된 형태로 학습자 관심 영역의 탐구 과정에서 여러 학문내용 경험을 함. 프리즘–복합적인 차원의 조망

Fogarty의 교육과정 통합 모형

출처: Robin Fogarty(1991), Ten Ways to Integrate Curriculum, Educational Leadership, 49(2), pp.61~65

현장에서 교육과정 설계 시 가장 자주 통합되는 방식은 거미줄형 유형이다. 이는 가운데에 무엇을 두느냐에 따라 주제 중심 통합, 개념 기반 통합, 프로젝트 학습으로 접근할 수 있는데 이는 Drake, Burns가 말한 간학문적 통합, 탈학문적 통합과 연결된다.

다. 교사 교육과정에서 다루어지는 교육과정 통합

학교 현장에서 교사들이 교육과정을 운영할 때 학생들의 역량을 강화시키고 삶과 연계된 학습을 강조하고자 교과 내 통합, 교과 간 통합, 영역 간 통합, 주제 중심, 프로젝트 중심 등의 다양한 통합 방법이 강화되어 운영되고 있다. 교사 교육과정에서도 학생들의 삶, 학생들이 현재 살아가고 있는 문화, 둘러싸고 있는 사회적 환경 등의 모습 등을 살펴보고 이를 반영하여 교육과정을 설계한 후 실행으로 옮긴다. 학생들의 삶을 반영한 교육과정, 즉 교과 지식뿐만 아니라 교과와 자신의 삶을 밀접하게 연결한 배움 속에서 학생들은 즐겁게 학습에 임한다. 교사 교육과정에서 배우는 경험과 지식은 살아 있는 지식이 되고 학생들은 수업에 몰입하게 된다.

초등학교 저학년의 경우 학생들의 발달 단계상 분절적이지 않고 삶을 통합적으로 인지한다. 초등학교 저학년뿐만 아니라 우리가 살아가고 있는 삶도 그러하고 학생들이 '안다'를 넘어 '할 수 있는 것'을 교육의 목표로 삼고 있고 현장에서도 그렇게 운영되고 있다. 학생들의 삶과 통합된 교육과정을 요구하면서 주제 중심 통합과 프로젝트 학습이 활성화되고 있다. 삶을 어떻게 반영할 수 있는지에 대해 고민하면서 Drake, Burns는 교육과정을 통합하는 하나의 단계로 KDB(Know–Do–Be) 모형을 제안하고 있다. 2015 개정 교육과정 통합교과 지도서에는 Know(지식), Do(기능), Be(인성)을 '앎, 함, 됨'으로 명명하였다. 주제 중심이든 프로젝트 중심이든 KDB를 중심으로 주제망을 설계하게 되는데 주제를 설계할 때 학생들의 삶과 관심도, 해야 할 것과 인지, 정의, 심동적인 영역을 고려해서 주제를 설계한다. 분과된 교과가 아니라 통합된 교육과정의 입장에서 접근하는데 교사 교육과정에서 교육과정을 설계할 때 중요한 것은 이러한 통합의 원리가 반영되어야 한다는 점이다.

이처럼 교육과정 통합을 할 때 전인적인 성장과 균형 있는 활동을 선정하기 위해 KDB를 고려하여 교육과정을 설계한다. KDB는 주제 중심 통합, 프로젝트 중심 통합을 실현하기 위해 중요한 기준으로서 교육과정 개발의 기반으로 설정된다. Drake, Burns는 KDB가 서로 관련된다는 것을 오른쪽 그림과 같이 우산으로 표현했다. 가장 먼저 교육과정 통합 시 학문적 개념과 일반화 중에서 좀 더 일반화 가능성이 높고 다른 교과에 적용될 수 있는 빅 아이디어와 큰 이해를 파악한다. 그다음 21세기에 요구되는 기능으로 대표되는 일반적인 사고 및 탐구 기능을 확인하며, 그 지식 및 기능과 관련된 태도와 신념을 바탕으로 한 인간상을 마음속에 그려야 한다.•

Drake, Burns에 따르면 간학문적 접근의 방법을 사용할 때 하나의 주제를 중심으로 여러 교과를 가르치기 때문에 핵심 질문의 선정과 수행평가 개발이 통합적으로 이루어지며 여러 교과에 걸친 개념과 기능을 활용하여 문제를 해결하게 된다. 그러면서 학생들은 한 교과가 아닌 여러 교과의 학습 내용을 유연하게 활용하고 적용할 수 있다. 이는 교육과정 통합 시 주제를 아우르는 목표 설정이 가장 중요하다는 것을 의미한다. 그래야 학습활동과 평가까지 일관성 있는 교육과정 개발이 가능한 것이다.

• 정광순, 홍영기, 강충열(2012), 2009 개정 교육과정에 따른 초등학교 통합교과 교육론

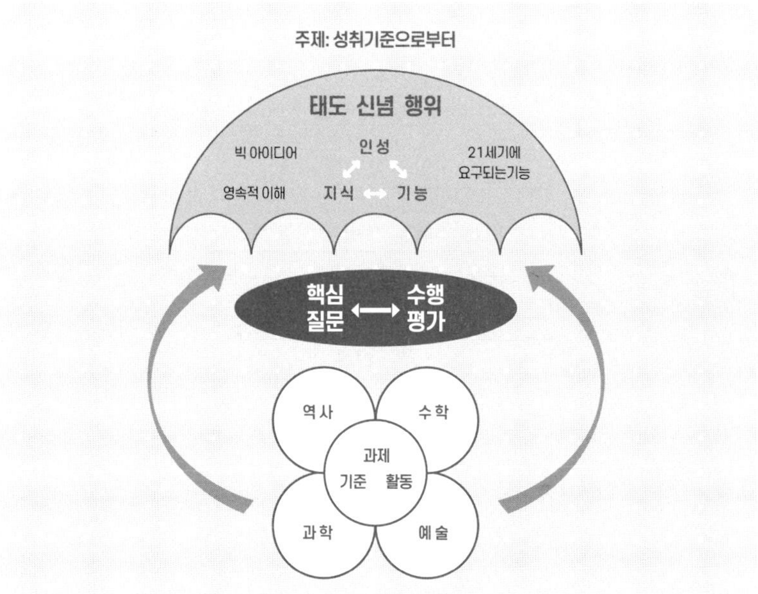

간학문적 접근 출처: 역량 함양을 위한 교육과정 설계, 김경자, 온정덕, 이경진(2019), p.264

교사들은 성취기준을 중심으로 교육과정을 통합하여 교사 교육과정을 실현해 낸다. Drake, Burns는 학습자의 깊이 있는 이해를 목적으로 개발이 가능한 간학문적 단원 개발 과정 모형을 만들었다. 1단계에서는 중심이 되는 교과를 선정한 후 교육과정 성취기준을 훑고 각 교과 간에 걸치는 특정한 주제나 개념과 기능, 일반화/원리가 보이면 그것을 통합의 중심으로 삼는다. 다음으로 교육과정 조망도를 통해서 통합의 중심으로 설정한 주제나 개념과 기능, 일반화/원리가 구체적으로 교육과정 문서 속에서 교과들 간에 종적 및 횡적으로 어떻게 다뤄지고 있는지를 확인한다. 교과의 성취기준과 학습 목표, 내용을 클러스터(Cluster)해서 통합의 중심을 탐색한다. 다음으로 주제나 개념과 기능, 일반화/원리를 중

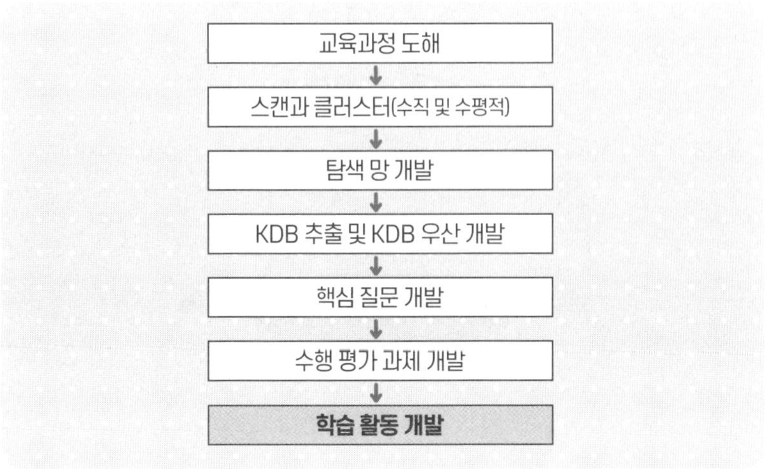

Drake 간학문적 단원 개발 과정 출처: 역량 함양을 위한 교육과정 설계, 김경자, 온정덕, 이경진(2019), p.267

심으로 관련 교과 및 영역의 내용을 망으로 구성한다. 망에서 드러난 교과 간의 상호연결성을 고려하면서 간학문적인 지식과 기능 및 태도를 KDB로 추출한다. KDB가 설정되면 간학문적인 핵심 질문을 만들고 2단계에서 수행평가 과제를 만든다. 마지막 3단계에서 수업의 각 차시에서 실행할 학습 활동을 개발하는데 간학문 단원과 관련되면서 수행 과제를 완성하기 위해 필요한 간학문적 주제, 개념 및 기능, 일반화/원리를 조직자로 하여 가르치는 것으로 계획한다. 이는 구체적으로 4장과 5장에서 살펴볼 것이다.

6

교사 교육과정-수업-평가-기록의 일체화

교육과정 - 수업 - 평가 - 기록의 일체화에 대한 이론적 연구는 2015년 이래 계속 이어져 왔다. 교육과정과 수업, 평가는 유기적으로 통합되어 이루어져야 하는 하나의 연속된 교육적 활동이다. 경기도교육청의 교육과정 정책 추진 계획(2016)에서는 다음과 같이 정의하고 있다.

> 교육과정-수업-평가-기록의 일체화란, 교사가 재구성한 교육과정을 기반으로 배움 중심 수업의 철학과 가치를 반영한 학생 중심 수업과 과정 중심 평가를 통해 학생의 전인적 성장을 돕는 일련의 과정, 교사가 교육에 대한 진지한 성찰과 사유에 입각하여 교육과정에 대한 이해를 구체화하는 수업을 디자인하고, 배운 내용을 가장 적절하게 평가할 수 있는 방안을 구안하는 것이다.

대부분의 교사들이 교육과정 – 수업 – 평가 – 기록의 일체화에 대한 공감도는 높은 듯하다. 그러나 실제적으로 운영되고 있는 현황을 짚어 보면 만족할 만한 수준에는 미치지 못하고 있다. 학교급별, 지역별, 개인별 편차가 있기는 하겠으나, 여전히 교육과정과 수업, 평가가 분절적으로 이루어지거나 형식적으로 운영되고 있는 경우가 비일비재하다. 교육과정과 수업, 교육과정과 평가, 수업과 평가 그리고 교육과정, 수업, 평가 등이 서로 연계되지 못하고 분질적으로 이루이지고 있다. 성취기준에 대한 충분한 검토 없이, 주어진 교과서 순서에 의존하여 진도 나가기식 수업을 하는 경우, 수업에서는 논술 관련 수업 활동을 전혀 하지 않으면서 평가에서는 논술형 평가를 실시하여 수업의 목표 도달도 측정이 어려워지는 경우, 교육과정 및 수업과 무관한 일제식 평가로 암기식 학습을 진행하는 경우, 교육과정을 재구성하여 그에 따른 수업을 실시하였으나 평가 문항 개발의 어려움으로 지식 위주의 내용으로 평가하는 경우 등이 이에 해당한다.

특히, 중등에서는 선발 및 등급 매기기 위주의 경쟁적 평가가 이루어지다 보니, 배운 것 따로, 평가 따로 식으로 운영되어 왔다. 이에 수업 내용과 평가 내용이 달라서 하소연하는 학생들이 늘고, 평가를 위한 평가를 하고 있다는 비판을 피할 수 없었다. 평가가 수업에 기반을 두고 있지 않고, 수업과 평가 모두 교육과정과의 연계성도 높지 않기 때문에 학생들의 학교에 대한 불신이 높아질 수밖에 없다. 결국 학생들의 수업 참여도는 저하되고 학습에 대한 동기와 몰입은 기대할 수 없게 된다.

바로 이 지점에서 교사 교육과정에 대한 고민이 필요한 이유다. 교육과정 – 수업 – 평가의 일체화 수준은 교사 교육과정의 수준과 비례한다고 해도 과언이 아니다. 우선 교육과정-수업-평가-기록 일체의 모든 과정이 궁극적으로 학생의 성장과 발달을 목표로 하고 있다는 점에 주목해야 한다. 교육의 중심은 학생이다. 학생들은 자기 생각을 만들고 표현하며, 이를 자신의 삶과 연계된 실제적인 맥락 속에서 활용하면서 배움의 즐거움을 경험한다. 그렇다면 학생이 성장·변화해 가는 과정을 가장 면밀하게 관찰하는 사람은 누구인가? 다름 아닌 교사다. 학생의 성장과 발달을 위해 배움 중심 수업의 철학과 가치를 반영한 학생 중심 수업과 과정 중심 평가가 잘 연계되어 이루어지려면 교과서 교육과정이 아닌 교사의 '실천적인' 교육과정이 만들어지고 실행되어야 한다. 즉, 교사가 '적극적인' 수준의 교육과정 문해력을 발휘하여 교사 교육과정을 개발할 필요가 있다. 교사의 교육과정에 대한 깊은 안목과 성찰이 전제되어야만 학생들의 삶을 반영한 교육과정을 설계하여 학생의 역량을 신장시킬 수 있다. 교과 교육과정 문서를 읽고 바르게 해석하여 성취기준을 중심으로 교육과정을 재구성하는 것은 물론, 교과서 내용 전달식 수업에서 벗어나, 학생의 삶을 반영하여 성취기준을 재해석하는 교사의 눈이 필요하며 이에 따라 교사마다 특색 있는 수업과 평가가 연계되어 운영되어야 한다. 학습 내용의 재배열 수준을 넘어서, 성취기준을 중심으로 지역 및 학교의 여건, 학생 및 학부모의 교육적 요구 등을 고려하여 창의적인 교육과정을 만들어 내는 것이 교사에게 요구되는 중요한 책무성이다. 교사에게는 교육과정을 실행하는 것 이상으로 개발자로서의 역할이 강조된다.

더불어 최근에는 자유학년제, 고교학점제, 교육과정 클러스터, 주문형 강좌, 진로 집중 과정 등으로 학생들이 다양한 교육과정을 선택할 수 있도록 하고 있다. 학생의 과목 선택권 확대, 교육과정 다양화, 학생 중심의 맞춤형 교육 등은 이제 피할 수 없는 현실이 되었다. 교육과정에서부터 수업과 평가의 일련의 과정에서 학생은 더 이상 교육의 대상이 아니라 교육의 주체가 되었다. 학생의 요구에 의한 선택형 교육과정이 제대로 자리 잡으려면 어떻게 해야 할까? 학습자 분석을 통한 교사의 자율적 전문성에 따른 특색 있는 교사 교육과정이 선행되어야 한다. 그런 다음, 학생의 자발적인 수업 참여가 보장되는 수업 활동을 설계하고 그 과정 중에 학생들의 배움을 확인하며 그 배움을 확인하기 위한 평가 활동을 동시에 설계해야 한다.

이와 같이, 그간의 교과 중심적, 분절적 교육과정 체제를 벗어나, 교사 교육과정－수업－평가－기록으로 이어지는 실천은 필수불가결해졌다. 학생의 미래 역량을 함양할 수 있는 특색 있는 교사 교육과정이 되어야 하며 학생의 삶과 배움이 연계되는 배움 중심 수업을 실천하고 학생의 성장과 발달을 꾀하는 과정 중심 평가에까지 일관성 있게 실천하여야 한다. 이때, 교사는 학생들의 성장과 발달 촉진을 위한 교육 철학을 바탕으로 학습자 분석을 철저하게 한 후, 자신의 교육과정, 수업, 평가 등을 계획해야 한다. 교육과정에 제시된 교과의 특성과 성취기준을 파악하는 것은 물론, 학생의 흥미와 적성, 수준을 고려하여 교육과정을 설계할 수 있어야 한다. 교육과정 내용의 순서 이동과 같은 단순한 수준을 넘어서 면밀한 학습자 분석에서 비롯된 교사 교육과정을 기반으로 수업과 평가 설계를 동시에 할 필요가 있다. 이를 위해서는 학생을 중심에 두고 교사의 자율성과 전문성을 적극 발휘하여 교육과정을 해석하고 이해하는 것뿐만 아니라, 교육과정을 생성하여 실행하는 능력, 즉 적극적인 수준의 교육과정 문해력이 필요하다.

'백워드 디자인(Backward Design)' 중심의 이해 교육과정을 도입하면 교사 교육과정-수업-평가-기록을 실천하는 데 도움이 될 수 있다. 그동안 교사는 학습 내용과 수업 방법 위주로 수업을 설계한 후, 그에 맞춰 평가를 하다 보니, 평가가 소홀해지는 경우가 많았다. 백워드 디자인은 교사가 수업에서 중요하게 달성해야 할 목표를 선정한 후, 그 목표의 달성 정도를 알아보기 위한 평가 방법을 먼저 고민하고, 그 평가를 해결하기 위한 수업 계획을 수립하도록 제안하고 있다. 백워드 디자인에 기초한 교사 교육과정-수업-평가-기록의 연계를 위한 실천 과정을 다음과 같이 요약, 정리해 볼 수 있다.

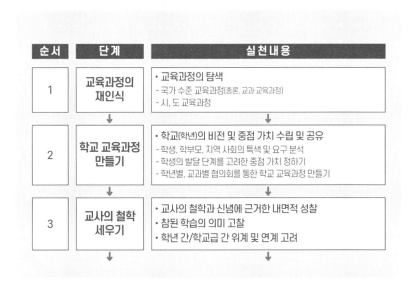

순서	단계	실천내용
1	교육과정의 재인식	• 교육과정의 탐색 - 국가 수준 교육과정(총론, 교과 교육과정) - 시, 도 교육과정
2	학교 교육과정 만들기	• 학교(학년)의 비전 및 중점 가치 수립 및 공유 - 학생, 학부모, 지역 사회의 특색 및 요구 분석 - 학생의 발달 단계를 고려한 중점 가치 정하기 - 학년별, 교과별 협의회를 통한 학교 교육과정 만들기
3	교사의 철학 세우기	• 교사의 철학과 신념에 근거한 내면적 성찰 • 참된 학습의 의미 고찰 • 학년 간/학교급 간 위계 및 연계 고려

4	학습자 분석	• 학생들의 삶 이해하기 • 학습자 분석(학생에게 필요한 미래 역량 및 미래 요소, 학생의 교실 밖 실제 삶, 학생의 참여와 요구, 학생의 현재 출발점 및 준비도, 학생의 흥미, 동기, 관심, 다중지능, 학습 스타일, 학습 전략, 학부모의 기대 및 요구 등)
5	성취기준 분석 재구성 및 재구조화	• 학년(교과) 협의회를 통한 성취기준 선정 및 분석 • 교과 내 단원 재구성 - 교과별 성취기준 재구성 • 교과 간, 교과와 비교과 간 통합/융합 재구성 - 교과별 핵심 개념을 중심으로 학습 내용 재구조화 - 주제 선정하기, 차시 배분하기
6	평가 계획 수립	• 성취기준에 근거한 평가 내용 및 평가 요소 선정 - 인지적, 심동적, 정의적 영역을 종합적으로 평가 • 성취기준과 학생들의 특성을 고려한 수업 밀착형 평가 도구 개발 - 지필/수행, 서술형/논술형, 총괄 평가/성장 중심의 과정 평가, 정의적 능력 평가, 배움 중심 수업에 맞는 관찰 평가 등 평가 방법 다양화
7	학생 참여형 수업 설계	• 학생 참여형 수업 철학 이해하기 • 평가와 연계한 수업 차시와 활동 선정
8	학생 참여형 수업 및 과정 중심 평가 실천	• 교과 특성에 맞는 배움 중심 수업 실천 • 수업 나눔 및 성찰, 공유 • 학생의 성장을 위한 과정 중심 평가 실시
9	평가 결과 피드백	• 교사 - 교수학습의 질 개선 • 학생 - 성장 중심의 정보 제공
10	기록	학생의 성장과 변화 과정에 대한 기록

백워드 디자인에 기초한 교사 교육과정 – 수업 – 평가 –기록의 연계 실천 과정

7 과정 중심 평가를 위한 교사 교육과정

가. 과정 중심 평가 계획 및 실행을 위한 교사 교육과정

과정 중심 평가란, '교육과정의 성취기준에 기반한 평가 계획에 따라 교수학습 과정에서 학생의 변화와 성장에 대한 자료를 다각도로 수집하여 적절한 피드백을 제공하는 평가'다. 과정 중심 평가를 강조하고 있는 2015 개정 교육과정에 따르면, 과정 중심 평가는 성취기준에 근거하여 교수 · 학습과 평가의 일관성을 유지하여 배운 내용을 평가하되, 학습 결과에 대한 평가뿐만 아니라 학습 과정상의 평가를 중요하게 포함하여 학생의 자기 성찰과 성장을 지원하고자 하는 평가라는 특징을 갖는다.(교육부; 한국교육과정평가원, 2017)

과정 중심 평가를 실천하기 위해 교사는 평가 계획을 수립한 후, 평가 도구를 개발하고 적절한 시기에 평가를 시행하여 그 결과를 학생의 성장 및 교사의 수업 방법 개선에 활용하는 순환적인 절차를 거치고 있다. 학습 결과를 중심으로 서열을 나누고 경쟁을 유발했던 결과 중심의 평가 패러다임에서 벗어나기 위한 개선 방안으로 과정 중심 평가가 도입된 배경을 미루어 볼 때, 교사는 학생의 학습 수준을 진단하여 학생별로 각기 다른 위치에 서 있는 현 출발점을 인식하고, 또 제각각의 속도로 도착점까지 이르는 일련의 과정을 세심하게 관찰하여 학생의 성장과 발달을 이끌어 낼 수 있는 시의적절한 개별 피드백을 제공해야 한다. 개별 학생의 특성을 가장 근거리에서 파악하고 있는 사람이 교사라는 점에서 학생의 성장에 가장 중요한 역할을 하고 있다고 해도 과언이 아니다. 과정 중심 평가를 통해 학생의 학습과 성장을 지원하려면 교사는 학습 진행 상황을 확인하고 이를 학생 지도에 활용할 수 있도록 교수 학습과 연계한 평가를 실시해야 한다. 교사는 학생들 개개인의 상태와 변화를 수시로 살피고 성취기준에 적합한 다양한 형태의 평가 방법을 활용하여 학생의 학습과 성취에 관한 평가 정보를 수집하고 해석하여 활용할 수 있는 능력이 요구된다. 각 교실의 특수성을 가장 잘 파악하고 있는 주체이자 평가의 계획부터 결과의 활용까지 설계하는 주체로서의 교사의 역할이 강조될 수밖에 없다.

평가 계획을 수립하는 과정에서 교사는 학생의 학습 수준 및 발달 단계 등을 진단하여 기대하는 학습 결과를 기술해 봄으로써 교육과정을 재구성하고 개발할 필요가 있다. 내실 있는 과정 중심 평가를 실행하기 위해 각 단계에서 다음과 같이 스스로 질문해 볼 필요가 있다. 가령, 똑같은 국가 수준의 영어과 성취기준을 기반으로 한 수업과 평가를 계획하더라도, 학생의 수준 및 학교의 특성에 따라 성취기준에 대한 해석이 달라져야 하고 그에 맞게 교사 스스로 교육과정을 개발할 수 있어야 하며, 평가 내용 및 평가 방법 역시 달라질 것이다.

Step 1. 평가 계획 수립을 위한 교육과정 분석

- 내가 가르치고자 하는 것은 무엇인가?
- 학생들이 알아야 하는 것은 무엇이고 어떤 것을 할 수 있어야 하는가?
- 교육과정에 제시된 거시적인 교육 목표를 학생들이 이해할 수 있는 구체적인 학습 요소로 바꾸려면 어떻게 해야 할까?
- 학생의 학습 결과뿐만 아니라, 학습 과정에서도 학생의 성장을 확인할 수 있도록 하기 위해 어떻게 평가 계획을 세워야 할까?

주제	영역	성취기준	목표 언어 형식 및 어휘 표현
자기소개	말하기 쓰기	[9영02-05] 자신을 소개하는 말을 할 수 있다. [9영04-05] 자신이나 주변 사람, 일상생활에 관해 짧고 간단한 글을 쓸 수 있다.	• be interested in • be good at • be going to

Step 2. 학습자 분석 및 목표 설정

- 해당 차시의 주제에 관해 학생들이 이미 알고 있는 개념 또는 지식은 무엇인가?
- 이 주제를 학습하기 위해 필요한 수준은 어느 정도이며, 보충해 주어야 할 부분은 무엇인가?
- 주제 관련 학생들의 오개념이 있지는 않은가?
- 학생들의 현재 수준을 고려하여 학습 결손을 보충하거나 도전적인

과제를 부여하는 등 어떤 지원을 해 주어야 하는가?

- 학생들의 정의적 특성과 관련하여 무엇을 지원해 주어야 하는가?
- 해당 차시에 학생들이 '무엇을' 알고, '할 수 있을' 것인지에 대한 세부 목표를 어떻게 설정할 것인가?

구분	그룹1 이전 차시 수업 활동에서 성취기준에 도달한 경우	그룹2 이전 차시 수업 활동에서 성취기준에 도달하지 못한 경우
학습자 분석	친구의 관심과 특기, 꿈에 대하여 영어로 물어보고 답하는 설문조사와 해당 조사 결과를 영어로 말하는 이전 차시 수업 활동에서 대부분의 학생들이 기대했던 수행 결과를 보임.	친구의 관심과 특기, 꿈에 대하여 영어로 물어보고 답하는 설문조사와 해당 조사 결과를 영어로 말하는 이전 차시 수업 활동에서 대부분의 학생들의 수행 결과가 기대했던 수준에 미치지 못함.

↓

구분	그룹1	그룹2
목표 설정	• 목표 언어 형식인 be interested in, be good at, want to 등을 정확하게 사용하여 자기소개를 위한 단락쓰기 • 이외의 다양한 표현과 적절한 어휘를 구사하여 자기소개하기	• 콜라주를 활용하여 목표 언어 형식인 be interested in, be good at, want to 등을 사용하여 자기소개를 위한 문장쓰기 • 교사가 제시한 다양한 표현과 적절한 어휘를 사용하여 자기소개하기

↓

Step 3. 평가 과제 및 도구 개발

- 학생의 배움과 성장을 확인할 수 있는 평가 과제 및 도구를 개발하였는가?
- 학생들의 삶을 고려한 실제적인 맥락을 통해 통합적인 사고 능력을 평가하고 있는가?
- 성취기준의 도달 정도 및 역량을 평가할 수 있는 타당한 채점 기준을 개발하였는가?

<table>
<tr><th>구분</th><th>그룹1</th><th>그룹2</th></tr>
<tr><td rowspan="2">평가 내용 및 방법</td><td colspan="2">자기 소개를 위한 아래 3가지 질문을 제시한다.
• What are you interested in?
• What are you good at?
• What do you want to be in the future?</td></tr>
<tr><td>위 3가지 질문을 제시하여 질문에 대한 대답을 적절하게 작성하여 친구들 앞에서 영어로 자신을 소개한다. 발표하는 내용의 주제와의 연관성, 및 적절한 언어 형식과 어휘 사용, 발표 태도 등을 평가한다.</td><td>잡지나 신문 속 사진, 그림, 문자 등을 활용하여 '나'를 나타낼 수 있는 콜라주를 완성하고, 친구들 앞에서 영어로 자신을 소개한다. 콜라주 내용의 주제와의 적합성, 발표하는 내용의 주제와의 연관성, 및 적절한 언어 형식과 어휘 사용, 발표 태도 등을 평가한다.</td></tr>
</table>

<table>
<tr><td rowspan="10">채점 기준표</td><th>평가 영역</th><th>평가 요소</th><th>배점</th><th>채점 기준</th><th>평가 영역</th><th>평가 요소</th><th>배점</th><th>채점 기준</th></tr>
<tr><td rowspan="3">과제 완성 및 내용</td><td rowspan="3">조건에 맞는 내용으로 문장 완성</td><td>3</td><td>흥미, 특기, 장래희망 3가지를 모두 포함하여 단락으로 완성함.</td><td rowspan="3">과제 완성 및 내용</td><td rowspan="3">조건에 맞는 내용으로 문장 완성</td><td>3</td><td>흥미, 특기, 장래희망 3가지를 모두 포함한 문장을 작성함.</td></tr>
<tr><td>2</td><td>단락을 완성하였으나 흥미, 특기, 장래희망 중 2가지 내용만 포함되어 있음.</td><td>2</td><td>흥미, 특기, 장래희망 중 2가지 내용만 문장으로 완성함.</td></tr>
<tr><td>1</td><td>흥미, 특기, 장래희망 중 1가지 내용만 포함되어 단락의 완성도가 낮음.</td><td>1</td><td>흥미, 특기, 장래희망 중 1가지 내용만 문장으로 완성함.</td></tr>
<tr><td rowspan="3">구성</td><td rowspan="3">글의 논리성 및 연결성</td><td>3</td><td>주제가 충분히 드러나도록 논리적이고 자연스럽게 연결하여 구성함.</td><td rowspan="3">구성</td><td rowspan="3">콜라주 완성도</td><td>3</td><td>콜라주를 구성한 내용이 모두 주제와 부합하여 완성도가 매우 뛰어남.</td></tr>
<tr><td>2</td><td>내용이 충분하지는 못하나 자연스럽게 내용을 연결하여 구성함.</td><td>2</td><td>콜라주를 구성한 내용 중에 주제와 관계없는 내용이 1~2개 있음.</td></tr>
<tr><td>1</td><td>내용이 불충분하고 글의 흐름이 자연스럽지 못함.</td><td>1</td><td>콜라주를 구성한 내용 중에 주제와 관계없는 내용이 대부분임.</td></tr>
<tr><td rowspan="3">언어 사용</td><td rowspan="3">정확한 언어 형식과 적절한 어휘 사용</td><td>3</td><td>다양한 표현과 적절한 어휘를 구사하며 정확한 언어 형식을 사용하여 영어로 의미를 정확하게 전달함.</td><td rowspan="3">언어 사용</td><td rowspan="3">주어진 어휘 및 언어 형식 사용</td><td>3</td><td>주어진 어휘 표현 및 언어 형식을 적절하게 구사하여 영어로 자연스럽게 의미를 전달함.</td></tr>
<tr><td>2</td><td>표현과 어휘가 단순하며 언어형식에 일부 오류가 있어 영어로 의미를 정확하게 전달하는 데 다소 부족함.</td><td>2</td><td>주어진 어휘 표현 및 언어 형식을 구사하는 데 일부 오류가 있어 영어로 의미를 전달하는 데 다소 부족함.</td></tr>
<tr><td>1</td><td>표현이나 어휘의 사용이 적절하지 않고 언어 형식 사용이 부정확하여 영어로 의미를 제대로 전달하지 못함.</td><td>1</td><td>주어진 어휘 표현이나 언어 형식의 사용이 부정확하여 영어로 의미를 제대로 전달하지 못함.</td></tr>
</table>

Step 4. 평가 시행

- 학생의 다양한 인지적, 정의적 성장 과정을 측정하고 있는가?
- 학생 스스로 자신의 성장 과정을 확인할 수 있도록 평가하고 있는가?

Step 5. 평가 결과 활용

〈학생의 성장을 위한 피드백〉

- 교사가 확인하고자 의도한 것을 학생이 제대로 학습하였다고 여겨지는가?
- 평가 결과를 바탕으로 학생이 자신의 학습을 성찰하도록 하기 위해 어떻게 피드백을 제공할 것인가?
- 평가 결과를 학생과 학부모가 이해하기 쉽도록 하기 위해 어떻게 피드백을 제공할 것인가?
- 가정과 연계한 협력지도를 위해 학부모에게 자녀의 발달 정도 및 성장에 대한 교사의 의견을 어떻게 공지할 것인가?

〈교사의 성장을 위한 피드백〉

- 학생들에게 의미 있는 배움이 일어났는가?
- 사용한 교수학습 방법은 효과가 있었는가?
- 특별히 어떤 교수 · 학습 활동 장면이 학생들의 학습에 도움이 되었

는가?

• 다음 차시의 교수학습 방법 및 내용, 수준 등을 어떻게 조정할 것인가?

나. 학습을 위한 평가이자 학습으로서의 평가

1) 피드백을 통한 학습 촉진

과정 중심 평가를 통해 교사는 학생에게 무엇을 어떻게 더 학습해야 하는지에 대해 시기적절한 피드백을 제공함으로써 학생들의 학습을 강화하고 촉진하는 역할을 한다. 학생의 성장을 돕는 피드백을 위해 과정 중심 평가에 따른 학생의 성취 수준을 분석하여 학생의 현재 수준을 안내하는 개인 맞춤형 피드백을 제공한다. 이때, 인지적 영역뿐만 아니라 학습 준비성, 상호협력 능력, 참여도, 자발성, 문제해결 능력, 의사소통 능력 등 정의적 영역과 역량 등 종합적인 측면에서 고루 관찰하여 구체적인 정보를 제공함으로써 전인적 성장을 지원한다. 또한, 교사의 관찰 평가뿐만 아니라, 학생 자신의 자기 평가, 상호동료 평가를 통해 학생은 자신의 수행에 대해 즉각적인 피드백을 받을 수 있으며, 이를 토대로 학생 스스로 학습 준거를 설정하고 이를 학습 과정에 적용한다.

과정 중심 평가는 지필 평가 형태의 총괄 평가뿐만 아니라, 진단 평가 및 형성 평가를 포함하여 학습의 전 과정에서 필요시 수행되기 때문에 학생에게 구체적이고 즉각적인 피드백을 제공할 수 있다. 이를 테면, 상황에 따라 수업 시간 중에 수시로 구두 피드백을 제공할 수도 있고, 교사의 질문에 대한 학생의 대답 또는 행동에 대해 미소, 고개 끄덕임, 눈빛

등 비언어적 피드백을 활용할 수도 있다. 피드백을 제공하는 방법으로는 교사와의 개별 면담, 나이스(NEIS, 학교행정정보시스템)의 교과 학습 발달 상황, 평가 결과표 제공, 모범 답안 제공, 정답 여부 및 오류 확인, 전체 학급에게 공통적인 피드백 등 다양한 형태를 모두 포함한다.

2) 교사의 교수 전략 개선

과정 중심 평가는 교사의 교수적 판단을 위한 정보를 제공하고 수업 개선을 위한 자료로도 활용할 수 있다. 즉, 교사는 평가를 통하여 학생이 무엇을 얼마만큼 이해하고 학습하였는지에 대해 진단하고, 학생의 성취기준 도달에 필요한 교수학습 방법을 개선하는 등 다음 단계의 학습을 효율적으로 설계할 수 있다. 평가의 결과는 학생이 다음 단계의 개념에 대한 이해 또는 수행을 할 수 있는지 여부를 판단할 수 있는 근거를 마련해 주어, 교사가 다음 차시의 교육과정을 재구성하는 데 방향을 제시한다. 학생들의 학습에 대한 이해를 바탕으로 학습 목표를 좀 더 적절하고 의미 있게 수정 · 보완할 수 있어 학생들에게 좀 더 효과적인 배움 중심 수업을 실시할 수 있다. 이처럼 평가 방법 및 결과가 교육과정과 수업에 바로 피드백되어 개선되는 선순환 구조를 갖는다.

8 교사 교육 철학 가지기

가. 나는 좋은 교사인가?

김수동•(2003)은 '좋은 교사란 학생들과 늘 대화하며 그들을 격려한다. 자신뿐만 아니라 학생들을 변화시키려 노력하고, 진보적이며, 틀에 박힌 수업을 하지 않고 개선하려는 마음을 가지고 있다. 그리고 좋은 교사는 흔들리지 않는 자신의 교육 철학이 있다'고 하였다.

좋은 교사가 되기 위해서 교사로서 갖춰야 할 요인들은 여러 가지가 있겠지만 교사를 교육과정 개발자로서 볼 때 교사에게 '교육 철학'이 있어야 좋은 교사로 교육과정을 개발할 수 있다고 생각한다.

• 김수동(2003). 교사와 교육철학. 서울: 책사랑. 서문

교사가 교육 철학을 가지고 있을 때 교육을 통해 실현하고자 하는 교육 목적과 목표를 바르게 세울 수 있고, 이에 따라 필요한 수단과 수업 방법에 대한 연구로 좋은 교육 활동을 실행해 나갈 수 있다.

나. 교사가 갖는 교육 철학의 의미는 무엇인가?

철학이라는 말은 2가지 의미를 갖고 있다. 하나는 결과적 의미의 철학이고 다른 하나는 과정적 의미의 철학이다. 다시 말하면, 철학자들이 교육에 대해 연구한 결과를 의미하는 명사적 의미의 교육 철학과 교육 활동을 하는 가운데 겪는 문제들을 해결하기 위해 철학하는 것을 의미하는 동사적 의미의 교육 철학이다.•

교사들이 교육을 준비하고 올바르게 실천하기 위해 혹은 교육 활동을 수행하는 과정에서 겪는 어려움이나 문제를 합리적으로 해결하고 교육적 판단을 내리기 위해서는 위 2가지의 철학이 모두 필요하다. 하지만 교사가 교육과정을 개발하고 실천하고자 하는 데 교사가 가져야 할 철학의 의미에서는 두 번째 교육 철학이 교사들에게 더 필요하다.

교육 철학이라는 말을 좀 더 쉽게 풀면 교사가 교육을 바라보는 관점을 가진다는 말로 해석할 수 있다. 그리고 관점을 갖는다는 것은 교육을 실천하는 과정에서 교육에 대해 '왜?'라는 질문을 던져 보는 것이다.

• 성기산(2008). 교사의 교육철학. 서울: 집문당. pp.21~22.

대부분의 사람들은 자신이 하는 일(What)에 대해 알고 있다.
하지만 아주 극소수의 사람들만이 자신이 왜 그 일을 하는지(Why)에 대해서 알고 있다.
여기서 Why는 단순한 결과가 아니라 목적, 이유, 신념을 말한다.
_Simon Sinek•

Sinek(2009)은 위대한 리더들이 어떻게 행동을 이끄는지에 대한 Ted 강연에서 골든 서클(Golden circle)에 대해 설

명하였다. 많은 사람들이 어떤 일을 할 때 What?, How?, Why? 순으로 생각하는데 반하여 성공하는 리더들은 일에 대한 Why를 먼저 생각한다는 것이다. 이에 대한 사례로 애플사의 성공에 빗대어 골든 서클의 3가지(What, How, Why) 순서를 설명하였는데, 대부분의 회사에서 컴퓨터를 판매하기 위한 마케팅으로 자신들이 만들어 낸 결과물인 컴퓨터(What)를 보여 주며 컴퓨터의 새로운 기능(How) 등에 대해 설명하는 판매 전략을 벌인 것과는 달리 애플은 우리 회사의 목적이 무엇인지, 무엇을 하고 싶은지에 대한 이유(Why)를 먼저 보여 준 후 자신들이 만든 제품에 대해 설명한다는 것이다.

생각의 순서를 바꾸는 것, Why에 대해 먼저 생각해 보는 것이 리더라고 하는 사람들(라이트 형제, 마틴 루터 킹), 성공하는 기업들(애플사)의 성공 전략이라는 것이다.

• Simon Sinek(2009). <How great leaders inspire action> Ted 강의 중

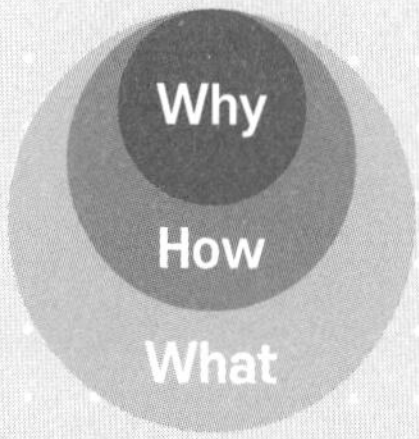

일반적인 마케팅		애플사의 마케팅	
What	우리는 훌륭한 컴퓨터를 만듭니다.	Why	우리가 하는 모든 것들은 기존의 현상에 도전하고, 다르게 생각한다는 것을 믿습니다.
How	그것들은 매우 아름다운 디자인에 쉽게 이용할 수 있고 편리합니다.	How	기존의 현상에 도전하는 우리의 방식은 제품을 아름답게 디자인하며 간단히 사용할 수 있고, 편리하게 만드는 것입니다.
(Why)	구입하고 싶나요?	What	우리는 훌륭한 컴퓨터를 만들게 되었습니다.

Why 생각 전략

우리도 학생들을 교육함에 있어서 '무엇(What)을 가르칠 것인가?', '어떻게(How) 가르칠 것인가?'에 대해 고민을 많이 한다. 하지만 '왜(Why) 가르쳐야 하는가?'에 대해 고민을 하는 교사는 드물다.

즉, 교사가 교육 철학을 갖는다는 의미는 '우리가 왜 학생들을 교육해야 하는가?'에 대해 질문하는 것이다. 이런 물음에 대한 답은 우리가 교육하는 목적이고 교육을 해야 한다는 신념이 되며, 교육을 '관계 형성'이라는 큰 의미로 바라볼 수 있게 해 준다.

Why 왜 가르쳐야 하는가? ➡ 배움과 삶과의 관계

How 어떻게 가르쳐야 하는가? ➡ 교사 학생과의 관계

What 무엇을 가르쳐야 하는가? ➡ 교육 목적과 내용과의 관계

교육은 학생과 교사 사이에서 학생의 현재 삶을 통해 교육 내용을 가르치고 배우며, 서로 성장하여 미래 삶을 준비할 수 있도록 하는 다양한 관계 형성 과정이다.

교사를 지식의 전달자로만 보는 것이 아니라 학생들의 성장에 기여할 수 있는 사람으로서 교육의 관계에 대해 생각해 보고, 질문에 대한 답을 고민을 할 때 교사는 '그 활동 재미없고, 하기 싫어요'라며 막무가내로 수업을 거부하는 학생, '수능에 나오지 않는데 왜 협력 수업을 해서 아이들을 힘들게 해요'란 학부모님들의 항의 등 교육 현장의 수많은 갈등 상황들을 현명하게 해결하며 교사 교육과정을 바르게 실천할 수 있는 교사가 될 것이다.

다. 교사의 철학 세우기

교사가 교육 철학을 갖기 위해 앞의 3가지 질문(What?, How?, Why?)을 스스로에게 해 보고 답을 찾는 과정은 어렵고 힘들다. 그래서 교육자에 따라 교육관, 수업관, 교사관, 학생관, 지식관 등으로 세분화하여 질문하

기도 하고,(김현섭, 2015)* 더 간단한 질문으로 자신의 철학에 대해 고민해 보기도 한다. 중등교사 중에는 '수업교사와 담임교사의 차이는 무엇이라고 생각하나요?'란 질문으로, 초등교사인 경우 '내가 꿈꾸는 학급, 아이들이 다니고 싶은 학교의 모습 떠올리기'를 통해 교육 철학에 대해 고민해 보는 것이다.

- 교육관 : 교육이란 무엇인가?
- 수업관 : 수업이란 무엇인가?
- 교사관 : 교사는 어떤 존재이고 어떠한 역할을 해야 하는가?
- 학생관 : 학생은 어떤 존재이고 어떠한 관점으로 접근해야 하는가?
- 지식관 : 지식이란 무엇이고 지식을 얻기 위해서는 어떻게 접근해야 하는가?
- 개인적인 신념 : 교사가 가지고 있는 가치관과 신념은 무엇이고 수업 속에서 어떻게 드러나는가?

교육 철학에 대해 고민해 본 교사와 그렇지 않은 교사의 모습은 교사 교육과정의 실천에서 그 차이가 드러날 수 있다. 교사가 자신이 꿈꾸는 학급의 모습을 '경쟁보다는 협력'이라는 철학을 갖고 학급을 운영한다면 교사는 학생들에게 스티커제와 같은 경쟁 시스템보다는 협력을 실천할 수 있는 협동 학습이나 학급 협의를 강조하여 교육과정을 설계하게 될 것이다.

• 김현섭(2015). 나의 교육철학과 신념은?. 김현섭의 교육 이야기(https://eduhope88.tistory.com)

이렇게 교사는 질문과 자기 성찰을 통해 철학을 세워 나갈 수 있는데, 이런 질문에 답을 스스로 생각하며 찾는 것도 좋지만 동료교사들과 함께 이야기를 나눠 보는 것도 중요하다. 학생들은 계속 변하기에 지금의 학생들을 마주하고 있는 동료교사와의 대화가 있을 때 우리는 학생들을 좀 더 잘 이해하고 학생과의 관계를 확인할 수 있을 것이다.

그리고 교사 스스로 자신을 돌아보는 성찰일기나 수업일지를 써 보는 것도 자신만의 교육 철학을 세우는 데 좋은 방법이라는 생각이 든다. 자신을 되돌아보는 과정이 부끄럽지만 반성적 사고를 통해 교사는 분명히 발전하고 있음을 느낄 수 있다.

교사의 교육 철학이 어느 날 갑자기 한 번에 이루어지고 변하지 않는 것은 아니라 생각한다. 오히려 자문자답하고, 동료교사들과 함께 연구하며 새로운 관점을 가지게 되고 변화될 수 있을 것이다. 하지만 교육에 대한 교사 자신만의 생각을 가져야 한다는 의미에서 교사의 교육 철학은 변하지 않는 것이다.

지금 교육에 대해 스스로 '왜?(Why)'라는 질문은 던져 보면 어떨까? 자신만의 답을 가지고 있을 때 그것이 교사가 교육 활동을 해 나가는 데 필요한 나침반 역할을 하는 교육 철학이 되고, 나침반이 있을 때 길을 잃지 않듯 교육 활동에서 겪는 어려움이나 주변의 압력에도 흔들리지 않고 교사의 교육을 실행해 나갈 수 있는 힘을 가질 수 있을 것이다.

전문직으로서의 교사, 교육과정 전문가로 거듭나기!

Q 교사도 전문직인가요?

A 과거 교사의 역할이 국가에서 정한 내용을 그대로 전달하는 수동적 전달자였다면, 최근에는 교사도 의사나 판사, 변호사처럼 전문적인 기술과 능력을 갖추길 기대되고 있습니다. 슐만(Shulman)이 말하는 교사 지식의 3가지인 교과 내용 지식, 교수 내용 지식, 교육과정 지식은 교사를 전문가로서 구분 짓게 하는 요소라고 말할 수 있습니다.

교실 속 상황은 안정되고 통제되어 있지 않다. 언제, 어디에서, 어떤 일이 일어날지 불확실하고, 불안정하며, 특수하고 다양한 가치 갈등이 존재한다. 이처럼 교육 현장은 전문적인 기술이나 능력 등의 이론적 지식을 그대로 적용하기 매우 어렵다. 또한 교실마다 학생들이 다르고 교사들이 가진 철학과 가치가 다르기 때문에 같은 내용을 가르친다 하더라도 다른 수업과 배움이 이루어진다. 이렇게 다양한 교실 상황에서 교사들은 자신만의 상황과 맥락에 따라 가르칠 내용을 정하고 수업을 실행하게 된다.

슐만은 교사가 가져야 할 지식으로 7가지 지식을 이야기하였다.* 교과 내용 지식, 교수 내용 지식, 교육과정 지식, 교수법 지식, 학습자 지식, 교육환경 지식, 교육 목적 지식

* Shulman. L. S.(1987), Those who understand Knowlege Growth in Teaching

이 그것이다. 이 중 교사 지식을 말할 때 설명되는 교과 내용 지식, 교수 내용 지식, 교육과정 지식 이 3가지를 갖춘 교사가 전문직으로서 교사를 전문가로서 구분 짓게 하는 요소라고 볼 수 있다.

교과 내용 지식(Subject Matter Content Knowledge)은 교과에서 나오는 사실적 지식과 개념적 지식에 대한 이해를 넘어 개념, 원리 등을 일반화하는 지식과 지식의 참, 거짓의 적절성을 판단하는 지식을 포함한다. 다시 말해, 교사는 교과의 기본 개념과 내용에 대한 지식뿐만 아니라 지식으로서의 중요성과 왜 중요한지에 대한 이유도 알고 있어야 한다.

두 번째는 교수 내용 지식(Pedagogical Content Knowledge)으로서 교사가 교과 내용 지식을 학생들이 이해하기 쉽게 해석하여 가르치기 위해 변환한 지식이다. 더 나아가면 학생들이 잘못 가지고 있는 오개념을 이해하고 그것을 올바르게 바로잡도록 구성하여 가르치는 것을 말한다.

세 번째로 교육과정 지식(Curriculum Contents Knowledge)은 학생들에게 가르쳐야 할 주어진 교육과정을 포함하여 그것을 가르치기 위한 교수학습 프로그램, 교구, 재구성하여 실제로 가르칠 내용까지 확장된 교육과정의 이해를 포함한다. 교육과정 통합을 하여 주제를 중심으로 재구성하여 가르치는 데 필요한 지식을 말한다.

슐만이 말하는 교수 지식은 교육과정 전문가로서 교사의 역할에 대해 이야기하고 있다. 교수 내용 지식(PCK)은 교실에서 다양한 수업의 경험을 통해 얻어지는 실천적 지식이고, 수업 성찰과 피드백을 통해 성장하며 발전해 가는 살아 있는 지식이다. 교육과정 지식은 특정한 주제를 가지고 학부모와 학생의 요구를 바탕으로 하여 교사의 철학과 신념이 담긴 교사 교육과정을 개발해 낼 때 얻어지는 것으로서 이러한 교육과정 지식을 가진 교사야말로 전문가라고 부를 수 있게 된다.

예를 들어 대학 교수가 최대공약수와 최소공배수를 초등학생에게 가르친다고 가정해 보자. 교수가 가진 수학적 지식이 교사보다 더 정교하다고 말할 수 있지만 학생에 대한 이해가 부족하고 초등학생에게 적합한 수학적 언어, 발문이나 자료 등의 구성에 어려움을 겪을 것이다. 반면 실천적 지식을 가지고 있는 교사는 학생을 잘 이해하고 상황을 고려하며 교육과정을 더 잘 구성할 수 있다. 수학을 잘 가르칠 수 있는 교과 내용 지식을 기본으로 하여 실천적 지식인 교수 내용 지식과 함께 교육과정에 대한 해석을 바탕으로 하는 교육과정 지식을 개발해 나간다면 교사는 전문가로 성장할 수 있을 것이다.

교육과정 전문가로서 거듭나기 위해 교사에게는 수업 구성 및 실행 능력, 수업 실행 후 성찰 능력이 필요하다. 이를 위해서 전문적 학습 공동체, 교육과정 연수 등 다양한 방식으로 이해를 도모하는 자리가 마련되어야 하며, 이때 교사의 자발적인 노력이 가장 절실하게 필요하다. 동료교사들과 상호작용하며 교육과정 지식을 발전시켜 나간다면 교사들은 스스로 자신을 전문가라고 부를 수 있게 될 것이다.

❹ Step by step 교사 교육과정

방학은 NO는 날?

"선생님들은 방학 때 놀고 좋겠어요."
"겨울 방학도 길어져서 엄청 놀겠는데요?"

방학 때만 되면 주변의 부러움과 시샘을 한꺼번에 받는 교사. 그런데 교사들에게 방학은 노는 시간일까요? 교사들은 방학 때 자기 개발을 위해 연수를 받거나 학생들에게 조금이라도 새롭고, 재미있는 내용을 전달하기 위해 공부합니다. 특히 2월은 새 학년을 준비하는 시기로 학생들은 없지만, 새로 맡게 될 학생들을 위해 교사 교육과정을 작성하느라 교사는 바쁩니다.

「교사 교육과정」
어떻게 시작해야 할까요?

시작하기 전에

교사 교육과정을 개발하는 데 국가나 교육청에서 정한 절차가 있는 것은 아니다. 교사 교육과정의 핵심은 교사가 '교육과정 문해력'을 바탕으로 자신만의 교육과정을 '만들어 가는 교육과정'이다. 교사가 교육과정 문서와 자료를 읽고 해석하는 자율성과 전문성을 발휘하여 성취기준을 중심으로 자신이 맡은 학생들에게 맞는 교육과정을 개발할 수 있어야 한다. 그리고 3월의 계획서로만 존재하는 교육과정으로 그치는 것이 아닌 교육과정-수업-평가로 실현하는 교육과정이 되어야 한다.

교사마다 경험과 경력이 다르기에 교육과정을 바라보는 수준도 다를 수 있다. 그리고 교사들 중에는 지금까지 해 왔던 자신의 교육과정 운영 모습이 잘 실천된 교사 교육과정인지 궁금해하는 교사도 있을 것이다.

다음에 제시되는 '교사 교육과정의 실제'는 정답이라기보다는 교사 교육과정을 실천하고자 하는 교사에게 도움 주기 위한 참고 자료다. 교사 교육과정을 먼저 실천한 교사들의 모습을 살펴보며 '이런 방법으로 하면 좋겠다'고 생각한 방법을 정리해 놓은 것으로 교사 교육과정을 실천하는 교사들에게 도움 자료가 되었으면 한다.*

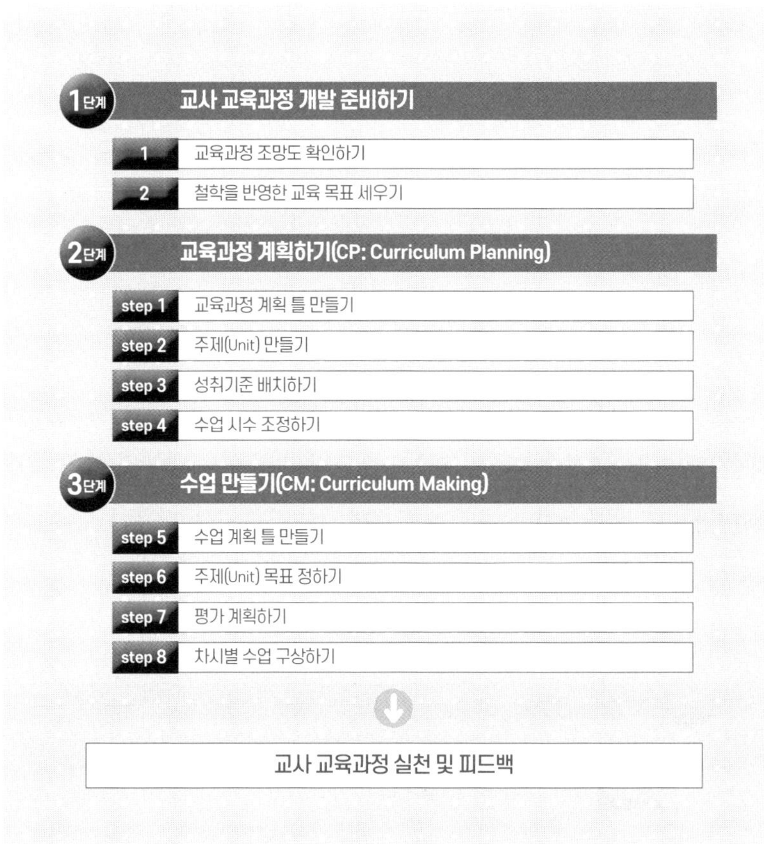

* 이원님, 고윤미, 정광순(2020). 교사교육과정 개발 과정 탐구. 통합교육과정연구(예정)

1

교사 교육과정 개발 준비하기

교사 교육과정 개발 준비하기 단계는 앞에서 다뤄진 교육과정 문해력 갖추기의 '교육과정 읽기'와 '교육과정 조망도 만들기' 단계의 실천 내용을 바탕으로 실제 교사 교육과정을 개발하기 위한 준비 단계다.

1단계 교사 교육과정 개발 준비하기

1 교육과정 조망도 확인하기

2 철학을 반영한 교육 목표 세우기

1. 교육과정 조망도 확인하기

교육과정 문서와 자료를 구분하여 읽고, 교육과정 조망도를 만들어 본 교사라면 매번 교육과정을 계획할 때마다 교육과정 조망도를 작성할 필요는 없다. 다만 교사 교육과정을 작성하는 데 반영해야 할 내용과 새롭게 수정된 내용을 확인하는 정도로 국가 · 지역 교육과정 문서를 확인해 보면 좋을 것이다.

그리고 지역에 따른 교육 지원 내용과 자원을 확인하여 교육과정에 반영할 수 있어야 한다. 학생들이 사는 지역에 따라 교육청(교육지원청)이나 시 · 도 행정기관의 교육 지원이 있을 수 있고, 교육 프로그램을 운영하여 지원할 수도 있다. 이 밖에도 지역 대학, 박물관, 미술관, 기업 등 지역의 다양한 시설과 자원을 활용한 연계 · 협력 프로그램을 개발하여 운영할 수 있다.

지역 실태 (예)	• 지원 : 용인시는 2019학년도 혁신지구로 지정되어 '배움이 있는 수업' 사업으로 학급당 200만 원의 교육비가 지원되었다. 용인문화원에서는 『용인향토문화유적답사』 프로그램을 운영하며 지역의 유적지를 해설해 주고 있다. • 자원 : 지방자치단체 역할에 대해 배우며, 용인시 의회 체험 학습을 진행할 수 있다. 용인 포은문화제에 참여하여 지역의 축제를 즐기고, 포은 정몽주에 대해 알아보는 프로젝트 수업을 계획할 수 있다.

그리고 교육과정 조망도를 통해 교사 교육과정을 작성하는 데 반영하

고 싶은 내용을 교사 각자가 정리해 보는 것도 의미가 있을 것이다.

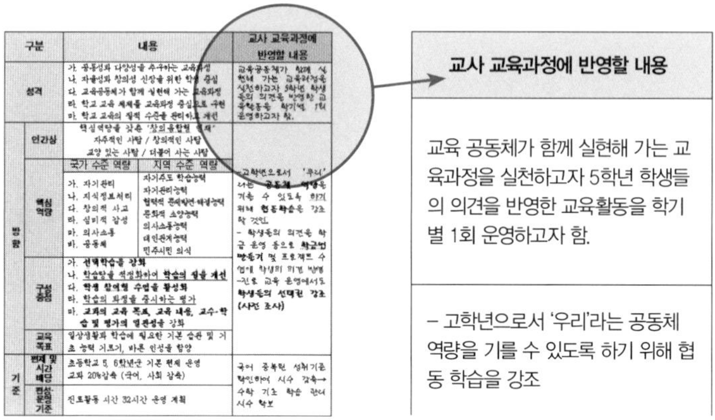

교육과정 조망도 예시

실습해 봅시다

구분	중요 내용	교사 교육과정에 반영할 내용
교육과정 총론		
교육과정 각론 (교과 교육과정)		
지역 교육과정		
학교 교육과정		

☑ 확인해 봅시다

<table>
<tr><th>영역</th><th colspan="2">내용</th><th>확인</th></tr>
<tr><td rowspan="6">총론</td><td colspan="2">1. 개정 교육과정의 주요 내용을 확인하였나요?</td><td></td></tr>
<tr><td colspan="2">2. 교육과정에서 추구하는 인간상과 핵심 역량을 알고 있나요?</td><td></td></tr>
<tr><td colspan="2">3. 교육 목표를 알고 있나요?</td><td></td></tr>
<tr><td colspan="2">4. 교육과정 '구성 중점' 내용과 그 의미를 이해하였나요?</td><td></td></tr>
<tr><td colspan="2">5. 해당 학년의 편제 및 시간 배당을 확인하였나요?</td><td></td></tr>
<tr><td colspan="2">6. 평가의 방향과 중점 사항을 확인하였나요?</td><td></td></tr>
<tr><td rowspan="7">각론</td><td colspan="2">1. 각 교과별 교과 역량과 영역을 확인하였나요?</td><td></td></tr>
<tr><td colspan="2">2. 해당 학년(군)의 성취기준을 선택하였나요?</td><td></td></tr>
<tr><td colspan="2">3. 각 교과에서 새롭게 등장한 특징이 있나요?</td><td></td></tr>
<tr><td rowspan="3">예) 국어</td><td rowspan="3">초 1~2학년에 한글 교육 강화 (27차시 → 62차시)
초 3학년부터 매 학기 수업 시간에 책 1권 읽기
초 · 중학교 활동 중심의 연극 단원 개설</td><td></td></tr>
<tr><td></td></tr>
<tr><td></td></tr>
<tr><td>예) 실과</td><td>5~6학년군 소프트웨어 교육 실시 → 6학년 교과서에 제시됨.</td><td></td></tr>
<tr><td rowspan="3">지역</td><td colspan="2">1. 지역 교육과정의 주요 내용을 확인하였나요?</td><td></td></tr>
<tr><td colspan="2">2. 국가 교육과정과 지역 교육과정의 다른 점을 확인하였나요?</td><td></td></tr>
<tr><td colspan="2">3. 교육 활동을 위한 지역의 인적 · 물적 지원을 확인하였나요?</td><td></td></tr>
<tr><td rowspan="3">학교</td><td colspan="2">1. 학교 비전 혹은 교육 목표를 확인하였나요?</td><td></td></tr>
<tr><td colspan="2">2. 학교의 중점 교육 활동을 확인하였나요?</td><td></td></tr>
<tr><td colspan="2">3. 선택 중심 교육과정 내용을 확인하였나요?</td><td></td></tr>
</table>

2. 철학을 반영한 교육 목표 세우기

교사 교육과정을 계획하는 데 가장 먼저 염두에 두어야 할 부분은 '교사가 가르치는 학생'이다. 교사가 가르쳐야 할 학생들의 수가 많든 적든, 학생의 수준이 높든 낮든 간에 교사는 가르치는 학생들의 성장을 위해 교육 목표를 세우고 실천하려 노력하게 된다.

국가 교육과정에서 제시한 인간상과 교육 목표는 학생들이 평생 교육을 통해 이루어야 할 목표라 할 수 있다. 한 교사가 학생을 가르치게 되는 기간이 보통 1년 정도임을 감안할 때 교사는 자신이 가르치는 동안 학생들의 특성에 맞게 학생을 성장시킬 수 있는 목표를 세워야 한다. 이런 작은 목표들이 쌓였을 때 학생들의 삶에서 학생은 성장하는 것이다.

교사의 교육 목표 예시

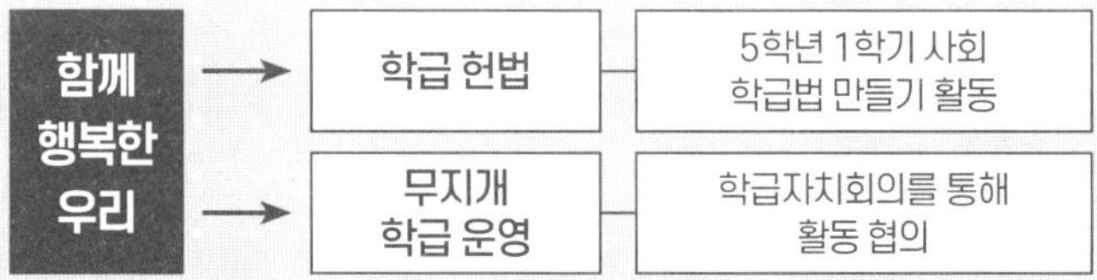

<< 무지개 학급 운영 >>

	영역	구체적인 방법	보상	성취기준
빨	배려	친구에게 배려받은 내용을 배움 공책에 쓰고 회장(부회장)에게 확인. (5건당 스티커 1개)	체육대회	[6도02-02] 다양한 갈등을 평화적으로 해결하는 것의 중요성과 방법을 알고, 평화적으로 갈등을 해결하려는 의지를 기른다.
주	예(禮)	청소한 결과 깨끗하면 선생님이 스티커를 줄 수 있다. (매주 금요일 청소 후 확인함.)	과자파티	[6실02-02] 성장기에 필요한 간식의 중요성을 이해하고 간식을 선택하거나 만들어 먹을 수 있으며 이때 식생활 예절을 적용한다.
노	협동	수업 활동, 프로젝트 활동, 모둠 활동을 잘 협력하여 완성하는 것을 기준으로 함. (활동 시간, 완성도, 협업)	5, 6교시 체육	[6체03-08] 네트형 경쟁 활동에 참여하면서 다른 사람들의 입장을 이해하고 공감하여 게임을 수행한다.
초	존중	시간 약속 잘 지키기 : 수업 시간에 늦지 않기 (지각하지 않기, 쉬는 시간 지키기, 점심시간 다 잘 지킨 하루)	영화와 라면파티	[6국05-02] 작품 속 세계와 현실 세계를 비교하며 작품을 감상한다.
파	책임	(1인 1역 체크) 1인 1역 체크리스트에 자신이 활동 후 체크하기 (일주일에 (3)개 이상 모두 체크되어야 스티커 1개)	아나바다	[6실03-03] 용돈 관리의 필요성을 알고 자신의 필요와 욕구를 고려한 합리적인 소비생활 방법을 탐색하여 실생활에 적용한다.
남	정직	- 숙제: 모두 숙제 다 해 오는 날(영어숙제 포함) - 발표: 일주일에 2번 이상 발표 모두 참여 (발표 체크리스트)	마피아 게임	[6도01-03] 정직의 의미와 정직하게 살아가는 것의 중요성을 탐구하고 정직과 관련된 갈등 상황에서 정직하게 판단하고 실천하는 방법을 익힌다.
보	소통	- 평화로운 학급 운영 (싸움 없음. 실내생활 조용히, 복도통행 바르게, 다른 사람에게 피해 주지 않기 등)	전일 자율활동	[6국05-04] 일상생활의 경험을 이야기나 극의 형식으로 표현한다.

학생과 함께 세운 교육 목표 예시

이렇게 교육 목표를 세우고 교사 교육과정을 실천해 가는 데 교사의 교육 철학은 교육의 바른 방향을 제시할 수 있는 나침반 역할을 하게 되며 교육을 지속해 나갈 수 있도록 하는 원동력이 된다.

실습해 봅시다

학급의 특성	
학년 발달 단계에 맞는 인성 덕목	
이전 학년 교육과정 운영 결과 피드백 내용 (학생 의견 반영)	
학교 교육 목표와 연계하여 실행해야 할 교육 중점 활동	
교사 교육과정의 교육 목표 세우기	

확인해 봅시다

영역	내용	확인
교육 목표 세우기	1. 학급 운영을 위한 교사의 철학이 있는가?	
	2. 학생의 발달 단계와 학년 수준을 알고 있는가?	
	3. 이전 학년 교육과정 운영 결과를 확인하였는가?	
	4. 학교 교육 목표와 연계할 수 있는 교육 중점 활동을 고려했는가?	
	5. 우리 학급의 특색이 드러날 수 있는 교육 목표인가?	

2

교육과정 계획하기

CP: Curriculum Planning

교육과정 계획하기(CP: Curriculum Planning)는 1년 혹은 한 학기 동안의 전체적인 교육과정의 계획을 대략적으로 세우는 단계로 한눈에 대강의 내용을 확인할 수 있도록 작성하는 것이 좋다.

2단계 교육과정 계획하기(CP: Curriculum Planning)

step 1	교육과정 계획 틀 만들기
step 2	주제(Unit) 만들기
step 3	성취기준 배치하기
step 4	수업 시수 조정하기

교육과정 계획하기			
교육과정 계획 틀 만들기	주제(Unit) 만들기	성취기준 배치하기	수업 시수 조정하기

step 1. 교육과정 계획 틀 만들기

교육과정 계획 틀 만들기를 별도의 단계로 제시한 이유는 '자신만의 틀을 갖자'는 것이며, 교사가 자신의 교육과정 계획 틀을 가질 때 그 교육과정은 형식적인 계획이 아닌 살아 있는 교육과정으로 계획－실천－피드백되기 위한 힘을 갖게 된다.

일반적으로 교육과정 내용을 조직한 후 그 내용을 진도표와 같은 형식으로 정리하지만 교육과정 계획 틀에 학사 일정을 넣어 예시의 표처럼 만들어 사용하면, 주제를 만들 때 편리하고 교육과정 운영 시기를 확인하여 조절하기 편하다.

교육과정 계획 틀은 교사의 편의에 따라 다양한 모습으로 만들어질 수 있지만 학사 일정, 주제명, 성취기준, 교과 및 단원, 시수 등을 포함하여 정리할 수 있으면 좋다.

다음에 제시된 예는 초등학교에서 사용되는 교육과정 계획 틀로, 전담이나 중학교 이상에서 한 교과목을 담당하는 교과 교사의 경우 기본 틀을 수정하여 활용할 수 있다.

20**학년도 O학년 1학기 (행사 공휴일)

월	기간					주	주제 (Unit)	통합 (관련 단원) 국어	사회	도덕	과학	체육	음악	미술	창의적 체험활동 자율	진로	소계	창의적 체험활동 동아리	봉사	분과 수학	전담 영어	계
3	4 시업식	5	6	7	8	1(5)	Unit① 우리 반이 태어났어요 • 자기소개 하기 • 학급 약속 만들기 • 자기 목표 세우기	3. 알맞은 높임표현 (8) [01-01] 대화의 즐거움 [04-04] 높임법, 언어예절		2. 인내하며 최선을 다하는 삶 (4) [01-03] 최선, 계획 세우기	1. 과학자는~? (6) (관찰,측정, 예상,분류, 추리,의사소통)	피구(12) 1. 건강과 체력 ② 다양한 운동을 해요 [01-02] 체력 향상 [01-03] 신체적, 정신적 특징 파악	음악의 기초(2) 꼭꼭 숨어라(2)	5. 오감으로 느끼는 세상 (2) [01-01] 다양한 감각 활용	시업식(1) 학급 임원 선거(1)		32		교실 정리 (1)	덧셈과 뺄셈(6)		52
	11	12	13	14	15	2(5)																
	18	19	20	21	22 친구사랑주간	3(5)	Unit② 내 친구의 모든 것 • 친구 표현하기 (묘사하는 글, 캐릭터그리기) • 갈등 해결 전략 • 협동 놀이	1. 재미가 톡톡톡 (10) [02-05] 읽기 경험 공유 [05-01] 감각적 표현		1. 나와 너, 우리함께 (4) [02-02] 친구의 소중함 1. 나와 너, 우리함께 (4) [02-02] 친구의 소중함 1. 나와 너, 우리함께 (4) [02-02] 친구의 소중함			어깨동무 (2) 리코더 왼손운지법 (2)	2. 나는 캐릭터 디자이너 (3) [01-03] 생활 속 미술 [02-04] 표현 방법과 과정	인권 교육 (1)		28	활동 (2)		1. 덧셈과 뺄셈 (4+2) *보충 +2	Hello, I'm Tibo(4)	52
	25	26	27	28	29	4(5)																
4	1	2	3	4	5	5(5)	Unit③ 자랑스러운 우리 고장 • 탐방하기 • 우리고장 소개자료 만들기(위치, 주소, 하는 일)	5. 중요한 내용을 적어요 (8) [01-05] 요약 하며 듣기 [02-02] 간추리기 10. 문학의 향기 (8) [05-04] 생각과 느낌 다양하게 표현 [05-05] 감상 태도	1. 우리고장의 모습 (12) [01-01] 고장의 모습 그리기 [01-02] 주요 지형지물 파악 2. 우리가 알아보는 고장 이야기 (12) [01-03] 역사적인 유래, 특징 [01-04] 문화유산			달리기 (10/4) 2. 속도 도전 ① 빠르게 달려요 [02-01]속도 도전 개념 탐색 [02-03]기록 향상	소풍(2) 리코더 오른손(2) 귀로 듣는 봄(2)	2. 나는 캐릭터 디자이너 (3) [01-03] 생활 속 미술 [02-04] 표현 방법과 과정		직업 찾기 (2)	56	활동 (2)	주변 환경 정리 (1)	2. 평면도형(6)	2. What's this?(4) 2. What's this?(4) 2. What's this?(4)	78
	8	9	10	11	12	6(5)																
	15	16	17	18	19	7(5)																
	22	23	24	25	26	8(5)	Unit④ 신기한 자석 • 자석놀이 • 자석이 활용되는 예				4.자석의 이용(12) [02-01]극 구별 [02-02]나침반 관찰 [02-03]실생활 예		구슬비(2)				14			2. 평면도형(4) 3. 나눗셈 (2)	3. Sit down, Please(4)	26

교육과정 계획표 예시(초등)

월	기간					주	주제 (Unit)	성취 기준	교과 단원명	시수	창의적 체험 활동 자율	진로	동아리	봉사	계 (26)
3	4 시업식	5	6	7	8	1(5)									
	11	12	13	14	15	2(5)									
	18	19	20	21	22 친구사랑주간	3(5)									
	25	26	27	28	29	4(5)									

교육과정 계획표 예시(전담)

• **학교의 행사와 공휴일을 표시한 달력**: 학사 일정을 한눈에 확인할 수 있어 학교 행사와 연계한 교육과정 계획 및 교육과정 운영 시기를 조절하는 데 편리함.

• **통합 교과와 분과 교과*, 전담 교과 분리하여 틀 만들기**: 교육과정 통합 교과 내용을 쉽게 파악할 수 있고, 전담 교과 시간을 분리 작성하여 시수 운영 확인 가능.

확인해 봅시다

영역	내용	확인
교육과정 계획 틀 만들기	1. 분담 교과와 전담 교과를 확인하였는가?	
	2. 교육과정 계획표 틀이 이해하기 쉽게 구성되어 있는가?	
	3. 교육과정 계획표 틀에 들어갈 내용이 빠지지 않았는가?	
	4. 교육과정 계획표 틀을 자신만의 틀로 진화 발전시켰는가?	

* 분과 교과란 담임교사가 수업을 하지 않는 전담 교과 혹은 통합 수업으로 활동하기 어려운 수학 교과로 통합 활동에서 따로 두어 정리하는 것이 좋다.

교육과정 계획하기			
교육과정 계획 틀 만들기	주제(Unit) 만들기	성취기준 배치하기	수업 시수 조정하기

step 2. 주제(Unit) 만들기

본격적인 교육과정 계획의 첫 과정은 '주제(Unit)를 만드는 일'이다. 앞에서 설계한 학급 교육 목표에 도달하기 위해 학생들과 어떤 주제로 활동을 할지 학학급 운영에 맞는 주제단원을 설계하여 수업하기 위한 단계다.

주제는 크게 내용 중심, 상황 중심, 학생 중심의 3가지 방법으로 정할 수 있다. 첫 번째, 내용 중심은 학교 현장에서 대표적으로 사용되는 주제 구성 방법으로 여러 성취기준들 중에서 공통된 개념을 중심으로 주제를 만드는 방법이다. 두 번째, 상황 중심은 학교의 공통 행사, 계기 교육 등의 상황을 반영하여 교육과정 주제를 만들어 냄으로써 일회성의 행사가 아니라 의미 있는 교육 활동을 운영할 수 있게 해 준다. 마지막 학생 중심은 학생들의 의견을 반영하여 주제를 정하는 방식으로 지나치게 인지적인 내용 중심인 현재의 교육과정 문제를 보완할 수 있는 역동적인 교육 활동을 가능하게 해 준다. 이렇게 다양한 방법의 주제 선정 방식을 사용할 때 주제 중심으로 전 과정을 짜느라 억지스럽게 성취기준을 끼워 맞추는 부작용을 피하면서도 좀 더 현실적인 교육과정을 편성 · 운영할 수 있다.

그리고 각 주제(Unit)의 특성에 따라 일주일, 격주 혹은 월 단위로 운영 기간을 정할 수 있고, 적절한 운영 시기 확보로 학생들의 학습 몰입을 최적화하고 학습을 패턴화할 수 있으며 교사 입장에서도 교육과정 개발의 편이성과 실행의 효율성을 제고할 수 있다.

5학년 사회, 도덕 교과의 성취기준을 살펴보고 '공존'이란 핵심 개념을 선정, '더불어 사는 세상'이라는 주제를 정하였다.

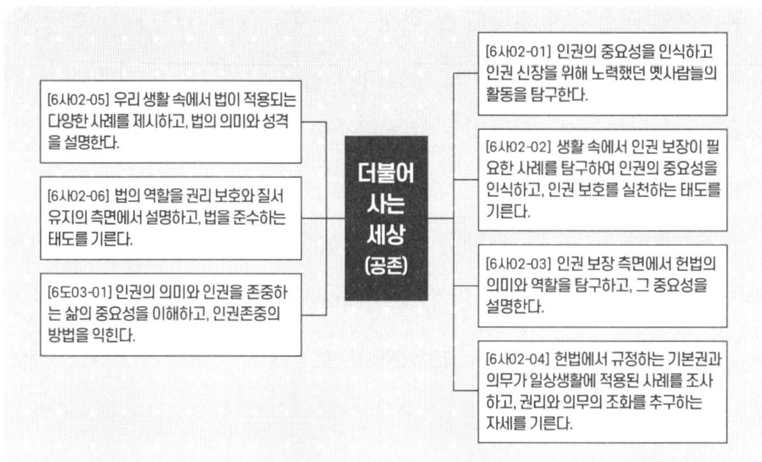

내용 중심 주제 선정 예시

☑ 확인해 봅시다

영역	내용	확인
주제(Unit) 만들기	1. 학급 특색이 반영된 주제인가?	
	2. 주제를 만드는 데 학생의 요구가 반영되었는가?	
	3. 한 주제의 운영 길이가 너무 길지 않은가?	
	4. 주제가 학생들의 흥미나 호기심을 자극할 만한 주제인가?	
	5. 한 학기 혹은 1년 동안 운영될 주제의 개수가 적당한가?	

교육과정 계획하기			
교육과정 계획 틀 만들기	주제(Unit) 만들기	성취기준 배치하기	수업 시수 조정하기

step 3. 성취기준 배치하기

각 주제별 관련되는 성취기준을 배치하는 단계로 교사는 학년에서 성취해야 할 기준을 확인하여 누락되지 않도록 주의하고, 각 주제별 관련된 성취기준과 교과 단원을 재배치할 수 있다. 표현 중심 교과(국어 및 예체능 교과)의 성취기준은 여러 주제에 중복하여 배치할 수 있으며, 교과서는 교육과정 자료로서 반드시 가르쳐야 할 내용은 아니므로 주제별 필요한 부분만을 선택하여 활용하면 좋다.

참고로 각 학년의 성취기준과 교과 단원 맵핑 자료는 각 교육청 사이트에 탑재된 '단원지도 계획' 문서 자료에서 찾을 수 있고, 교사에 따라서는 개인이 정리해 놓은 자료를 활용하여 성취기준과 교과 단원을 확인할 수 있다.

<table>
<tr><th>과목</th><th>단원(시량)</th><th>성취기준</th></tr>
<tr><td rowspan="11">국어
(시수:
90)</td><td>독서 단원. 책을 읽고 생각을 넓혀요.
[01-02] [02-06] [05-05]</td><td rowspan="11">[6국01-02] 의견을 제시하고 함께 조정하며 토의한다.
[6국01-03] 절차와 규칙을 지키고 근거를 제시하며 토론한다.
[6국01-04] 자료를 정리하여 말할 내용을 체계적으로 구성한다.
[6국01-07] 상대가 처한 상황을 이해하고 공감하며 듣는 태도를 지닌다.

[6국02-01] 읽기는 배경지식을 활용하여 의미를 구성하는 과정임을 이해하고 글을 읽는다.
[6국02-02] 글의 구조를 고려하여 글 전체의 내용을 요약한다.
[6국02-03] 글을 읽고 글쓴이가 말하고자 하는 주장이나 주제를 파악한다.
[6국02-05] 매체에 따른 다양한 읽기 방법을 이해하고 적절하게 적용하며 읽는다.
[6국02-06] 자신의 읽기 습관을 점검하며 스스로 글을 찾아 읽는 태도를 지닌다.

[6국03-01] 쓰기는 절차에 따라 의미를 구성하고 표현하는 과정임을 이해하고 글을 쓴다.
[6국03-03] 목적이나 대상에 따라 알맞은 형식과 자료를 사용하여 설명하는 글을 쓴다.
[6국03-05] 체험한 일에 대한 감상이 드러나게 글을 쓴다.
[6국03-06] 독자를 존중하고 배려하며 글을 쓰는 태도를 지닌다.

[6국04-02] 국어의 낱말 확장 방법을 탐구하고 어휘력을 높이는 데에 적용한다.
[6국04-03] 낱말이 상황에 따라 다양하게 해석됨을 탐구한다.
[6국04-05] 국어의 문장 성분을 이해하고 호응 관계가 올바른 문장을 구성한다.

[6국05-01] 문학은 가치 있는 내용을 언어로 표현하여 아름다움을 느끼게 하는 활동임을 이해하고 문학 활동을 한다.
[6국05-02] 작품 속 세계와 현실 세계를 비교하며 작품을 감상한다.
[6국05-04] 일상생활의 경험을 이야기나 극의 형식으로 표현한다.
[6국05-05] 작품에 대한 이해와 감상을 바탕으로 하여 다른 사람과 적극적으로 소통한다.</td></tr>
<tr><td>1. 대화와 공감(10) [01-02] [01-07]</td></tr>
<tr><td>2. 작품을 감상해요(9) [05-01] [05-02]</td></tr>
<tr><td>3. 글을 요약해요(9) [02-02] [03-03]</td></tr>
<tr><td>4. 글쓰기의 과정(10) [03-01] [04-05]</td></tr>
<tr><td>5. 글쓴이의 주장(10) [01-03] [02-03] [04-03]</td></tr>
<tr><td>6. 토의하여 해결해요(9) [01-02] [03-06]</td></tr>
<tr><td>7. 기행문을 써요(8) [01-04] [03-01] [03-05]</td></tr>
<tr><td>8. 아는 것과 새롭게 안 것(9) [02-01] [04-02]</td></tr>
<tr><td>9. 여러 가지 방법으로 읽어요(8) [01-04] [02-05]</td></tr>
<tr><td>10. 주인공이 되어(8) [05-04] 05-05]</td></tr>
</table>

성취기준과 교과 단원 맵핑 자료 예시(5-1 국어)

확인해 봅시다

<table>
<tr><th>영역</th><th>내용</th><th>확인</th></tr>
<tr><td rowspan="3">성취기준
배치하기</td><td>1. 주제(Unit)에 어울리는 성취기준으로 선정되었는가?</td><td></td></tr>
<tr><td>2. 해당 학년에서 다루어야 할 성취기준을 놓치지 않았는가?</td><td></td></tr>
<tr><td>3. 표현 중심 교과의 성취기준이 적절히 배치되었는가?</td><td></td></tr>
</table>

step 4. 수업 시수 조정하기

주당 시수 중 분과로 운영되는 시수와 전담 시수를 제외하고 담임교사가 통합하여 운영 가능한 시수를 확인한 후, 교육 내용별 혹은 교과별 시수를 배정한다. 다만, 실제 운영상에서 학생들의 의견에 따라 추가 · 수정되는 교육 활동이 생기므로, 이 단계에서 시수를 정확하게 맞출 필요는 없다.

성취기준별 활용 가능한 시수는 보통 '교과별 배정 시수÷성취기준 수'로 계산되나 고정된 시수는 아니므로 교사가 교육 내용에 따라 융통성 있게 시수를 배정할 수 있다. 처음 계획 단계에서부터 정확한 시수 계산에 너무 고민하지 않아도 되고, 무리한 수업 계획이 되지 않기 위해서 교육 활동별 예상 수업 시수가 주별 활용 가능한 시수 범위 내인지만 확인하면 된다.

예) 4학년 사회교과 성취기준별 활용 가능한 시수 계산
사회 교과 배정 시수(102 시간) ÷ 4학년 사회 성취기준 수(12개) = 8.5시간
→ 20% 교과 증감 시수까지 고려해 본다면 4학년인 경우 사회과 성취기준 1개를 대략 7~10시간 정도 편성 운영할 수 있다.

확인해 봅시다

영역	내용	확인
수업 시수	1. 교과별/학년별 운영 시수를 확인하였는가?	
	2. 전담 수업 운영 시수를 확인하였는가?	
	3. 주별 운영 가능한 시수를 확인하였는가?	

실습해 봅시다

□Step 1에서 만든 교육과정 계획 틀에 Step 2~4 과정의 내용을 정리해 봅시다.

월	기간					주	주제 (Unit)	통합 (관련 단원)							창의적 체험 활동				소계	분과	전담		계 (26)
								국어	사회	도덕	과학	실과	음악	미술	자율	진로	동아리	봉사		수학	체육	영어	
	2 시업식	3	4	5	6	1(5)																	
	9	10	11	12	13	2(5)																	
3	16	17	18	19	20	3(5)																	
	23	24	25	26	27	4(5)																	
	30	31	1	2	3	5(2)																	
			1	2	3	1(3)																	
	6	7	8	9	10	2(5)																	
4	13	14	15	16	17	3(5)																	
	20	21	22	23	24	4(5)																	
	27	28	29	30		5(3)																	
					1	1(1)																	
	4	5	6	7	8	2(4)																	
5	11	12	13	14	15	3(5)																	
	18	19	20	21	22	4(5)																	
	25	26	27	28	29	5(3)																	
	1	2	3	4	5	1(5)																	
	8	9	10	11	12	2(5)																	
6	15	16	17	18	19	3(5)																	
	22	23	24	25	26	4(5)																	
	29	30				5(1)																	

3

수업 만들기

CM: Curriculum Making

수업 만들기(CM: Curriculum Making)는 2단계에서 만든 주제를 실제 수업으로 실천하기 위한 단계로 교육 목표 및 성취기준에 따라 지도 내용의 순서와 교수 · 학습 방법을 가장 효율적으로 계획하여 수업할 수 있어야 한다.

3단계 수업 만들기(CM: Curriculum Making)

step 5	수업 계획 틀 만들기
step 6	주제(Unit) 목표 정하기
step 7	평가 계획하기
step 8	차시별 수업 구상하기

step 5. 수업 계획 틀 만들기

수업 계획 역시 정해진 양식이나 틀이 있는 것은 아니나 각 주제별 세부적인 수업 계획이 표로 정리되어 있으면 교사가 수업의 흐름을 쉽게 파악할 수 있고, 각 차시별 수업 중 필요한 것을 미리 준비할 수 있어 수업 실행에 도움이 된다.

수업 계획 틀에는 주제명, 운영 시기 및 시수, 단원 목표, 성취기준, 평가 계획, 교육 활동 등의 내용이 작성되는 것이 좋다.

〈주제: 나의 사랑, 나의 가족〉

1. 수업 개요

수업명	**나의 사랑, 나의 가족**	운영기간	5월 1주~ 2주 (총 32시간)			
목 표	가족의 소중함을 알고, 자신의 마음을 다양한 방법으로 표현한다.	수행 과제 〈주제 마무리〉	**⇨ 가족의 소중함, 감사한 마음을 노래, 연주, 편지 등에 담아 가정으로 영상편지를 보낸다.**			
성취 기준	★ [4도02-01] 가족을 사랑하고 감사해야 하는 이유를 찾아보고, 가족간에 지켜야 할 도리와 해야 할 일을 약속으로 정해 실천한다.	평가 계획	평가 기준 및 방법	⇨ 수행평가❶	가족을 사랑하고 감사해야 하는 이유를 찾아보고, 가족간에 지켜야 할 도리와 해야 할 일을 약속으로 정해 실천하는가?	관찰, 체크리스트
	★ [4국03-04] 읽는 이를 고려하며 자신의 마음을 표현하는 글을 쓴다.			⇨ 수행평가❷	읽는 이를 고려하며 자신의 마음을 표현하는 글을 쓰는가?	논술
	[4국04-02] 낱말과 낱말의 의미관계를 파악한다. [4음01-06] 바른 자세로 노래 부르거나 바른 자세와 주법으로 악기를 연주한다. [4음03-01] 음악을 활용하여 가정, 학교, 사회 등의 행사에 참여하고 느낌을 발표한다. [4미02-02] 주제를 자유롭게 떠올릴 수 있다. [4체04-04] 움직임 표현 활동을 수행하며 움직임 표현에 따른 자신의 신체 움직임과 신체의 변화 등을 인식한다.			x (과정평가)	※ 수행평가 항목 외 성취기준은 본 단원에서의 평가 대상이 아니므로, 학생 성장 중심의 과정 평가가 되도록 누가기록 한다.	

2. 차시별 수업 계획 ※「주제 만나기」 시간에 학생들이 하고 싶은 추가의 활동들을 수업으로 반영한다. (사전 계획된 수업활동 수정 가능!)

차시Lesson		수업내용		자료 및 평가(★)	비고
		학생 희망 활동	교사 계획 활동		
1~4	체육대회 :warm-up		• '5월:가족의 달' 기념 체육대회 (속도, 경쟁, 달리기, 표현 등의 영역 고려)		□학년통합 활동

5~6	**주제 만나기**		• 『가족』 연상하기: brain storming • KDB 주제망 짜기: 개인, 학급 게시용 ①하고 싶은 것(Do) ②알아야 할 것(Know) ③가치(Be)	– '상어가족'송	
7~8	주제와 친해지기		• '가족' 관련 동요, 놀이 – 우리가 알고 있는 '가족' 노래: 대결~ – '한 걸음' 전래 놀이: 아빠걸음/아가걸음 버전		
9~11	가족의 소중함		• '나에게 소중한 9가지' 심성놀이 – 나는 왜 눈물이 나는가? (소중한 마음 인식) • '가족과 함께 한' 기억에 남는 한 장면 그리고 소개하기	– A4(9칸분할), 그리기 준비 ★수행평가❶:관찰,기록 (소중한 이유)	□심성놀이 후, 마음 챙기기
..	가족 회의		• (가족 회의) 경험 나누기 – 방법, 주제 안내: '우리 가족은 행복한가?' 상상		※ 과제 or 학부모 영상통화로 대체~
..	우리 가족 행복지수		• 우리 가족 행복지수!!! – 집에서의 나의 행동(잘한/고칠점, 역할 등), 실천 다짐표 만들기	– 행복지수 그래프 ★수행평가❷ : 실천 다짐표(작성,실천)	※ 실천 결과 추후 확인!!
..	어버이날 준비		• 어버이날 준비 – 노래(부모님 은혜)배우기, 리코더 연주/배경 음악(편지 낭독용)		□리코더 연습 매일~
..	편지쓰기		• 『리디아의 정원』 할머니 편지: 편지글의 형식 확인!! • 편지 쓰기: 낭독 연습/고쳐쓰기	★수행평가❸ : 편지쓰기 (초고–완성)	국126~127
..					
30~32	영상 제작		• 영상 제작/ 바코드 만들기 [전체] 부모님 은혜 노래 + 리코더 연주 [각자] 편지 낭독, '가족과의 약속'실천 나눔		□개별 가정 발송

'나의 사랑, 나의 가족' 주제 통합 수업 계획 예시

주제	더불어 사는 세상(공존)		
학년	5학년	**교육시기**	(7)월 (1)주 ~ (7)월 (2)주 (21차시)
핵심역량	자기 관리 역량, 공동체 역량		
목표	인권의 개념과 중요성을 알고, 헌법에서 규정하는 기본권과 의무의 다양한 사례 조사를 통해 인권존중을 위한 학급 법을 재정할 수 있다.		
수행평가 계획	〈학급 법 만들기〉 – 1학기 5학년 학생들의 학교생활 반성을 통해 인권이 존중되고 있는지 상황을 파악하기 – 학생들의 인권이 존중되기 위한 5학년 법 만들기		

교과	**영역**	**성취기준**	**차시**	**교수학습 활동**	**자료 및 평가 방법**
사회	인권을 존중하는 삶	[6사02-01] 인권의 중요성을 인식하고 인권 신장을 위해 노력했던 옛사람들의 활동을 탐구한다.	**1**	단원 학습 내용 예상하기	㉶ 동영상 ㉬ 학교 인권침해 사례찾기
			2	인권이란 무엇인지 알아보기	
			3	인권 신장을 위해 노력했던 옛사람들의 활동 살펴보기	
			4	인권 신장을 위한 옛날의 여러 제도 알아보기	
도덕	사회•공동체와의 관계	[6사02-02] [6도03-01] (재구조화) 인권 보장이 필요한 사례를 탐구하고, 인권 존중의 태도를 익혀 실천한다.	**5–6**	인권이 침해된 사례 찾아보기	
			7	인권 보장을 위한 노력 알아보기	

······

'공존' 주제 통합 수업 계획 예시

step 6. 주제(Unit) 목표 정하기

주제의 목표를 정하는 것은 각각의 성취기준을 하나의 주제로 초점화하기 위함이다. 서로 관련된 성취기준을 새로운 주제 하나로 묶어 가르침으로써 학생들에게 배움의 방향을 명확하게 하고 학습 부담을 줄일 수 있도록 해 준다. 그리고 이런 주제의 목표가 학생들이 수업 중 도달했는지 확인해야 할 평가 내용이 된다.

이로써 성취기준 중에서 반드시 평가할 것과 이번 주제에서 평가하지 않을 것을 구분할 수 있게 된다. 이번 주제에서 평가하지 않아도 되는 성취기준이란 주로 주제마다 중복 배치될 수 있는 표현 교과의 성취기준으로 내용 또는 다양한 활동을 위해 통합한 성취기준이다. 그러나 이런 중복된 성취기준도 이번 주제를 운영하는 중에 평가되지 않을 뿐 학년(군) 전체의 교육과정을 운영하는 동안 한 번은 평가되어야 함을 놓치지 말아야 할 것이다.

수업 만들기			
수업 계획 틀 만들기	주제(Unit) 목표 정하기	평가 계획하기	차시별 수업 구상하기

step 7. 평가 계획하기

평가 대상 성취기준을 어떠한 방법으로 평가할 것인지 계획하는 단계다. 평가 계획을 먼저 세우는 이유는 학생들의 배움을 통해 얻어진 성장 결과를 고려한 과정 중심 평가를 실천하겠다는 의미를 반영하고, 학생의 성장 결과를 고려하며 다음의 차시 수업을 구상할 수 있도록 하기 위함이다.

학생들의 성장 모습이 드러나도록 과정 평가의 실천으로 수행 평가 및 논술형 평가를 지향하고 학생들의 다양한 특성이 고려될 수 있도록 평가 방법의 다양화를 고려한다. 특히 주제를 마무리하는 수행 과제를 통해 종합적 평가가 가능하며, 필요시 성취기준을 재구조화하여 하나의 활동으로 여러 개의 성취기준을 평가할 수도 있다.

그리고 이런 평가 계획이 수업 중 학생들에게 미리 안내된다면 학생들이 배움에 좀 더 적극적으로 참여하고, 집중할 수 있도록 하는 계기가 될 것이다.

step 8. 차시별 수업 구상하기

학생들이 주제의 목표 및 성취기준에 도달할 수 있도록 구체적인 차시별 교육 활동을 구상하는 단계다. 이 단계에서는 학생들의 흥미, 수준, 내용 등을 고려하여 다양한 활동으로 구상하기 위해 사전에 교사가 너무 치밀한 계획을 세우지 않고 첫 차시에 '주제 만나기 시간'을 두어 학생들과 협의하여 수업을 구상하는 것이 좋다.

그러나 학생들의 의견을 반영한다고 하여 수업 활동이 단순한 재미를 얻기 위한 활동이 되지 않도록 교사는 교육적 의도에 맞는 활동에 대해 숙고하여야 할 것이다.

즉, 학생의 의견을 반영한다고 하더라도 교사는 사전에 어느 정도의 차시별 수업을 구상해야 한다는 것이다. 첫 시간에 학생들이 다양한 의견을 제시하며 수업을 구상할 수도 있지만, 때에 따라서는 학생들의 의견이 많지 않은 경우 교사는 사전 숙의의 과정을 통해 제안되었던 적절할 활동을 학생들에게 안내할 수 있어야 한다.

그리고 반대로 학생들이 요청하는 교육 활동이나 의견이 매우 많은 경우에도 교사는 학생들의 의견을 통합하거나 목표에 연결 지을 수 있는지 판단하기 위해 사전 교육 활동을 구상해 보는 것이 좋다.

실습해 봅시다

□Step 5에서 만든 수업 계획 틀에 Step 6~8 과정의 내용을 정리해 보자.

<table>
<tr><td colspan="2">주제</td><td colspan="4"></td></tr>
<tr><td colspan="2">학년</td><td colspan="2"></td><td>교육 시기</td><td></td></tr>
<tr><td colspan="2">핵심 역량</td><td colspan="4"></td></tr>
<tr><td colspan="2">목표</td><td colspan="4"></td></tr>
<tr><td colspan="2">수행 평가 계획</td><td colspan="4"></td></tr>
<tr><td>교과</td><td>영역</td><td>성취기준</td><td>차시</td><td>교수학습 활동</td><td>자료 및 평가</td></tr>
<tr><td rowspan="4"></td><td rowspan="4"></td><td rowspan="4"></td><td></td><td></td><td rowspan="4"></td></tr>
<tr><td></td><td></td></tr>
<tr><td></td><td></td></tr>
<tr><td></td><td></td></tr>
<tr><td rowspan="3"></td><td rowspan="3"></td><td rowspan="3"></td><td></td><td></td><td rowspan="3"></td></tr>
<tr><td></td><td></td></tr>
<tr><td></td><td></td></tr>
</table>

확인해 봅시다

영역	내용	확인
수업 만들기	1. 주제의 따른 운영 시기가 적절한가?	
	2. 주제에 맞는 성취기준임을 확인하였는가?	
	3. 주제 운영에 필요한 시수를 확보하였는가?	
	4. 이번 수업에서 평가될 성취기준을 정하였는가?	
	5. 평가는 학생의 성장을 돕는 평가 계획인가?	
	6. 학생들의 의견을 반영한 수업 계획이 되었는가?	
	7. 학생들이 수행 과제를 수행할 수 있도록 수업이 설계되었는가?	

4

교사 교육과정 실천 및 피드백

교사가 앞에서 계획한 교사 교육과정은 실제 수업을 통해 실천되고, 수업을 통해 얻어진 결과 및 교사 교육과정 평가를 통해 점차 발전시켜 나갈 수 있다.

한 번만 사용하는 교사 교육과정은 없다고 한다. 이번에 실천한 교육과정이 부족하였거나 실패하였으면 실패한 교육과정을 밑거름 삼아 부족한 점을 채우고 새로운 교사 교육과정을 구성하면 된다. 그리고 만족할 만한 교사 교육과정을 실천하였다면 그 역시 교사가 다음 교육과정을 개발할 수 있도록 하는 디딤돌이 된다.

다음 교사 교육과정 평가표에 제시된 평가 내용을 통해 자신이 실천한 교사 교육과정이 어떠했는지 평가해 볼 수 있다.

☑ 확인해 봅시다

영역	내용	확인
교사 교육과정 평가	1. 수업에서 해당 학년의 성취기준을 빠뜨리지 않고 다루었는가?	
	2. 수업 내용 및 활동이 성취기준 학습에 유용하고 연관성 있었는가?	
	3. 학생의 수업 만족도 의견을 다양하게 듣고 확인했는가?	
	4. 교사 스스로 매 차시 자신의 수업 내용, 수업 방법, 평가를 객관적으로 평가하고 있는가?	
	5. 제시된 자료와 활동들이 교육적이었는가?	
	6. 제안된 활동들이 학생들에게 도전적이었으며 높은 수준의 사고력을 충분히 자극할 수 있었는가?	
	7. 학생들이 공부한 내용이 다양한 형태(글, 그림, 보고서, 신체표현, 미술 작품 등)로 표현될 수 있었는가?	
	8. 학생들이 공부한 내용이 학생들의 삶과 학교 밖의 생활과 충분히 연결되었는가?	
	9. 수업 과정에서 학생과 교사에게 충분한 선택권이 주어졌는가?	
	10. 교사 교육과정에 대해 평가하고 피드백하는가?	

교사 교육과정을 설계하고 실천하는 것이 처음부터 잘될 수는 없다. 하지만 스스로 조금씩, 혹은 동료 교사와 함께 교사 교육과정을 실천해 본 교사만이 교사 교육과정의 중요성을 이해하고, 그 가치를 깨달을 수 있을 것이다.

필자가 아는 선생님 한 분이 '공부는 누구나 싫어한다. 그러나 성장은 누구나 좋아한다'라고 말씀하셨다. 교사로서 성장을 위해 교사 교육과정을 작게나마 실천해 보는 것은 어떨까?

Fisher & Frey(2008) : 학생 주도? vs 교사 주도?

학생 참여형 수업(학생 배움 중심 수업)을 넘어 '학생 주도 교육(PL, Personalized Learning, 맞춤형 수업)', 개인화 교육—맞춤형 학습을 위한 '보편적 학습 설계(UDL, Universal Design for Learning)' 등이 강조되고 있다. 그리고 이러한 개념과 함께 주요 논의되는 쟁점은 '학생에게 주도권을 얼마만큼 주어야 하는가?', '교사의 역할은 무엇인가?' 하는 것이다.

이와 관련된 이론으로는 Fisher & Frey(2008)의 내용을 참조해 볼 만하다.

좋은 수업의 구조

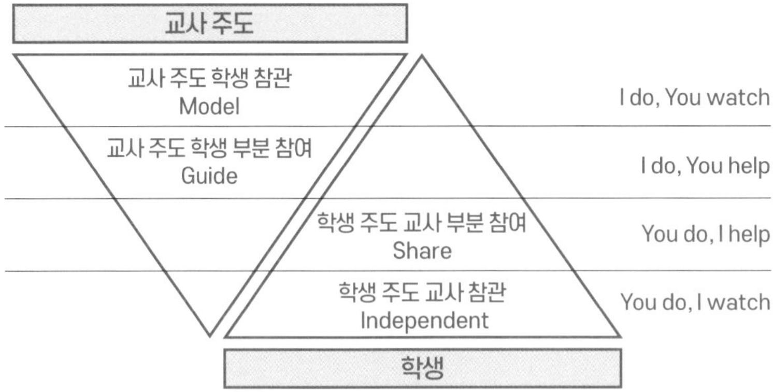

박태호(2015)에서 인용

Fisher & Frey(2008)는 '수업 중 발생하는 교사와 학생의 역할 교대'를 바탕으로 좋은 수업의 구조를 4가지 유형으로 제안한다.

❶ 교사 주도 – 학생 참관 수업 **(I do, You watch)**	• Focus Lesson: 교사가 주도하여 수업을 이끌고 학생은 수동적 입장이 되어 수업에 참여하는 형태. • 주로 초보자, 부진아(부진 학급) 교수에 사용.
❷ 교사 주도 – 학생 부분 참여 수업 **(I do, You help)**	• Guided Instruction: 교사의 안내에 따라 학생들이 부분적으로 주도성 발휘 • 소집단 학습에 유용
❸ 학생 주도 – 교사 부분 참여 수업 **(You do, I help)**	• Collaborative: 학생 주도 활동, 교사의 적절한 개입 • 소집단 협동 학습에 유용
❹ 학생 주도 – 교사 참관 수업 **(You do, I watch)**	• Independent: 학생 스스로 자신의 학습 계획 및 학습 활동을 주도하는 형태 • 우수아(우수 학급) 교수에 사용

이 4가지 수업 유형은 다양한 조합으로 실행된다.

단위 차시 내에서 활동의 난이도나 친숙도에 따라 교사 주도에서 점진적으로 학생이 주도하도록 수업이 진행될 수도 있고, 한 단원 내에서 교사 주도/학생 주도가 여러 차시에 걸쳐서 구현될 수도 있으며 또는 위 네 유형 중 특정 유형만으로 한 차시/여러 차시의 수업을 구현할 수도 있다.

이처럼, 학생 주도 수업이 교육의 미래지향적 방향이라 하여 모든 학생 또는 모든 수업에서 학생 주도 수업 방식을 획일적으로 적용하는 것은 옳지 않다. 교사는 학생의 준비도(학습력, 태도, 흥미 등), 교과 내용 및 교육적 환경 등 제반 여건을 유심히 관찰하면서, 학생이 스스로 배울 수 있다는 가능성을 믿고 '배움'이 일어나는 지점에 적절하게 개입하는 것이 필요하다. 학생들이 준비되지 않은 상태에서 교사의 적절한 지도나 가르침 없이 '학생 주도'만을 적용하는 것은 '반복적인 실패의 경험'을 양산하거나 '교육적 방치'가 될 수 있다.

5

교사 교육과정 실행의 예

좋아, 나도 교사 교육과정을 개발해 보련다!

선생님, 지금까지 교사 교육과정에 대한 설명을 쭉 들어 보니, 우리 아이들이 즐겁게 공부할 수 있는 장점과 교사 자신의 전문성 차원에서도 꼭 필요한 것으로 느껴져요. 그래서 저도 블록타임과 같은 작은 것부터 하나씩 하나씩 저만의 교육과정을 개발해 보아야겠어요.

혹시 제가 참고할 만한 사례가 있을까요?

1

교육과정 계획하기

학기별: Curriculum Planning

교사 교육과정 개발 과정에서 '교육과정 계획하기(Curriculum Planning)'를 제일 먼저 언급하는 것은 이것이 한 해 혹은 한 학기 교육과정의 출발점이기 때문이다.

'만들어 가는 교육과정'이 학교 현장에 정착되면서 다수의 학교에서 2월은 새 학년을 준비하는 '교육과정 준비의 달'로 운영되며, 이 기간을 통해 전 교직원은 학교 교육의 비전(철학과 방향)을 공유하고 이러한 비전을 반영하여 한 해의 전반적인 학년 · 교실 수준의 교육과정을 마련한다. 이러한 점에서 교사 교육과정 실행 사례 역시 '교육과정 계획하기'로부터 시작한다.

(학기별) 교육과정 계획의 예

2019학년도 3학년 1학기

월	기간					주	주제(Unit) 주제명	중심교과-성취기준	학습활동	통합 운영 국어	도덕	사회	체육	음악	미술	자율	동아리	봉사	진로	소계 (17)	분과 운영 수학(4)	과학(3)	영어	계 (26)
3	4 시업식	5	6	7	8 자치회	1(5)	❶ 자~ 시작이다! (26)	[4국 01-05] 요약하며 듣기 [4국 02-01] 중심생각 파악 [4음 01-06] 바른 운지법 [4음 03-02] 음아 놀이 [4미 02-03] 연상, 상상 [4국 01-05] 요약하며 듣기 [4국 02-01] 중심생각 파악 [4음 01-06] 바른 운지법 [4음 03-02] 음아 놀이 [4미 02-03] 연상, 상상	【평화로운 학급만들기】 •우리 반 만들기: 공간, 시간표 – 모둠 자리, 사물함 정리 – 우리 반 시간표 만들기 •나는 누구, 너는 누구? – 감정과 기분, PDC 학급약속 등	8. 의견이 있어요⑥ 1.중요한 내용을 적어요④			다양한 운동②	어깨동무②	3.새롭게 연상②	시업식① 학급만들기전교자치②			나 소개②	26				26
	11 자치회	12	13	14 학폭예방	15 문화예술	2(5)							다양한 운동②	리코더 만나기② –운지법	3.새롭게 연상②	학급자치② 학폭예방②				17	• 수학진단②	• 과학만나기① –자석놀이②	1.Hello.②	26
	18	19	20 총회	21	22 문화예술	3(5) 3(5)	❷ 명작 함께 읽기 (18)	〈국어/도덕 중심 통합〉 [4국 02-05] 읽기 경험 나누기 [4국 04-01] 사전 찾기 [4국 01-03, 02-02, 02-03, 03-01,03-02,04-02] 문학 [4미 01-01] 감각 미술	•도서 선정 •학습 방법 지도 – 다양한 읽기 / 사전 찾는 법 – 질문 만들기	•독서 단원		1.우리고장의 모습③	움직임②	국악동요①	5.오감세상②	학급다모임① 메타학습법④	동아리 모집②			17	1. 덧셈과 뺄셈④	1.물질의 성질③	1.Hello.②	26
	25 학부모 상담주간	26	27	28	29 문화예술	4(5) 4(5)						1.우리고장의 모습⑥	뉴스포츠④	리코더①	5.오감세상②	학급다모임① 메타학습법②		교내정화②		17	1. 덧셈과 뺄셈④	1.물질의 성질③	2.It's ball②	26
4	1 학부모 상담주간	2	3	4	5 문화예술	5(5) 5(5)	❸ 어서와, 안산은 처음이지? (57)	〈사회 중심 통합〉 [4사 01-01] 고장 모습(장소감) [4사 01-03] 고장유래,특징 [4음 01-01] 노래부르기 [4사 01-04] 문화유산 [4미 01-03] 생활속 미술 발견	•우리 고장, 안산 – 위치, 주변 도시, 형태 등 특징 – 지명, 유래와 이야기 •자랑거리 – 문화유산, 유명한 것/곳 등 •역사 탐방 – (시지원) 체험 버스 •고장 소개: 팜플렛 만들기 – 주민센터, 학기말 전시회 활용	*통소여의 모험 ♡친구 ♡가족	1. 나, 너, 우리 함께④	1.우리고장의 모습③	움직임②	국악동요① –구슬비②		학급다모임①	동아리 발대식②			19	1. 덧셈과 뺄셈②	1.물질의 성질③	2.It's ball②	26
	8	9	10	11 공개수업	12 문화예술	6(5)						2.고장 문화 유산③ 이야기③	속도전②	리코더① –소풍②	2.캐릭터 디자인②	학급다모임①				21	4.곱셈③	• 과학탐구 안내②		26
	15	16	17	18	19 문화예술	7(5)						2.고장 문화 유산③ 이야기③	속도전②	국악동요①	2.캐릭터 디자인②	학급다모임①	활동②			18	4.곱셈③	3.동물의 한 살이③	3. Sit down②	26
	22 장애이해	23	24	25 역사탐방	26 문화예술	8(5)						2.고장 문화 유산③	뉴스포츠④	리코더①		학급다모임① 장애이해②		교내정화②		18	4.곱셈③	3.동물의 한 살이③	3. Sit down②	26
5	29	30	1	2 놀이한마당	3 생존수업 문화예술	9(5)	❹ 가족은 사랑입니다. (40)	[4국 01-10]대화의 즐거움 [4국 04-04]높임 표현 [4국 03-04] 마음 담은 편지 [4과 01-02] 동물의 한 살이 [4과 01-03] 다양한 한 살이 [4미 02-02] 주제 연상	•창의놀이 한마당(5.3일) – 과학 창의 마당, 놀이마당 •어린이날, 어버이날, 스승의 날 – 손 편지 쓰기, 아침 버스킹(정문) •행복한 가정이란? (도서, 영상 활용) – 아동학대/가정폭력 예방지도	3. 알맞은 높임 표현⑧ 4. 내 마음을 편지에 담아⑨	3. 사랑이 가득한 우리 집④		놀이한마당② 생존수영②	국악동요① –리자로 끝나는 말②	1.표현하고 싶은 경험②	창의한마당③ 학급다모임①	활동②		가족소개②	23	3.나눗셈③	x		26
	6 대체휴일	7	8	9	10 생존수업 문화예술	10(4)							생존수영② 속도전②	리코더① –어머님은혜②		가정폭력예방② 아동학대예방②				14	3.나눗셈③	3.동물의 한살이③	4. How many?②	22
	13	14	15 인권교육	16 아동학대예방	17 생존수업 문화예술	11(5)							생존수영② 움직임②	국악동요①	3.새롭게 연상②	학급다모임① 인권교육②	활동②			18	3.나눗셈③	3.동물의 한살이③	4. How many?②	26
	20	21	22	23	24 생존수업 문화예술	12(5)	❺ ??		•우리가 만드는 수업이야기? –		도덕함②		생존수영② 속도전②	리코더① –종달새의 하루②						19	2.평면도형④	4.자석의 이용③		26
	27	28	29	30	31 생존수업 문화예술	13(5)						3.교통통신 발달③	생존수영② 뉴스포츠④	국악동요① –높은음 낮은음②		학급다모임①	활동②	교내정화②		19	2.평면도형④	4.자석의 이용③		26
6	3	4	5	6 현충일	7 재량휴업	14(4)	❻ 내가 구해줄게, 지구야! (??)	〈과학 중심 통합〉 [4사 01-05] 교통-생활변화 [4사 01-05] 통신-생활변화 [4음 02-01, 02-01] 음악요소, 개념 [4미 02-05] 조형 탐색 [4음 01-05] 소리 탐색	•지구의 모습 – 다양한 시각에서의 모습 – 육지와 바다, 지구와 달 •교통, 통신 변화와 우리 생활 변화 – 좋아진 점, 문제점 •자유 탐구 주제: 확장 – 「내가 구해줄게, 지구야」를 주제로 물질, 동무, 지구 영역으로 탐구~ •생태 탐험: 갈재 습지 공원 – 색, 선, 형, 소리 찾기 미션	*통소여의 모험 ♡최선 ♡인내	2. 인내와 최선④	3.교통통신 발달①	움직임②	리코더① –대취타②	4.우리가 찾은 색, 선,형②	학급다모임①				9		5.지구의 모습③	6. I have②	14
	10	11 공연관람	12	13	14 문화예술	15(5)						3.교통통신 발달③	속도전②	공연관람② 국악동요①	4.우리가 찾은 색, 선,형②	학급다모임①	활동②			17	5. 길이와 시간④	5.지구의 모습③	6. I have②	26
	17	18	19 갈대습지	20	21 문화예술	16(5)						3.교통통신 발달③	속도전②	리코더① –숨은 소리 찾기②	1.표현하고 싶은 경험②	학급다모임①			미래사회②	17	5. 길이와 시간④	5.지구의 모습③	5. what color?②	26
	24	56	26	27	28 문화예술	17(5)						3.교통통신 발달③	뉴스포츠④	국악동요①	6.미술관②	학급다모임①	활동② –1학기 마무리	교내정화②		17	6. 분수와 소수④	5.지구의 모습③	5. what color?②	26
7	1	2	3	4	5 문화예술	18(5)	❼ 성장, 나눔의 날 〈3학년〉 (??)	[4사 01-02] 실제모습 [4국 05-01] 작품 감상 [4국 05-04] 다양한 표현 [4국 05-05] 작품 감상 [4음 03-01] 행사 음악 [4미 03-03, 03-04] 작품 감상	•성장 나눔의 날 ! – 연극, 학습결과물, 리코더 연주 등 ① 학년 내 : 발표, 전시회 ② 타학년: 전시 관람 (큐레이터) ③ 학부모: 간담회 시 순회 안내 (자치회 협조)		도덕함②	1.우리고장의 모습③	움직임②	리코더① –안전한 세상②	6.미술관②	학급다모임①				19	6. 분수와 소수④	4.자석의 이용③		26
	8	9	10	11	12	19(5)						2.우리고장 이야기③	움직임②	리코더①	2.캐릭터 디자인②	학급다모임①				19	6. 분수와 소수④	•탐구전시회 준비③		26
	15	16	17 학년간담회	18	19	20(5)				성장 나눔의 날 운영 (연극 발표, 고장 팜플렛, 학급 연주②, 6.작품 관람②)	성장 나눔의 날 운영 (연극 발표, 고장 팜플렛, 학급 연주②, 6.작품 관람②)	성장 나눔의 날 운영 (연극 발표, 고장 팜플렛, 학급 연주②, 6.작품 관람②)	성장 나눔의 날 운영 (연극 발표, 고장 팜플렛, 학급 연주②, 6.작품 관람②)	성장 나눔의 날 운영 (연극 발표, 고장 팜플렛, 학급 연주②, 6.작품 관람②)	성장 나눔의 날 운영 (연극 발표, 고장 팜플렛, 학급 연주②, 6.작품 관람②)	성장 나눔의 날 운영 (연극 발표, 고장 팜플렛, 학급 연주②, 6.작품 관람②)	성장 나눔의 날 운영 (연극 발표, 고장 팜플렛, 학급 연주②, 6.작품 관람②)	성장 나눔의 날 운영 (연극 발표, 고장 팜플렛, 학급 연주②, 6.작품 관람②)	성장 나눔의 날 운영 (연극 발표, 고장 팜플렛, 학급 연주②, 6.작품 관람②)	19	2.평면도형④	•과학 탐구 발표회③, 영어발표	•과학 탐구 발표회③, 영어발표	26
	22	23	24 방학식			21(3)							다양한 운동②					교실정리②		8				8
총 21주, 101일										100	20	50	56	38	38	37	16	10	6	.	73	53	38	497

※UNIT별 중심교과 = □ ※국어, 도덕: 교과군-한 학기동안 운영(문학 중심 수업) ※UNIT5: 학생 구성 단원

가. 나만의 교육과정 계획 틀(Framework) 구안하기

나만의 틀이 있다는 것은 교육과정 개발 과정에 대한 자기만의 방식이 형성되었다는 것이므로, 개발을 용이하게 시작하게 하고 지속할 수 있는 힘이 된다.

- **달력이 있으면 좋은 점**
  - 단원별 운영 시기를 알 수 있고, 특히 사전 정해진 학교/학년 활동과 연계한 교육 활동을 구안할 수 있다.

- **통합 교과와 분과 교과 구분**
  - 단원 개발에 앞서 통합 교과와 분과 교과를 구분하는 것은 전담 교과, 위계가 명확하여 통합이 어려운 교과를 사전 제외함으로써 통합 가능한 교과를 확인하기 위해서다.
  - 물론, 전담 교사와 합의되거나 분과 교과도 함께 통합하여 운영할 수 있다.

- **주제별 운영 기간(주/격주/월 단위)을 사전 결정하면 좋은 이유**
  - 한 학기에 통합 단원을 1~2회 운영한다면 해당하는 기간에만 운영하면 되지만, 학기 내 지속적으로 통합 단원이 운영된다면, 학생 발달 단계 및 집중 시간 등을 고려하여 주제별 운영 기간(주/격주/월)을 기본 단위로 하여 구상하면 좋다.

— 즉, 교사의 입장에서는 학기별 대략 N개의 주제 운영이 가능한지 가늠할 수 있고, 학생의 입장에서는 일정 주기로 주제가 변함에 따라 학습량 및 운영 기간에 익숙해지는 장점이 있다.

※ 앞의 CP 예시 자료에서는 한 학기 내내 통합 단원을 운영한다는 전제하에 2주를 기본 단위로 하여 교사 교육과정을 개발하였다.

나. 주제 정하기

단원의 주제를 정하는 방법은 크게 3가지가 있다.

❶ 상황

— 학교 중점 교육 활동과 같은 학교 전체가 시행하는 교육 활동이 일회성의 행사가 되지 않도록 교육과정과 연계하는 방법

— 위 예시 자료에서는……

① 학교 공통 '중점 교육 활동': 회복적 생활 교육 ⇨ 학급 세우기(학기초) 등

② 계기 교육: 5월 가족의 달 ⇨ '도덕과' 중심 '가족은 사랑입니다' 주제 배정 등

❷ 내용(성취기준)

— 가장 일반적인 방법. '성취기준'을 중심으로 주제 통합/프로젝트화하는 방법

— 위 예시 자료에서는……

① 사회과 지역화 교육과정 ⇨ '어서와, 안산은 처음이지?(사/창체)'

주제 배정!

② 범교과 학습 '지속 가능 교육' ⇨ '내가 구해 줄게, 지구야(과/창체)' 주제 배정!

❸ 학생

— 교육과정 개발의 목적이자 주체는 학생! 학기 초 교사 중심의 계획을 대강화하여 구상하나, 학생들과 함께 만드는 교육과정 운영을 위하여 단원별 시수 혹은 학생들과 함께 만들어 운영할 단원 여백을 남겨 두는 것도 필요하다.

— 위 예시 자료에서는……

① 성장, 나눔의 날 ⇨ 주제 학습 결과 및 성장 나눔 발표회(학기 말)

② 학생들의 흥미, 요구를 반영한 '프로젝트 학습' 기간

다. 단원별: 내용 및 수업 시수 확보하기

- **주제별 '성취기준' → 주요 학습 내용 구상**

— 주제/성취기준에 따라 주요 학습 내용을 구상한다.

— 학습 내용에 따라 창의적 체험 활동 영역과 통합도 가능하다.

※ 성취기준 도달 정도를 확인할 수 있는 '수행 과제'를 우선 고민하면, 이후 수행 과제 해결을 위해 어떠한 내용을 학습해야 하는지 구체적인 수업 활동을 구상할 수 있다.

- **대강의 '수업 시수' 확보하기**

— 성취기준별 수업 가능한 표준 시수(전체 시수÷성취기준 수)를 확인한다.

— 주당 수업 가능 시수에 맞춰 주제별 수업 기간을 예상한다.

— 사전 수업 시수는 대강의 계획 정도로만 파악한다.

※ 실제 교수학습 운영 시 학생들의 반응 및 배움 정도에 따라 시수 증감이 가능하므로, 사전 계획 단계에서 수업 시수를 정확하게 맞추기 위해 시간을 낭비하지 않는다.

• **학기 말 ⇨ 교사 교육과정 완성 ⇨ 나이스 입력 및 문서 사후 결재**

— 교사 교육과정은 학생과 상황에 따라 변수가 있으므로 실제 최종 수업 시수는 학기 말/학년 말에 확정된다. 따라서, 확정된 시수는 (학기 말/학년 말)에 나이스에 입력한다.

— 또한, 교사 교육과정도 만들어 가는 교육과정이므로 사후 결재되어야 한다.

※ 학년군별 총 수업 시수 이상/교과별 기준 시수 대비 20% 증감 범위 내로만 이수하면 되므로, 각 교과별 시수에 너무 연연해하지 않아도 된다.

⇨ 학기 전, 한 학기 전체적인 교육과정의 계획이 대강 완성된다면, 학기가 시작되면서 본격적인 단원별 세부 수업 계획(Curriculum making)과 실행이 이루어진다. 다음 장에서는 위 3학년 교육과정 계획 예시 자료 중, 네 번째 단원인 '가족'에 관한 수업 계획과 실행이 어떻게 진행되었는지 확인해 보자.

2

교사 교육과정 실행 사례

- 학교 공통 주제형: 5월-가족

주제	나의 사랑, 나의 가족	대상	초3	교과	도덕, 창체	시수	32차시

가. 단원 개발 의도

• 이 단원을 별도의 '가족' 주제로 편성한 것은 초등의 특성상, 매년 행사처럼 치러지는 '5월 가족의 달' 활동을 좀 더 의미 있는 시간으로 만들고 싶어서다. 또한, 마침 도덕과의 성취기준 중 '가족의 소중함'과 연결된 것이 있어, 도덕과를 중심으로 깊이 있는 활동을 구상하였다.

• 1~2학년에서 주로 부모님의 감사함을 전제로 카네이션 만들기, 편지 쓰기 등의 단편적인 활동을 했다면, 이제 3학년이라는 시점에서는 당연하게 생각하는 '부모님들의 돌봄이 정말 당연한 건지?' 되돌아 생각해 보고 또 미처 느끼지 못한 부모님의 소중함으로 다시금 체감해 볼 수 있

도록 마음과 생각을 흔들 수 있는 활동을 고민하였다.

나. 교육과정 이해하기

<table>
<tr><th>수업 명</th><th>나의 사랑, 나의 가족</th><th>운영기간</th><th colspan="4">5월 1주~ 2주 (총 32시간)</th></tr>
<tr><td>목표</td><td>가족의 소중함을 알고, 자신의 마음을 다양한 방법으로 표현한다.</td><td>수행 과제 〈주제 마무리〉</td><td colspan="4">⇨ 가족의 소중함, 감사한 마음을 노래, 연주, 편지 등에 담아 가정으로 영상편지를 보낸다.</td></tr>
<tr><td rowspan="3">성취기준</td><td>★ [4도02-01] 가족을 사랑하고 감사해야 하는 이유를 찾아보고, 가족간에 지켜야 할 도리와 해야 할 일을 약속으로 정해 실천한다.</td><td rowspan="3">평가계획</td><td rowspan="3">평가기준 및 방법</td><td>⇨ 수행평가</td><td>가족을 사랑하고 감사해야 하는 이유를 찾아보고, 가족간에 지켜야 할 도리와 해야 할 일을 약속으로 정해 실천하는가?</td><td>관찰, 체크리스트</td></tr>
<tr><td>★ [4국03-04] 읽는 이를 고려하며 자신의 마음을 표현하는 글을 쓴다.</td><td>⇨ 수행평가</td><td>읽는 이를 고려하며 자신의 마음을 표현하는 글을 쓰는가?</td><td>논술</td></tr>
<tr><td>[4국04-02] 낱말과 낱말의 의미관계를 파악한다.
[4음01-06] 바른 자세로 노래 부르거나 바른 자세와 주법으로 악기를 연주한다.
[4음03-01] 음악을 활용하여 가정, 학교, 사회 등의 행사에 참여하고 느낌을 발표한다.
[4미02-02] 주제를 자유롭게 떠올릴 수 있다.
[4체04-04] 움직임 표현 활동을 수행하며 움직임 표현에 따른 자신의 신체 움직임과 신체의 변화 등을 인식한다.</td><td>x (과정평가)</td><td colspan="2">※ 수행평가 항목 외 성취기준은 본 단원에서의 평가 대상이 아니므로, 학생 성장 중심의 과정 평가가 되도록 누가기록 한다.</td></tr>
</table>

교육과정 분석(p.172 내용 확대)

• 이 단원의 주제는 '나의 사랑, 우리 가족'이며, 단원의 목표(바라는 결과)는 '가족의 소중함을 알고, 감사한 마음을 다양한 방법으로 표현할 수 있다'로 설정하였다. 또한, 학생들이 이 단원을 충분히 몰입하고 이해하였다면, 가족의 소중함과 감사함을 노래, 연주, 편지 등 자신이 잘할 수 있는 방법으로 표현할 수 있을 것으로 판단하여 이를 최종 수행 과제로 계획하였다.

• 중심 교과는 도덕([4도02-01], 4차시 내외)과 국어([4국03-04], 10차시 내외)이며, 다양한 활동을 위해 음악, 미술, 체육 교과를 통합하였다. 다만, 본 단원에서 음악/미술/체육의 성취기준은 다양한 활동을 위한 시수 확보의 차원에서 차용하였을 뿐, 실제 이 성취기준이 완성되는 단원은 아닌지라 평가 계획에서는 제외하였다. 따라서, 본 단원의 평가는 국어와 도덕과만을 평가 계획에 반영 · 수행 평가 하였으며, 기타 과목의 경우에는 과정 평가로 누가기록만 하였다.

• 수행 평가 ①은 '나에게 소중한 9가지: 심성놀이'를 실시한 후 가족의 소중함과 감사해야 하는 이유를 실천 약속으로 정하는 과정을 관찰, 체크리스트로 평가하였고, 수행평가 ②는 직접 작성한 편지글을 대상으로 편지글의 형식과 읽는 이(대상)를 고려한 문장 표현 등 내용과 문법적 요소의 적절성을 함께 평가하였다.

다. 수업 계획 및 실행

나만의 기본적인 수업 계획 틀

• 나만의 기본적인 수업 계획 틀은 다음과 같다. 사전 계획은 주로 교사가 교육과정을 중심으로 계획하지만, 이는 완성된 계획은 아니다. 사전-대강의 계획으로서의 의미를 갖는데, 이

〈주제: 나의 사랑, 나의 가족〉

차시 Lesson		수업내용		자료 및 평가(★)	비고
		학생 희망 활동	교사 계획 활동		
1~4	체육대회: warm-up		• '5월:가족의 달' 기념 체육대회 (속도, 경쟁, 달리기, 표현 등의 영역 고려)		*학년통합 활동
5~6	주제 만나기		• 『가족』 연상하기: brain storming • KDB 주제망 짜기: 개인, 학급 게시용 ①하고 싶은 것(Do) ②알아야 할 것(Know) ③가치(Be)	- '상어가족'송	
7~8	주제와 친해지기		• '가족' 관련 동요, 놀이 - 우리가 알고 있는 '가족' 노래: 대결~ - '한 걸음' 전래 놀이: 아빠걸음/아가걸음 버전		
9~11	가족의 소중함		• '나에게 소중한 9가지' 심성놀이 - 나는 왜 눈물이 나는가? (소중한 마음 인식) • '가족과 함께 한' 기억에 남는 한 장면 그리고 소개하기	- A4(9칸분할), 그리기 준비 ★수행평가❶ :관찰,기록(소중한 이유)	*심성놀이 후, 마음 챙기기
…	가족 회의	※「주제 만나기」 시간에 학생들이 하고 싶은 추가의 활동들을 수업으로 반영함.	• (가족 회의) 경험 나누기 - 방법, 주제 안내: '우리 가족은 행복한가?' 상상		※과제 or 학부모 영상통화로 대체~
…	우리 가족 행복지수		• 우리 가족 행복지수!!! - 집에서의 나의 행동(잘한/고칠점, 역할 등), 실천 다짐표 만들기	- 행복지수 그래프 ★수행평가❶ :실천 다짐표 (작성,실천)	※실천 결과 추후 확인!!
…	어버이날 준비		• 어버이날 준비 - 노래(부모님 은혜)배우기, 리코더 연주/배경음악(편지 낭독용)		*리코더 연습 매일~
…	편지쓰기		• 『리디아의 정원』 할머니 편지: 편지글의 형식 확인!! • 편지 쓰기: 낭독 연습/고쳐쓰기	★수행평가❶ :편지쓰기 (초고-완성)	국126~127
…	…		…	…	…
30~32	영상 제작		• 영상 제작/ 바코드 만들기 [전체] 부모님 은혜 노래 + 리코더 연주 [각자] 편지 낭독, '가족과의 약속'실천 나눔		*개별 가정 발송

'가족' 단원 수업 계획(p.172~173 내용 확대)

는 아직 본 학기/단원이 시작되지 않았기에 학생들의 선행 학습 정도 및 흥미, 요구를 잘 알지 못하기 때문이다.

• 따라서, 통합 단원별 '주제 만나기' 시간을 통해 학생들과 함께 수업 계획을 세부적으로 구체화할 필요가 있으며, 앞의 표에서 학생 희망 활동이 바로 이러한 의미를 담고 있다. 즉, 교사의 사전 계획에 '학생들의 의견'으로 조정, 수정, 추가하는 내용을 기록하여 반영하기 위한 것이다.

차시별 수업 진행

• 이번 단원은 학교 계획에 의거 '5월: 체육놀이 한마당'으로 신나게 시작하였다. 아이들은 모둠별 자율로 마당을 찾아다니며 놀 수 있었고, 여러 마당을 운영하기 위하여 학부모 지원단의 도움을 받아 놀이마당 진행을 했다.

• 본격적인 '주제 만나기' 시간에는 도덕과 국어과의 성취기준을 제시하며, 관련된 활동에 대한 제안을 중심으로 수업을 함께 계획하였다. 성취기준에 '가족의 소중함', '마음표현' 등 핵심 내용이 제시되어 있어 세부 활동을 정하는 데 크게 어렵지는 않았으며, 특히 '나에게 소중한 9가지' 등의 심성놀이는 교사가 제안한 활동으로 구체적인 활동을 계획할 때 교사 역시 학습의 일원이 되어 제안하기도 하였다. 마지막 수행과제는 아이들과 함께 계획하였는데, 이 과정에서 학생들마다 자신이 선호하는 방법으로 표현하겠다는 의견을 제시하여 다양한 방법으로 표현하는 과제가 완성되었으며, 특히 노래, 연주 등 개인이 아닌 모둠발표로 하는 경우 각각의 표현이 가정으로 전달되기 위하여 '영상'으로 찍어 부모님께 전달하기로 하였다. 영상은 아직 아이들이 할 수 있는 방법은 아니기

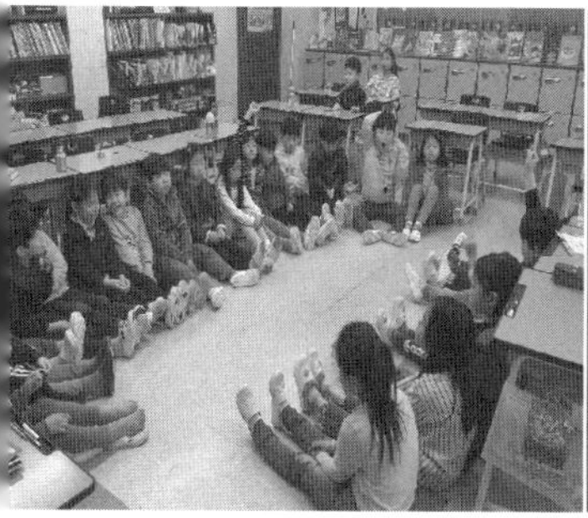

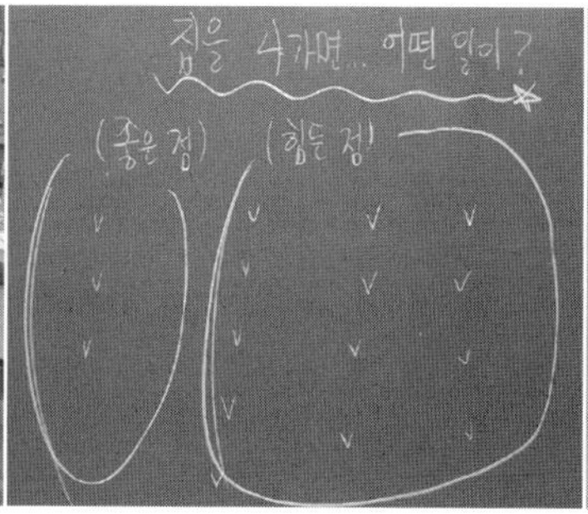

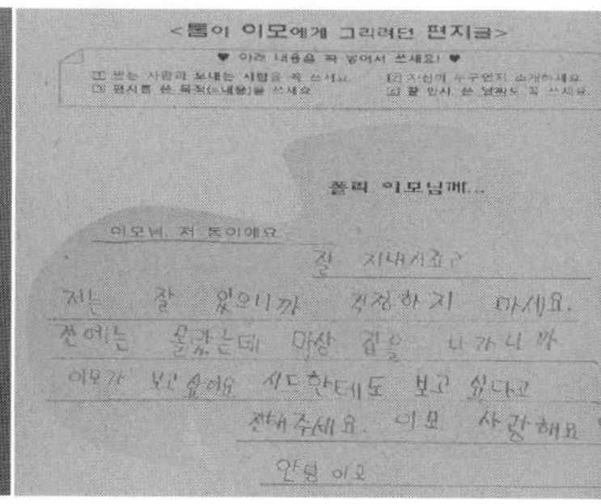

에 교사가 봉사하였다.

• 차시별 학습 활동은 최종 수행 과제(다양한 표현)를 모든 학생들이 할 수 있도록 하기 위하여 가족의 소중함 알기, 편지글 쓰기, 노래와 연주, 그림 등 다양한 활동을 직접 경험하도록 구성하였으며, 학습 순서는 아이들이 결정하였다.

• 도덕과 '감사해야 하는 이유를 알아보고 실천 약속을 정하는 것'은 인지적 딜레마 상황을 통해 부모님의 돌봄이 당연한 것이 아니라는 것을 인식하는 계기가 되도록 하였다. 이를 위해 '나에게 소중한 것 9가지' 카드 활동을 통해 심리적 갈등을 경험하고 가족의 소중함을 체감하기를 바랐다.

• 국어과의 '마음표현' 성취기준은 교과서에 단편적으로 제시된 책 『리디아의 정원』을 이번 달 중심 도서로 선정, 전체를 읽도록 재구성하였으며, 특히 할머니의 편지 부분을 통해 편지글의 형식과 내용을 집중 학습한 후, 가족에게 편지쓰기를 직접 해 보도록 구성하였다.

• 그 외 '우리 가족 행복지수' 등의 가족 설문 조사는 가족 각각의 구

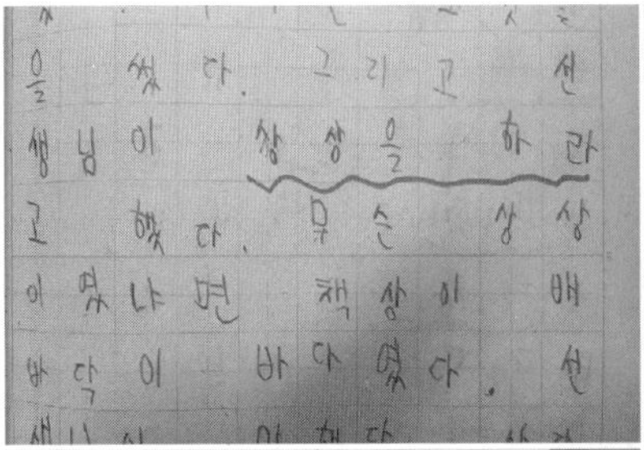

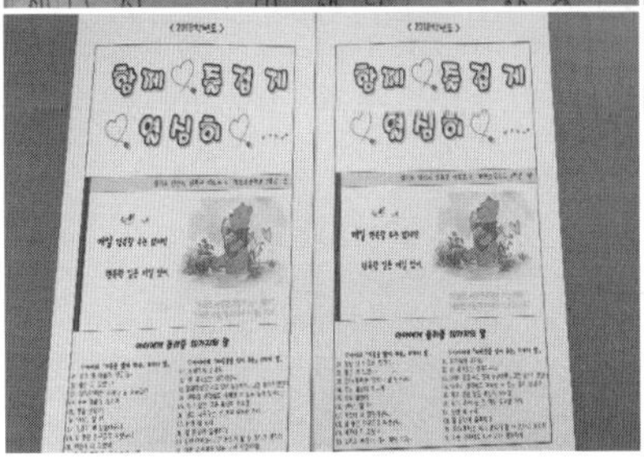
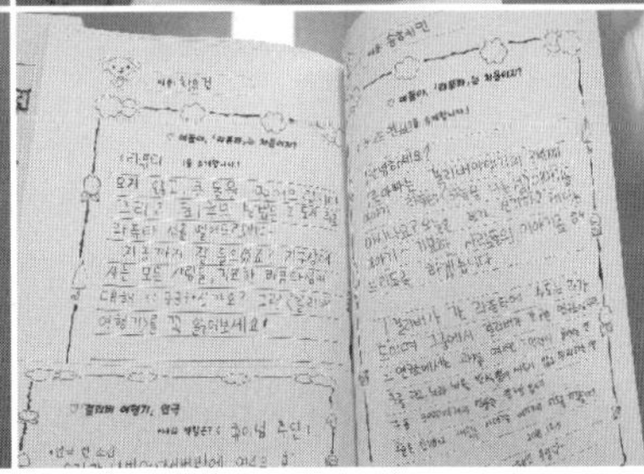

성원이 행복함을 느낄 때 등을 알아봄으로써 학생 개인에게는 가족에 대한 이해를 높이는 계기가 되겠으나 좀 더 근본적으로는 학교 학습/활동이 가정과 연계될 수 있도록 즉, 부모님도 이를 통해 가족회의를 직접 해 보시고 가족에 대해 이야기를 나누는 시간이 되시기를 의도하였다. 또한, 맞벌이 등 바쁜 부모님들을 고려하여 최대한 심리적 부담이 덜하도록 안내하였으며 학급 밴드 등을 통해 사전 공지, 의도와 방법, 참여 등을 독려하였다.

라. 수업 후 소감

본 수업에 대한 교사 만족감은 '당연하다고 생각하는 부모님의 사랑'

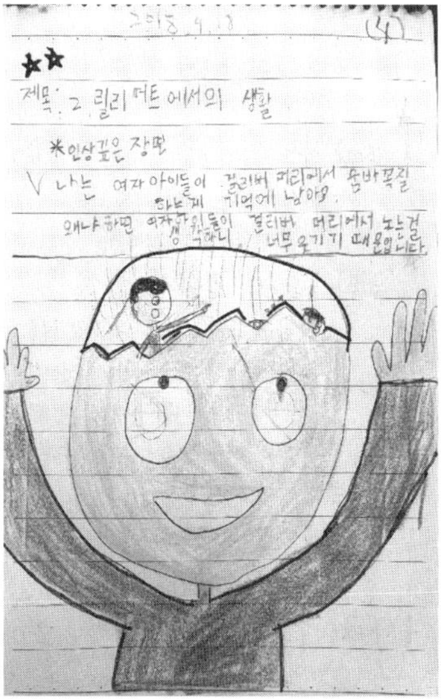

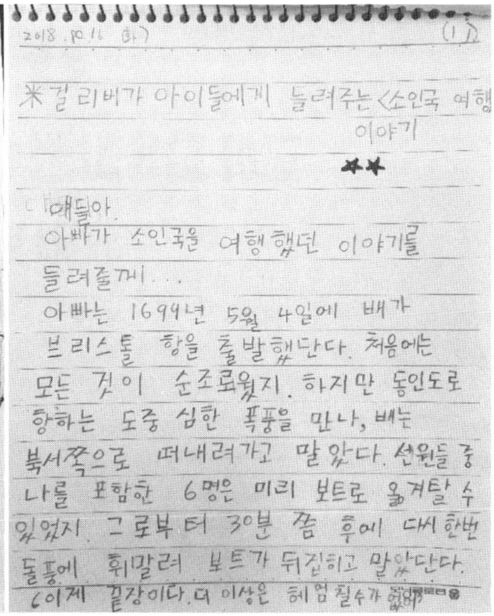

이 특별한 것이었음을 눈물로 경험할 수 있었던 기회가 되었다는 것이었다. 이러한 반응은 아이들의 일기와 편지글에서 매우 생생하고 확연하게 느낄 수 있었다. 이에 아이들의 기록은 추후 학년 말 문집에 다양하게 담기도록 하였다.

3

교사 교육과정 실행 사례

- 주제별 통합형

교과 간 통합 운영형: 따로 또 같이, 교과 통합!

교과 통합, 어떻게 해야 할까? 현재의 초 · 중등교육에서 주로 활용하는 방법은 간학문적 통합이라 할 수 있는데, 이에 기반한 구체적인 실천 방법을 소개하고자 한다.

우선 전 교과 교사들이 모인 전문적 학습 공동체에서, 교육을 통해 학생들의 성장을 이끌어 내야 하는 중점 가치가 무엇인지 학년별로 정한다. 교육과정 성취기준 및 내용 체계표에 따른 교과별 세부 학습 목표를 설정하고 교과 간의 유사 주제를 추출하여 아이들의 삶과 연계된 교과 융합 프로젝트를 구상한다. 학습자의 학습 부담을 줄이고자 통합 활동 과제를 선정하고 활동 시기를 조정한다. 성취기준에 근거하여 교과별 평가 과제 및 평가 내용을 계획한 후, 학습 내용을 재구조화하고 교과 특성

Step 1	교육과정 성취기준에 따른 목적 설정
Step 2	교과 간의 유사 주제 추출
Step 3	교과 간 통합 활동 계획 및 활동 시기 조정
Step 4	교과별 평가 과제 및 평가 내용 계획
Step 5	교과별 학생 참여형 수업 활동 계획

교과 통합 방법

에 맞는 학생 참여형 수업 활동을 계획한다. 이후 전문적 학습 공동체와 수시 교과별 협의회를 통해 학습 자료 및 탐구 질문 등을 동료교사들과 함께 고려하면 아이들의 배움 효과는 증대된다.

교과 간의 융합 · 통합 수업이 원활하게 이루어지려면 교사 학습 공동체 혹은 전문적 학습 공동체를 바탕으로 교육과정을 읽고 쓰고 해석하여 적용하는 교육과정 리터러시의 지속적인 실행이 뒷받침되어야 한다. 특히, 새 학기가 시작되기 이전, 전 교사들이 한자리에 모이는 시 · 공간이 절대적으로 필요하다. 교과별로 성취기준을 확인한 후 학습 목표를 설정하며, 이에 적합한 단원 및 주제를 선정하고, 평가 내용 및 방법, 수업 활동 등을 함께 계획할 필요가 있다. 이러한 과정이 점차 일상화되면, 교무실에서 함께 이야기를 나누다가도 교과 통합 수업을 가능하게 하는 모티브를 손쉽게 찾을 수 있게 된다. 교과 간 통합 수업을 제대로 실천하려면 동료성과 공동체성에 기반한 수업 나눔의 문화가 정착되어야 한다. 현실적으로는 대부분의 교사들이 자신의 교실에만 함몰되어 있는 경우가 많고 자신의 수업을 다른 교사들에게 공개하는 것을 매우 부담스러워 하는데 서로의 교실 문턱을 낮추기 위한 움직임이 필요하다.

교과 융합을 위한 기초 자료

교과		대상 학급		담당 교사	

※ 월/주 – 교과 내용의 위계상 시기가 중요한 교과의 경우에만 기록
※ 영역(단원) – 단원명 또는 일반적인 주제 영역 기록
※ 주제 – 세부 주제 기록
※ 성취기준 – 각 교과별 성취기준 및 내용 체계표 확인 후 코드번호 및 간단한 메모
※ 융합 교과 – 교과별 기초 자료 회람 후, 융합 희망하는 교과에서 기록(다수 가능)

월/주	영역(단원)	주제	성취기준	융합 희망 교과

공통 주제	자아 성찰을 통한 나의 인생 설계		
교과	국어	영어	기술가정
과목별 성취기준	[9영03-07] 생각이나 느낌, 경험을 드러내는 다양한 표현을 활용하여 글을 쓴다.	[9영02-05] 자신을 소개하는 말을 할 수 있다. [9영04-04] 개인생활의 경험이나 계획에 대해 문장을 쓸 수 있다.	[12기가03-05] 노년기의 특성을 이해하고 자립적인 노후 생활을 영위하기 위해 요구되는 생활 역량을 추론하여 제안한다.
과목별 세부 목표	자신의 과거 경험 및 현재의 모습을 글로 표현할 수 있다.	자신의 미래 직업과 진로에 대해 말하고 쓸 수 있다.	자신의 생애 목표 및 성공 스토리, 묘비명을 만들 수 있다.
통합 활동	자신의 과거와 현재의 모습을 성찰하고 미래의 진로 및 직업 계획, 생애 주기 등을 담은 자서전을 만든다.		
활동 시기 및 수업 시수	4월 첫째 주 (3차시)	4월 둘째 주 (2차시)	4월 둘째 주 (2차시)
과목별 평가 과제	자서전 미니북 만들기 (과거 및 현재)	• 영어 명함 만들기 • 자서전 미니북 만들기 (미래)	• 생애 주기표 및 • 묘비명 만들기
과목별 평가 내용	자신의 과거 경험 및 현재의 모습을 구체적으로 표현하였는가?	자신의 미래의 진로 및 직업 계획을 표현하였는가?	자신의 생애 목표 및 성공스토리를 중심으로 생애 주기를 나타냈는가?

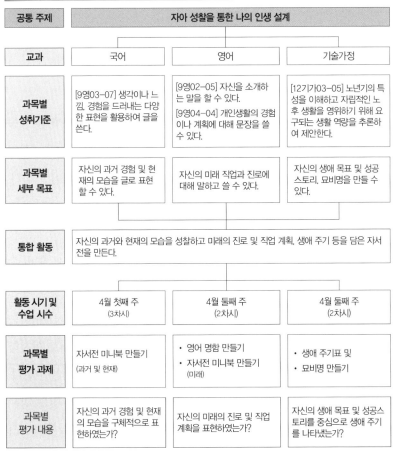

교과 통합 수업 및 평가 설계도

다음은 위의 절차에 따라 ○○중학교에서 실천한 교과 연계 주제 통합 프로젝트 수업 활동의 예시다.

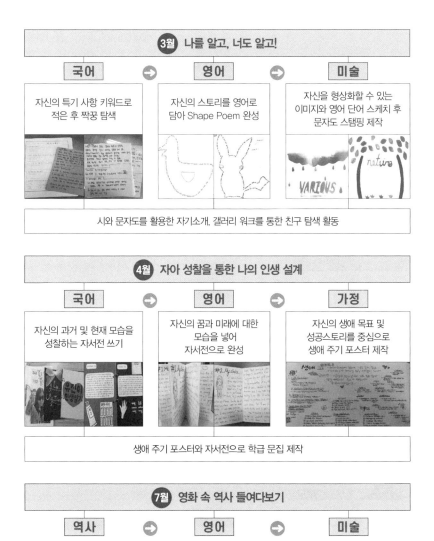

3월 나를 알고, 너도 알고!

국어 → 영어 → 미술

국어: 자신의 특기 사항 키워드로 적은 후 짝꿍 탐색

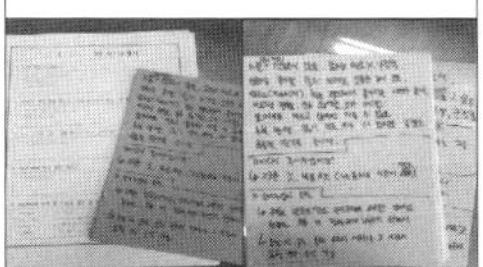

영어: 자신의 스토리를 영어로 담아 Shape Poem 완성

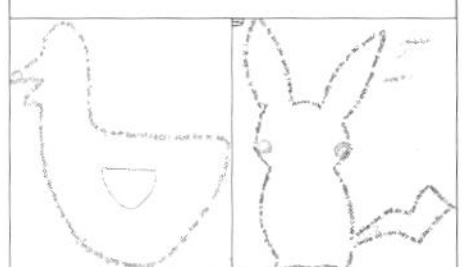

미술: 자신을 형상화할 수 있는 이미지와 영어 단어 스케치 후 문자도 스탬핑 제작

시와 문자도를 활용한 자기소개, 갤러리 워크를 통한 친구 탐색 활동

4월 자아 성찰을 통한 나의 인생 설계

국어 → 영어 → 가정

국어: 자신의 과거 및 현재 모습을 성찰하는 자서전 쓰기

영어: 자신의 꿈과 미래에 대한 모습을 넣어 자서전으로 완성

가정: 자신의 생애 목표 및 성공스토리를 중심으로 생애 주기 포스터 제작

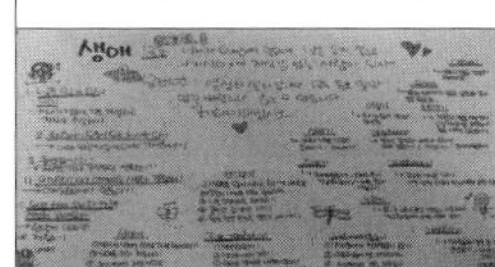

생애 주기 포스터와 자서전으로 학급 문집 제작

7월 영화 속 역사 들여다보기

역사 → 영어 → 미술

아시아 국가들의 역사적 배경 분석 및 제국주의에 관한 토론	'Children in Heaven' 감상 후 영화 속 아시아 국가들의 역사적 배경 요소 중심으로 감상문 작성	제국주의 풍자화 그리기

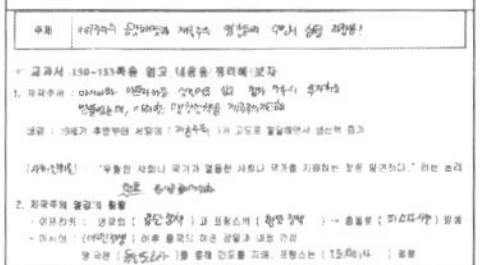

감상문을 바탕으로 하여 자신의 풍자화에 담긴 주제와 의도 소개

8월 나의 진로 설계

진로 ➔ **영어** ➔ **국어**

진로	영어	국어
멘토와의 만남으로 진로 탐색	새학기 SMART 목표와 미래 직업 이력서 작성	자신의 진로를 관련 도서와 연계한 독서 신문 만들기

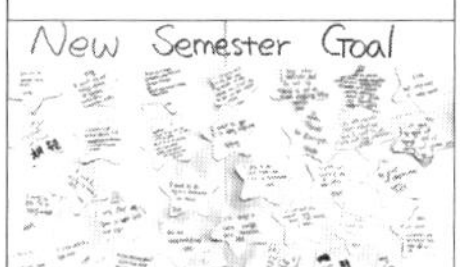

채용박람회를 위한 부스를 만들어 미래의 직업 인터뷰 역할극

9월 현대 문명의 두 얼굴

사회 ➔ **국어** ➔ **영어**

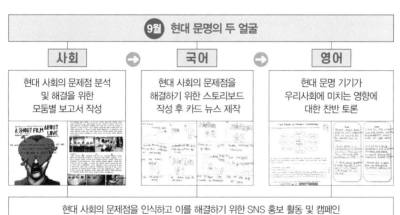

사회	국어	영어
현대 사회의 문제점 분석 및 해결을 위한 모둠별 보고서 작성	현대 사회의 문제점을 해결하기 위한 스토리보드 작성 후 카드 뉴스 제작	현대 문명 기기가 우리사회에 미치는 영향에 대한 찬반 토론

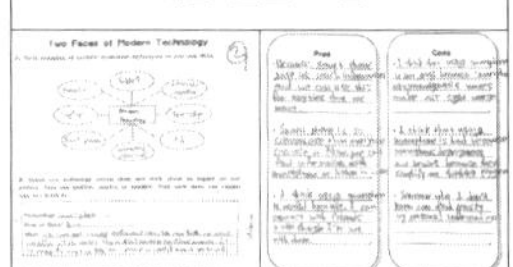

현대 사회의 문제점을 인식하고 이를 해결하기 위한 SNS 홍보 활동 및 캠페인

4

교사 교육과정 실행 사례

- 학교 교육과정 연계형: 학교 교육 목표를 반영한 교사 교육과정

주제	평화롭고 안전한 학교 만들기	대상	초5	교과	국어, 도덕, 실과, 창체	시수	33차시

가. 주제(Unit) 개발 의도

학교의 가장 큰 민원은 '학교 폭력'이다. 다양한 체험 활동을 통해 학생들이 즐거운 배움을 실천하더라도, 학생들의 미래에 대해 고민하여 소프트웨어 교육을 열심히 실행하며 학생과 학부모님들의 지지를 받더라도, 학생 간의 갈등이 학교 폭력이 되는 순간, 교사가 그동안 열심히 해왔던 교육과정은 뒷전이 된다. 교사는 어떻게 하면 원만하게 학부모님과 학생이 마음을 풀고 학교 폭력이 잘 해결될 수 있을지에 초점을 두어 문제해결에 급급하게 되는 것이다.

학교 폭력 예방 교육으로 초등학교에서 신체 폭력과 같은 학교 폭력은 현저히 줄어들었다. 그러나 학생들 사이에서 서로를 이해하고 배려하며 갈등을 해결하는 능력은 점점 부족해지고, '이런 일까지 학교 폭력으로 처리해야 할까?'라는 회의감이 드는 일들이 종종 발생하기도 한다.

특히 12학급인 필자가 근무하는 학교는 학생들이 어렸을 때부터 친구들을 다 알고 지내는 학교로 이는 학생들에게 장점이자 단점이다. 서로를 잘 알고 친해질 수 있는 기회이기도 하지만 갈등이 있었던 학생들은 언제 다시 부딪힐지 모르는 불안감을 가지고 있게 되기 때문이다. 저학년 때 학급에서 문제가 있었던 학생을 이듬해에 다른 반으로 편성해 놓았더라도 또 학년이 올라가면서 다시 만나게 되고 갈등은 완전히 해결되지 못한 채 묵혀 두는 경우가 생기며, 그러다 고학년이 되어 숨겨 두었던 갈등이 터지고 학교 폭력으로까지 번지게 되는 것이다.

이에 학생들에게 문제가 생겼을 때 대처하는 것이 아니라 학생들의 관계 형성에 집중하고, 학교라는 공동체 구성원으로서 학교생활을 위한 준비를 학기 초에 해야 할 필요성을 느끼게 되었다. 그렇게 '평화롭고 안전한 학교 만들기'로 새 학기를 시작하게 되었다.

나. 교육과정 이해하기*

학교 비전	교육 목표	중점 교육 활동	교사 교육과정
줄탁동시로 함께 꿈을 이루는 행복 교육	몸과 마음이 건강한 어린이	회복적 생활 교육	평화롭고 안전한 학교 만들기

순	활동명	활동 모습	활동 내용
1	실태 분석을 통한 교육 비전 세우기		활동 주제를 학생들이 행복한 학교생활을 하면 좋겠다는 학교 비전(행복 교육)을 이어 '행복한 모모세상 세우기'로 정하였고, 각 학년 선생님들이 우리 학교 학생들에게 바라는 모습을 이야기 나누어 보았다.
2	교육과정 목표 세우기	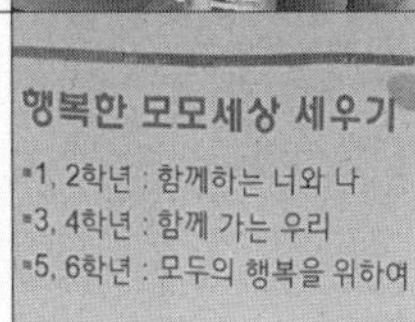	학년 특성에 맞게 학생들에게 바라는 모습을 담아 각 학년별 교육 목표를 설정하였다. – 1, 2학년 함께하는 너와 나 – 3, 4학년 함께하는 우리 – 5, 6학년 모두의 행복을 위하여
3	활동 영역 및 공통 운영 방안 협의		'행복한 모모세상 세우기'를 실천하기 위해 학생회와 교사가 해야 할 활동, 학교 지원 등에 대해 협의하였다.
4	교육과정 틀 만들기	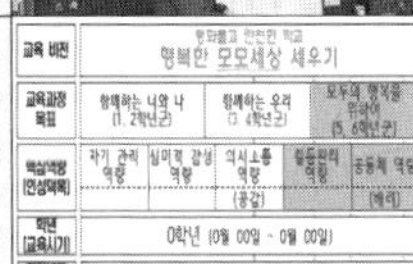	교육과정 운영에서 그려진 모습을 잘 나타내기 위한 내용과 틀을 만들었다. – 교육 비전, 핵심 역량, 교육과정 목표 등의 내용이 담김
5	교육 활동 영역 정리	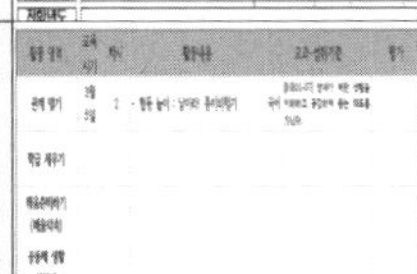	교육과정을 구현하기 위한 교육 활동 영역을 구체적으로 협의하였다. – 활동 영역: 관계 맺기, 학급 세우기, 배움 준비하기, 공동체 생활 익히기
6	동 학년(학년군) 교육과정 운영 계획 협의		회복적 생활 교육 관련 책을 참고하여 학년에 알맞은 교육 활동을 협의하고, 학년 성취기준을 기반으로 한 교사 교육과정을 작성하였다.
7	교육과정 운영		1학기 2주, 2학기 1주 정도 새 학기 시작할 때 전 학년이 함께 '평화롭고 안전한 학교 만들기' 교육 활동을 실천하였다.(예: 5학년 배려 의자 만들기)
8	교육과정 피드백		수업 후 교육 활동에 대해 학생, 교사들과 함께 나누는 시간을 가졌다. – 학생들의 수업 후 활동 소감 나누기 – 동 학년 교사 수업 피드백

• 2019학년도 용인 모현초등학교 학교 교육과정의 교육 목표를 반영한 교사 교육과정이다.

다. 계획 및 실행

교육 비전	행복한 모모세상 세우기				
교육 과정 목표	함께하는 너와 나 (1, 2학년군)		함께하는 우리 (3, 4학년군)	모두의 행복을 위하여 (5, 6학년군)	
핵심 역량 (인성 덕목)	자기 관리 역량	심미적 감성 역량	의사소통 역량 (공감)	갈등 관리 역량	공동체 역량 (배려)
학년 (교육 시기)	5학년(3월 4일~3월 15일)				
주제	평화롭고 안전한 학교 만들기				
전 학년도 운영 피드백 및 교육 방향	• 사춘기가 시작되는 시기로 예민해지면서 작은 말에도 상처받음. • 친구들 간에 말을 함부로 하는 학생들이 있어서 주의가 필요함. • 스마트폰 보유율이 높고 SNS를 이용한 채팅방에 대한 지도 필요. • 대체로 순한 학생들이나 남학생 중 목소리 큰 몇 명이 학급 분위기를 주도함. → 인터넷 사용 예절 교육 필요: SNS 사용 실태 확인, 유튜브 시청 지도 → 언어폭력에 대한 지도로 언어 사용 규칙 정하기				

활동 영역	교육 시기	차시	활동 내용	교과 – 성취기준		평가
관계 맺기	3월 4일	1	1. 담임 및 자기소개 – 공동체 놀이 (날아라 종이비행기)	창체		
관계 맺기	3월 4일	1	1. 학기 초 생활 협의 – 담임 학급 철학 공유하기 – 5학년이 되어 변하는 학교생활 안내	창체		
학급 세우기	3월 4일	2	1. 공동체 서클(동글게 만나기) – 나의 1년 다짐 발표 포스트잇 적기 – 내가 바라는 학급의 모습 (Past&Future) 포스트잇 적고 공통점 도출하기 ⇨ 급훈 정하기 2. 공동체 사진 찍기	창체		(Past&Future) 학습지

공동체 생활 익히기	3월 5일	1	1. 안전 교육 – 등하굣길 등교 안전 – 학교 내 안전 교육	창체		
배움 준비하기	3월 5일	1	1. 배움 약속 – 수업 준비를 위한 약속 – 이동 수업 시 지켜야 할 규칙	창체		
배움 준비하기	3월 5일	2	과학 교과 살펴보고 배울 내용 예 – 실험 장면 보고 주의점 예측하기 과학실에서 지켜야 할 안전 협의 3. 안전 의식 갖기 과학실 안전 수칙 정하기	과학	[과학실 안전 교육]	
학급 세우기	3월 6일	3	1. 학급 자치회의 – 초등학교 약속 선포식 – 학급 약속& 배움 약속 정하기 2. 내가 생각하는 나의 생활 공간 질문: 나의 (청소) 구역 3. 학급에서의 나의 역할 정하기	도덕, 창체	[6도01-02] 자주적인 삶을 위해 자신을 이해하고 존중하며 자주적인 삶의 의미와 중요성을 깨닫고 실천 방법을 익힌다.	
관계 맺기	3월 6일	1	1. 협동놀이 – 배려 의자 만들기 – 점프 원 만들기	창체		
공동체 생활 익히기	3월 7일	1	급식과 영양 나의 급식 습관 태도 점검 나의 영양 상태 확인 급식실 예절 – 영양교육 : 건강한 몸 관리 – 급식 예절 협의하기	실과	[6실02-01] 건강을 위한 균형 잡힌 식사의 중요성과 조건을 알고 자신의 식사를 평가한다.	
공동체 생활 익히기	3월 7일	1	1. 안전 교육 – 복도 생활규칙	창체		
학급 세우기	3월 8일	1	1. 리더의 자질(역할) – 덕목 카드, 프리즘 카드 등 활용	창체		
		1	1. 임원 선거	창체		
		2	1. 학급회의 – 1학기 학급 운영비(5만 원) 예산 운영 계획 짜기	국어	[6국01-02] 의견을 제시하고 함께 조정하며 토의한다.	

공동체 생활 익히기	3월 11일	2	스마트폰 사용 실태 점검 스마트폰의 장점과 단점 스마트폰의 악용 사례와 학교 폭력 2. 스마트폰 사용 교육 건전한 사이버 문화 이해 올바른 스마트폰 사용 약속	도덕	[6도02-01] 사이버 공간에서 발생하는 여러 문제에 대한 도덕적 민감성을 기르며, 사이버 공간에서 지켜야 할 예절과 법을 알고 습관화한다.	
공동체 생활 익히기	3월 11일	4	1. 언어문화 개선 교육(미술 연계) – 주제: 나를 행복하게 하는 말, 내가 듣고 싶은 말 2. 학급환경 정리 우리가 듣고 싶은 말을 이용한 작품 만들어 학급환경 꾸미기	도덕 미술	[6도04-02] 올바르게 산다는 것의 의미와 중요성을 알고, 자기반성과 마음 다스리기를 통해 올바르게 살아가기 위한 능력과 실천 의지를 기른다.	
공동체 생활 익히기	3월 12일	2	학급 운영 계획 협의 – 우리가 세우는 우리 학급의 모습 학급 특색 활동 정하기	창체	[6국01-02] 의견을 제시하고 함께 조정하며 토의한다.	
배움 준비하기	3월 12일	2	1. 자기 주도적 학습 능력 기르기 – 나의 공부 방법 설정하기 친구와 함께 실천하고 싶은 공부법	창체		
공동체 생활 익히기	3월 14일	2	의사소통 훈련 (도덕 연계) – 의사소통을 방해하는 것들 – 듣고 말하기 연습	창체		
공동체 생활 익히기	3월 15일	3	1. 문제해결 1단계 : 감정 조절하기 – 자기 조절 기술 2. 문제해결 2단계 : 화나게 할 때 평화 대화법 – 처음, 두 번째, 세 번째 화났을 때 대화법 – 변화 계획서 작성해 보기	도덕	[6도01-01] 감정과 욕구를 조절하지 못해 나타날 수 있는 결과를 도덕적으로 상상해 보고, 올바르게 자신의 감정을 조절하고 표현할 수 있는 방법을 습관화한다.	상황에 알맞은 대화법
	총	33	차시			

관계 맺기(공동체 서클 만들기)

배움 준비하기(배움 약속 협의)

공동체 생활 익히기(언어문화 개선)

학급 세우기(리더의 자질 협의)

수업 활동 모습

라. 수업 후 피드백

— 학기 초 수업에 대한 부담감을 줄일 수 있어 보건실 이용 등이 줄어듦.

— 학생들의 교우 관계 확인 등으로 학생들의 생활이 안정될 수 있었음.

— 동 학년 협의 사항을 학기 초에 정하여 실천함으로써 다른 반 학생들과 일어날 수 있는 생활지도에 대한 갈등이 줄어들었음.

— 언어 개선 활동 및 올바른 스마트폰 사용 등은 지속적인 지도가 필요함.

— 지속적인 활동이 이루어지기 위한 다모임 등의 활동이 필요함.

5 교사 교육과정 실행 사례
- 진로 선택 과목형: 수학 과제 탐구 교과

주제	수학으로 남을 이롭게 하자	대상	고2	교과	수학 과제 탐구	시수	34차시 (2단위)

가. 단원 개발 의도

2015 교육과정에서 교과서가 없는 진로 선택 과목으로 '수학 과제 탐구'라는 과목이 개설되었다.

'수학 과제 탐구'는 수학을 학습한 후, 수학 과제 탐구 방법을 익히고 자신의 관심과 흥미에 맞는 수학 과제를 선정하여 탐구하는 경험을 통해 수학 과제 탐구 능력을 향상시키기를 원하는 학생들이 선택할 수 있는 과목이다.(교육부 고시 제2015 –74호, 수학과 교육과정, 교육부, p139)

수학은 학습하는 과정을 통해 학생들이 수학의 규칙성과 구조를 이해할 수 있고, 수학적인 지식과 기능을 활용하여 수학 문제뿐만 아니라 실생활의 문제를 창의적으로 해결할 수 있는 역량을 기를 수 있게 한다. 실제로 수학은 자연세계를 논리적이고 구조적이게 탐구하기 위해 생겨난 학문으로서 신중하게 들여다보면 수학이 아닌 것이 없다. 점, 선, 면으로 확장되는 연속성, 움직이는 패턴을 찾아 규칙 구성하기, 표본조사를 통한 모집단의 추정, 데이터 분석을 통한 미래 예측, 공통점과 차이점을 중심으로 분류하기, 회전와 대칭 등 수학은 일상생활 구석구석에서 발견된다.

교과서가 없는 '수학 과제 탐구'에서 '수학으로 남을 이롭게 하자' 프로젝트를 시행해 보고자 한다.

자신이 알고 있는 자기 이해와 타인에 대한 공감을 통해 세상을 바라보고, 내가 알고 있는 수학을 사용하여 내 가까이 있는 사람을 돕는 프로젝트다. 학생들은 이 프로젝트를 완성하기 위해 생활 속에서 문제를 발견하고 정의하여 문제를 해결하는 과정을 통해 함께 성장함을 느낄 수 있을 것이다. 즉, 내가 알고 있는 것을 삶으로 연계될 수 있는 교육과정으로 구성해 보고자 한다.

나. 교육과정 이해하기

수업	수학으로 남을 이롭게 하자
목표	나에 대한 성찰을 통해 주변을 돌아보고 문제를 해결하기 위해 수학을 사용할 수 있는 문제해결력을 키울 수 있다.

<table>
<tr><td>성취기준</td><td colspan="4">[12수과02-01] 수학과 관련된 여러 가지 현상에서 탐구 주제를 선정하고 탐구 문제를 구체화할 수 있다.
[12수과02-02] 선행 연구를 검토하여 적절한 탐구 방법을 찾아 탐구 계획을 수립할 수 있다.</td></tr>
<tr><td>성취기준</td><td colspan="4">[12수과02-03] 탐구 계획에 따라 탐구를 수행할 수 있다.
[12수과02-04] 탐구 결과를 정리하여 산출물을 만들고 발표할 수 있다.
[12수과02-05] 탐구 과정과 결과를 반성 및 평가할 수 있다.</td></tr>
<tr><td>기간</td><td colspan="4">3월 1주 ~ 7월 2주(총 34시간)</td></tr>
<tr><td>수행 과제</td><td colspan="4">⇨ 남을 이롭게 하기 위한 문제해결을 위해 수학적 산출물 만들기</td></tr>
<tr><td rowspan="4">평가 계획</td><td rowspan="4">평가 기준 및 방법</td><td>수행 평가 1</td><td>우리 주변에서 함께 생활하고 있는 사람들의 불편함을 해결하기 위해 인터뷰 대상자 5명을 정하고 이들의 마음을 이끌어 낼 수 있는 질문으로 인터뷰를 진행하고 보고서를 작성하였는가?</td><td>인터뷰 보고서</td></tr>
<tr><td>수행 평가 2</td><td>인터뷰 결과를 바탕으로 설정한 문제를 수학적으로 해결하기 위해 선행 연구를 바탕으로 탐구계획서를 작성하고 발표하였는가?</td><td>탐구 계획서</td></tr>
<tr><td>x (과정 평가)</td><td colspan="2">※수행 평가 항목 외 성취기준은 본 단원에서의 평가 대상이 아니므로, 학생 성장 중심의 과정 평가가 되도록 누가기록 한다.</td></tr>
<tr><td>수행 평가 3</td><td>남을 이롭게 하기 위해 설정한 문제를 해결하기 위해 수학적인 요소가 잘 드러날 수 있는 산출물을 모둠원들과 협력적으로 만들고 발표하였는가?</td><td>산출물 평가 동료 평가</td></tr>
</table>

• '수학을 통해 남을 이롭게 하자' 프로젝트의 시작은 나에 대한 성찰을 통해 남을 바라보고 이를 확장시켜 나를 둘러싼 사회를 관찰하는 것에서부터 출발한다. 이 프로젝트의 목표는 세심한 관찰로부터 탐구 문제

를 발견하고 해결 과정에서 수학적 요소를 발견하여 탐구 계획을 통해 창의적 산출물을 만드는 것이다. 따라서 이를 최종 수행 과제로 계획하였다.

• 수행 평가1은 탐구 문제를 설정하기 위한 활동으로 탐구 주제와 관련한 인터뷰 대상자 5명에 대한 인터뷰 보고서 작성이다. 모둠원끼리 역할 분담 과정 및 참여도를 관찰 기록하고, 인터뷰 내용과의 주제 적합성, 사실성, 제출 기한을 평가한다.

• 수행 평가 2는 창의적 산출물을 만들기 위한 탐구 계획서를 작성 및 발표한다. 탐구 계획서의 실행 가능성, 기대 가능성, 수학과의 연계성, 완성도를 평가한다.

• 창의적 산출물을 만들어 내는 과정은 과정 평가로 학생들이 참여하는 적극성, 협업 능력, 의사소통 능력, 창의력 등을 관찰 및 기록한다.

• 수행 평가 3은 창의적 산출물에 대한 평가로 산출물의 완성도, 수학적 해석력, 발표력, 연구 윤리 준수를 평가하고 동료 평가를 반영한다.

<table>
<tr><th colspan="2" rowspan="2">차시Lesson</th><th>수업 내용</th><th rowspan="2">자료 및 평가 (★)</th><th rowspan="2">비고</th></tr>
<tr><th>교사 계획 활동</th></tr>
<tr><td>1</td><td rowspan="2">나를 이해하고 공감하기</td><td>• 나를 소개하고 나에 대해 공감하기
– 수학과 연관된 나만의 스토리를 소개
– 친구들에게 공감 메시지 받기</td><td>포스트 잇
학습지</td><td></td></tr>
<tr><td>2~3</td><td>• 나의 핵심 가치 알아보기
– 나를 행동하게 하는 가치에 대해 생각해 보기
– 나의 핵심 가치를 실현 하기위해 노력해야 할 것을 알아보기</td><td>학습지</td><td></td></tr>
</table>

4	나를 둘러싼 주변 돌아보기	• 변화하는 세상 이해하기 – 변화하는 세상과 수학과의 연관성을 찾아보기 – 모둠별로 토론 및 공유하기	영상자료 컴퓨터	
5~6		• 우리 주변 돌아보기 – 제공되는 주변의 일상적인 사진을 깊게 관찰하기 – 관찰한 내용을 공유할 수 있는 팀 빙고게임하기 – 관찰을 통해 발견한 문제에 대하여 문제 원인, 문제가 해결되었을 때 기대되는 효과 작성해 보기	사진자료 팀 빙고판	협력 학습
7~8	나를 둘러싼 주변 돌아보기	• 우리 교실(학교) 관찰하기 – 우리의 교실, 학교를 관찰하며 불편한 상황을 찾아서 사진을 찍거나 그림으로 표현해 보기 – 관찰한 내용을 근거로 진짜문제를 발견해 보기	학습지 휴대폰	
9	모둠 구성	• 모둠 구성하기 – 각각의 관심주제를 발표하고 주제별로 모여 팀 구성 우리 팀의 팀명과 그라운드룰 정하고 발표하기	모둠일지	
10~13	문제를 발견하고 정의하기	• 문제 발견을 위한 인터뷰 계획하기 – 우리 주변에서 함께 생활하고 있는 사람들의 불편함을 알아보기 – 인터뷰 대상자 5명을 정하고, 장소, 일정, 준비물 및 모둠별로 계획하고 역할 분담하기 – 인터뷰할 때 상대방의 마음을 움직여 이야기를 이끌어 낼 수 있는 질문 만들기 및 인터뷰 가이드 정하기	★ 수행 평가1 : 인터뷰 보고서 작성	
14~20		• 문제 정의하기 – 인터뷰 보고서를 바탕으로 인터뷰한 내용에 대한 공감지도(인터뷰 대상자가 말한 것과 행동한 것에 대한 나의 생각과 느낌) 정리하기 – 공감지도를 바탕으로 내 마음을 How Might We로 표현하기 – How Might We로 표현한 것을 수학과의 연관성 찾기 • 선행 연구 검토 – 정의한 문제를 수학적으로 해결하기 위한 선행 연구를 조사하기 • 탐구 계획서 발표 – 인터뷰 보고서와 선행 연구를 근거로 탐구 계획을 세우고 발표하기	★ 수행 평가2 : 탐구 계획서 작성 및 발표	

21~22	수학적으로 문제해결하기	• 아이디어 내기 – 인터뷰 대상자의 소망을 이루어 줄 수 있는 방법을 찾기 위해 팀원들과 브레인스토밍 활동 – 브레인스토밍으로 나온 아이디어 유목화하기	포스트잇	협동 학습
23~26		• 아이디어 더하기 – 월드카페 토론을 통해 우리 팀의 아이디어를 소개하고 다른 팀원들로부터 아이디어 받기 – 모아진 아이디어를 '실행 가능성'과 '기대 효과' 두 축으로 정리해 보기 – 문제를 해결하기 위한 아이디어를 수학적으로 생각해 보기		토의 토론
	수학적으로 문제해결하기	• 수학적인 아이디어 더하기 – 수학적으로 문제를 해결하기 위한 아이디어를 시각적으로 구체화하여 표현하기 – 표현 방식을 모형, 만화, 스토리텔링, 역할극, UCC, 노래, 보고서 등 다양한 산출물의 형식 정하기		토의 토론
27~32		• 창의적 산출물 만들기 – 팀원들과 진행한 과정을 잘 드러날 수 있고 문제해결 과정에 수학적인 요소가 잘 드러날 수 있는 산출물 만들기	★ 수행 평가3 : 산출물 만들기	협력 학습
33~34	산출물 공유하기	• 창의적 산출물 공유하기 – 팀별로 완성한 산출물을 발표, 공유, 동료 평가하기 – 소감문 작성	동료 평가 소감문	

다. 수업 계획

1) 나를 이해하고 공감하기

나를 소개하고 공감하기 내가 좋아하는 사람, 함께 있으면 좋은 사람, 듣고 싶은 말, 즐겁고 행복했던 경험, 슬펐던 일, 음식, 운동, 취미생활, 목표 등 무엇이든지 나에 대해 마인드맵으로 표현하고 친구들에게 이야기해 보는 활동으로 시작한다. 또한 덧붙여 수학과 연관된 나만의 스토리를 소개하도록 한다. 이에 대해 친구들(모둠원)로부터 공감 메시지를 포스트잇을 사용하여 받는다. 이어 나에 대해 새롭게 알게 된 것에 대한 정리 활동으로 마무리한다. 각 과정은 학습지를 이용하여 메모하도록 하며 이를 누적시켜 포트폴리오 수행 평가로 활용한다.

나의 핵심 가치 알아보기 사람은 의사결정을 할 때 자신의 가치관에 따라서 움직인다. 내가 의사결정을 할 때, 가장 영향을 미치는 것이 핵심 가치다. 나를 행동하게 하는 가치에 대해 생각해 보는 활동을 해 본다. 학생들에게는 핵심 가치가 생소할 수 있다. 그렇다면 가치 모음의 예시를 제시해 보자. 예를 들면, 성실, 신뢰, 헌신, 책임, 정직, 협업, 능력, 도전, 사회봉사, 친절, 겸손, 사랑, 감사, 예의, 존중, 화합, 효율성, 탁월함, 열정, 창의성, 정의로움, 소통 등의 다양한 가치 모음을 제시하고 나에게 가장 중요한 가치와 그것을 선택한 이유를 적어 보고 발표한다. 다른 친구들의 핵심 가치를 경청하고 자신의 핵심가치 실현을 위해 노력해야 할 것은 무엇인지 적어 보는 활동으로 마무리한다.

2) 나를 둘러싼 주변 돌아보기

변화하는 세상 이해하기 우리는 다가올 미래의 4차 산업혁명에 대해 이야기한다. 이러한 변화 속에서 수학의 역할을 살펴보는 것은 중요한 활동 중 하나다. 무인 운송수단, 인공지능, 사물인터넷, 3D 프린팅, 빅데이터, 로봇공학, 가상현실(VR)/증강현실(AR) 등과 수학과의 연관성을 알아보는 조사 활동을 진행한다. 모둠별로 노트북이 필요하고 이를 토대로 서로의 생각을 토론하고 정리하여 모둠별로 발표하는 시간을 갖는다.

우리 주변 돌아보기 우리가 생활하면서 주변에 관심을 갖는다는 것은 어떤 뜻일까? 그건 아마도 사물이나 현상을 객관적으로 파악하기 위해 주의 깊게 살펴보는 관찰, 그리고 관찰의 결과를 바탕으로 어떠한 판단을 하는 해석의 과정이 필요하다는 내용일 것이다. 우리 주변에서 흔히 볼 수 있는 사진 자료를 제시한다. 이 사진을 보고 관찰한 내용을 5가지 이상 적어 본다. 관찰한 내용을 공유하여 '모둠 빙고판'을 만들어 학급 전체 빙고 게임을 진행한다. 관찰을 통해 발견한 문제에 대하여 문제 원인, 문제가 해결되었을 때 기대되는 효과를 작성해 본다.

우리 교실(학교) 관찰하기(과제) 우리의 교실, 학교를 관찰하며 불편한 상황을 찾아서 사진을 찍거나 그림으로 표현해 본다. 관찰한 내용을 적어 보고 이를 근거로 진짜 문제를 발견하고 찾아보는 과제 활동이다.

3) 모둠 구성 및 소통하기

우리는 살아가며 많은 문제를 만나고 발견하게 된다. 이러한 문제를 해결하기 위한 관심 주제를 각각 발표하고 비슷한 주제별로 모여 모둠을 구성한다. 구성된 모둠의 모둠명과 그라운드 룰을 정하고 발표한다.

문제를 해결하기 위해서는 혼자 하기보다는 곁에 있는 친구들과 모둠별로 문제를 해결하는 것이 더 나은 결과를 얻을 수 있음을 강조한다.

4) 문제를 발견하고 정의하기

문제 발견을 위한 인터뷰 계획하기 ⇨ 인터뷰 보고서 작성(수행 평가1)

우리 학급이나 학교에서 함께 생활하고 있는 사람들이 가지고 있는 불편함이나 소망을 찾아본다. 이 불편함은 우리가 해결해야 할 문제일 수 있다. 우리 주변의 사람들은 더 나은 생활을 위해 어떤 소망을 가지고 있을까? 이를 위해 인터뷰를 진행한다. Jake Knapp는 사용자 연구 전문가로 '인터뷰로 발견할 수 있는 정보는 일정량을 넘어서면 곧 점차 줄어든다. 5명 이상을 인터뷰해도 추가로 얻을 수 있는 이점은 별로 없다'를 언급하면서, 5명이면 웬만한 문제는 발견할 수 있다는 사실을 연구 결과에서 밝혔다. 이를 근거로 인터뷰 대상자 5명을 정하고 장소, 준비물 및 일정을 모둠별로 계획하고 역할을 분담한다. 또한 인터뷰할 때 상대방의 마음을 움직여 이야기를 이끌어 낼 수 있는 질문 만들기 및 인터뷰 가이드를 결정하도록 한다. 인터뷰 활동은 문제를 발견하기 위한 중요한 활동으로 각 모둠별로 인터뷰 보고서를 작성하도록 하여 수행 평가로 반영한다.

문제를 정의하고 해결 방안에 대한 계획 세우기 ⇨ 탐구 계획서 작성(수행 평가2) 인터뷰 보고서를 바탕으로 인터뷰한 내용에 대한 공감지도(인터뷰 대상자가 말한 것과 행동한 것에 대한 나의 생각과 느낌)로 정리한다. 이를 토대로 불편함을 발견하고 불편함의 이유를 생각하여 진짜 소망을 찾아본다. 공감지도를 바탕으로 문제의 핵심을 How Might We로 표현해 본다. How Might We로 표현한다는 것은 예를 들면, '어떻게 하면 떨어뜨리지 않는 아이스크림콘을 만들 수 있을까?, 어떻게 하면 고객들이 시내투어를 하면서 현지 문화를 체험할 수 있도록 도울까?'와 같이 진짜 소망을 이루기 위해 함께 아이디어를 생성해 낼 수 있는 질문의 형태다. 정의한 문제와 수학과의 연관성을 찾고 이와 관련한 선행 연구를 조사하고 탐구 방법을 논의하여 탐구 계획을 세운다. 탐구계획서는 5명의 인터뷰 내용 요약 – 문제 정의 – 선행 연구 조사 – 수학과의 연계성 – 탐구 방법을 축으로 작성하고 수행 평가에 반영한다.

5) 수학적으로 문제해결하기

아이디어 내기 문제를 해결하기 위한 방법을 찾기 위해 모둠원과 브레인스토밍을 하며 많은 아이디어를 내고 나온 아이디어를 유목화한다. 엉뚱한 아이디어가 문제해결의 열쇠가 될 수 있다는 생각으로 어떤 아이디어도 무시하지 않는 존중의 자세가 중요함을 강조한다.

아이디어 더하기 우리 모둠이 생각한 아이디어를 다른 모둠에게 설명하고 새로운 아이디어를 추가해 본다. 모아진 아이디어를 '실행 가능성'과 '기대 효과'의 두 축으로 정리해 보고, 문제를 해결하기 위한 아이디어를 수학적으로 생각해 보는 활동이다.

수학적인 아이디어 더하기 수학적으로 문제를 해결한다는 것은 예를 들면, 문제를 해결하기 위해 두 변인과의 관계성을 시각화하여 나타내기, 표본 집단의 설문조사를 통하여 모집단을 추정해 보기, 여러 가지 변인들을 도형으로 표현해 보기, 문제를 단순화하여 여러 가지 변인들을 구조화해 보기 등이 있을 수 있다. 학생들이 이제까지 배운 수학적 개념들을 문제해결 과정에 적용시켜 보고, 표현해 보고, 결과를 추정해 보는 다양한 활동을 해 본다.

문제를 해결하는 과정을 가장 잘 표현할 수 있는 방법을 결정한다. 예를 들면, 만화, 동화책 만들기, 역할극을 위한 대본 만들기, UCC 만들기, 노래 만들기, 동영상 만들기, 보고서 작성 등 다양한 형태의 산출물의 표현 방법을 결정한다.

산출물 만들기 ⇨ (수행 평가3) 모둠원들과 진행한 과정이 잘 표현될 수 있고, 문제해결 과정에 수학적인 요소가 잘 드러날 수 있는 산출물을 만든다. 서로 간의 역할 분담 및 협력적 태도가 중요함을 강조한다. 만들어진 산출물은 수행 평가에 반영한다.

6) 산출물 공유하기

각 모둠별로 완성한 산출물을 발표하고 공유하며 평가한다. 문제해결 과정에 대한 소감문을 작성하도록 한다.

라. 수업 성찰: 평가 및 피드백

앎과 삶을 일치시킨다는 의미는 무엇일까? 교과서가 없는 '수학 과제 탐구' 과목에서 '수학을 통해 남을 이롭게 하자' 프로젝트는 아는 것을 학생들의 삶으로 실천해 보는 기회를 제공해 줄 수 있다.

학생들은 남을 이롭게 하기 위해 수학과 현실세계와의 연결고리를 찾는 데 노력할 것이고 실행 과정 속에서 학생들의 창의적인 수학적 역량은 빛이 날 것이다. 이를 통해 수학이 현실과 무관한 분야라는 오해를 불식하고 수학에 대한 흥미와 자신감을 기를 수 있다. 또한 문제를 해결하기 위해 친구들과 자유롭게 토의하고 다양한 의견을 모아 더 나은 해결책을 만들어 나가는 과정은 학생들로 하여금 공동체로 함께 살아가기 위해 갖추어야 할 합리적 의사결정 능력과 민주적 소통 능력을 함양할 수 있는 기회를 제공한다.

6

교사 교육과정 실행 사례

?! 초등 전담 교사형

주제	학생들과 만들어 가는 체육 수업	대상	초5	중심 교과	체육	시수	34차시

초등학교에서 교과 전담 교사가 운영하는 교육과정은 담임교사의 교육과정과 비교해 단조롭기 마련이다. 단일 교과를 가르친다는 점, 정해진 수업 시수를 맞추어야 한다는 점, 수업 시간이 고정되어 있다는 점, 학급별 수업 밀도의 차이가 없어야 한다는 점 등이 전담교사의 교육과정이 정형화되도록 한다. 2019학년도 한 해 동안 교과 전담으로 체육을 가르친 필자 역시 그러했다. 교사 교육과정이 갖는 특성인 학생의 삶 반영, 교사 간의 공동체성 발휘, 교사의 적극적 해석 등이 한정된 틀 안에서 실행될 수밖에 없었다. 그러나 반대로, 체육 교과가 가진 특성상 학교

의 주어진 '환경'을 적극적으로 이해하고 활용해야 한다는 점, 학생의 흥미와 관심, 경험 수준이 교육 내용 조직에 반영되어야 한다는 점, 성취기준에 부합하는 다양한 활동을 선택할 수 있다는 점 등은 교사 교육과정을 실천하는 데 도움을 주었다.

가. 교과 교육과정 조망도

교사 교육과정을 준비하면서 가장 먼저 교과 교육과정의 조망도를 만들었다. 체육 교과 교육과정을 펼쳐 교과 역량과 핵심 개념을 정리하고, 5학년에 가르쳐야 할 성취기준을 분석하였다. 체육 교과는 건강, 도전, 경쟁, 표현 등으로 영역이 명확히 구분되어 있다. 각 영역을 창의적으로 재구성해 지도할 수도 있겠지만, 영역이 갖는 성격을 지키고 학생들에게 경험시키자는 생각에 각 영역을 구분해 지도하기로 했다. 다만, 각 영역 안에 제시된 3~4가지의 성취기준은 재구조화하여 하나의 평가 기준으로 만들어 프로젝트 주제의 전체 주제로 삼았다.

구분	내용			
교과 역량	건강 관리 능력, 신체 수련 능력, 경기 수행 능력, 신체 표현 능력			
핵심 개념	건강 영역	건강 관리, 체력 증진, 여가 선용, 자기 관리	경쟁 영역	경쟁 의미, 상황 판단, 경쟁·협동 수행, 대인 관계
	도전 영역	도전 의미, 목표 설정, 신체·정신 수련, 도전 정신	안전 영역	신체 안전, 안전 의식
	표현 영역	표현 의미, 표현 양식, 표현 창작, 감상·비평		

5학년 성취 기준	성장과 건강 체력	[6체01-01] 성장에 따른 신체적 변화를 수용하고 건강한 성장과 발달을 저해하는 생활 양식(흡연, 음주, 약물 오남용 등)의 위험성을 인식한다. [6체01-02] 건강을 유지하기 위한 체력 운동을 선택하고 자신의 수준에 맞게 운동 계획을 세워 실천한다. [6체01-03] 신체활동 참여를 통해 부족했던 체력의 향상을 체험함으로써 타인과 다른 자신의 신체적 기량과 특성을 긍정적으로 수용한다.
	거리 도전	[6체02-01] 자신이 기록을 향상시키려는 거리 도전의 개념과 특성을 탐색한다. [6체02-02] 거리 도전과 관련된 여러 유형의 활동에 참여해 자신의 기록을 향상할 수 있는 기본 자세와 동작을 이해하고 도전 상황에 적용한다. [6체02-03] 거리 도전의 결과를 시기별로 측정하여 도전 과정의 장단점을 분석하고 기록을 향상할 수 있는 방법을 지속적을 수행하고 평가한다. [6체02-04] 상황과 환경에 관계없이 해낼 수 있는 자신감을 갖고 적극적으로 거리 기록 향상에 도전한다.
	필드형 경쟁	[6체03-01] 필드형 게임을 체험함으로써 동일한 공간에서 공격과 수비를 번갈아 하며 상대의 빈 공간으로 공을 보내고 정해진 구역을 돌아 점수를 얻는 필드형 경쟁의 개념과 특성을 탐색한다. [6체03-02] 필드형 게임의 기본 기능을 탐색하고 게임 상황에 적용한다. [6체03-03] 필드형 게임 방법에 대한 이해를 바탕으로 게임을 유리하게 전개할 수 있는 전략을 탐색하고 적용한다. [6체03-04] 필드형 경쟁 활동에 참여하면서 책임의 중요성을 인식하고 이를 바탕으로 맡은 바 역할에 최선을 다하며 게임을 수행한다.
	민속 표현	[6체04-01] 세계 여러 나라의 전통적인 민속 표현의 종류와 특징을 탐색한다. [6체04-02] 세계 여러 나라 민속 표현의 고유한 특징을 효과적으로 표현하는 데 적합한 기본 동작을 적용한다. [6체04-03] 민속 표현 활동에 포함된 다양한 표현 방법(기본 움직임, 대형, 리듬 등)을 바탕으로 작품을 구성하여 발표하고 이를 감상한다. [6체04-04] 세계 여러 민족의 문화적 특성을 이해하고 존중하는 개방적인 마음을 참여한다.
	응급 처치와 빙상·설상 안전	[6체05-01] 운동 시 발생할 수 있는 응급 상황(출혈, 염좌, 골절 등)의 종류와 특징을 조사하고 상황에 따른 대처법을 탐색한다. [6체05-02] 빙상·설상에서 발생하는 안전사고의 사례를 조사하고 예방 및 대처 방법을 익혀 위험 상황에 대처한다. [6체05-03] 일상생활이나 운동 중 발생할 수 있는 위험 상황에서 약속된 절차를 떠올리며 침착하게 행동한다.

교과 교육과정 조망도

나. 교사의 생각 정리와 학생 의견 청취

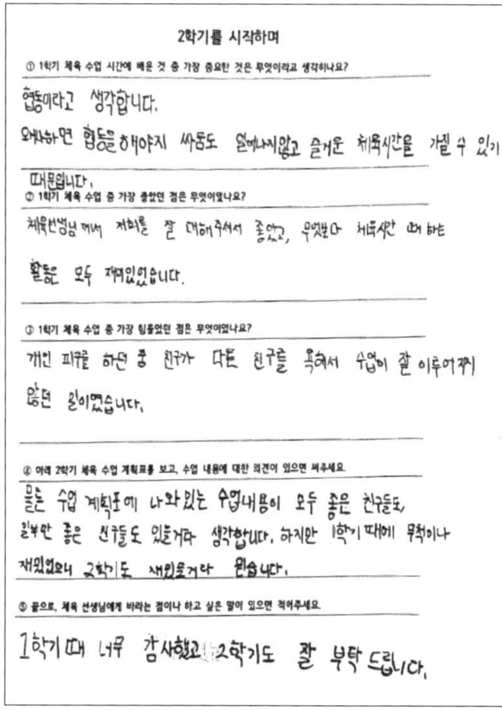
2학기를 시작하며

① 1학기 체육 수업 시간에 배운 것 중 가장 중요한 것은 무엇이라고 생각하나요?

협동이라고 생각합니다.
왜냐하면 협동을 해야지 싸움도 일어나지않고 즐거운 체육시간을 가질 수 있기 때문입니다.

② 1학기 체육 수업 중 가장 좋았던 점은 무엇이었나요?

체육선생님께서 저희를 잘 대해주셔서 좋았고, 무엇보다 체육시간 때 하는 활동은 모두 재미있었습니다.

③ 1학기 체육 수업 중 가장 힘들었던 점은 무엇이었나요?

개인 피구를 하던 중 친구가 다른 친구를 욕해서 수업이 잘 이루어지지 않던 일이였습니다.

④ 아래 2학기 체육 수업 계획표를 보고, 수업 내용에 대한 의견이 있으면 써주세요.

물론 수업 계획표에 나와있는 수업내용이 모두 좋은 친구들도, 일부만 좋은 친구들도 있을거라 생각합니다. 하지만 1학기 때에 무척이나 재밌었으니 2학기도 재밌을거라 믿습니다.

⑤ 끝으로, 체육 선생님에게 바라는 점이나 하고 싶은 말이 있으면 적어주세요.

1학기 때 너무 감사했고 2학기도 잘 부탁드립니다.

다음으로 연구자 개인의 교육관과 교육과정 운영 목표, 방향을 정리해 보고, 학생들의 의견을 조사하였다. 두 과정은 형식적으로 이루어질 수도 있는 단계이지만, 교사 교육과정의 본질상 가장 중요한 단계가 될 수 있다. 교육과정을 가르치는 교사와 배우는 학생의 생각을 정리하고 기록하는 작업은 학생의 삶과 교사의 철학을 기반으로 한 교육과정 생성의 출발점이기 때문이다. 필자 역시 교사의 생각을 정리하고, 학생들의 의견을 청취하는 과정에서 교사 교육과정을 구성하기 위한 전반적인 아이디어를 대부분 도출했다.

1 교사 교육철학

체육은 신체 활동을 통해 교육적 경험을 만들어가는 교과입니다. 체육을 학습함으로써 학생들은 자신의 몸과 마음을 건강하게 기르고, 서로 응원과 격려, 배려와 협동으로 연결되는 공동체를 만들어갈 수 있습니다. 이를 위해 본 교사는 신체 활동을 통해 학생들의 건강한 성장을 이어갈 수 있도록 교육적 경험을 디자인하고자 합니다.

2 교사 교육과정 운영 목표

신체 활동을 통한 교육적 경험으로 건강한 성장을 도모하는 교육

가. 몸과 마음이 건강한 학생
나. 응원과 격려, 배려와 협동으로 연결되는 공동체
다. 신체 활동을 통해 교육적 경험을 만들어가는 교과
라. 학생의 건강한 성장을 견인하기 위해 교육적 경험을 디자인하는 교사

3 교사 교육과정 운영 방향

몸과 마음이 건강한 학생 건강한 학생	응원과 격려, 배려와 협동으로 연결되는 교실	신체 활동을 통해 교육적 경험을 만들어가는 교과	교육적 경험으로 건강한 성장을 견인하는 교사
• 도전, 표현, 경쟁 활동을 균형 있게 운영 • 자신의 신체 기능을 최대한 사용할 수 있는 활동 구성 • 수준에 맞게 도전할 수 있는 활동 제공	• 학급 내 · 학급 외 스포츠 리그전을 운영하여 서로 응원하고 격려하는 교실 도모 • 배려와 협동이 필요한 단체 종목 선정	• 학습 경험을 누적하여 하나의 활동이 완성될 수 있도록 교육과정을 구성 • 학생들과 함께 만들어 가는 교육과정 운영	• 주제형 프로젝트 수업으로 타 교과와 연계 • 학교의 환경과 학생의 흥미를 고려하여 교육과정 운영

교사 교육과정 사전 준비

다. 교사 간 공동체성 발휘

교사 교육과정에서는 공동체성이 중요하다. 공동체성은 교육과정의 질을 담보하며, 더 나은 교육 활동을 도출해 낼 수 있는 중요한 장치다. 그러나 현실에서 초등 전담 교사가 동료 교사들과 공동체성을 구현한다는 것이 쉽지 않다. 으레 전담 교과는 전담 교사가 독립적으로 판단해 운영해야 한다는 때 묻은 관행이 동료 교사들과 교육과정을 주제로 협의

하는 것을 어렵게 하였다. 이상적인 생각으로는 동 학년 교사들과 함께 협의해 다양한 교과와 성취기준을 융합해 프로젝트를 운영하고 싶었지만, 실상은 준비한 생각을 동 학년 교사들에게 전달하고, 도움을 요청하는 정도로 이루어졌다. 공동체성은 체육 전담을 맡고 있는 동 교과 교사와 더 적극적으로 이루어졌다. 비록 가르치는 내용은 다르지만, 같은 교과를 가르친다는 동질감과 유사한 환경 구조 속에 놓여 있다는 공통점이 교육과정에 대한 심도 깊은 논의로 이끄는 경우가 많았다. 예를 들어, 7개 반이 어떻게 리그전을 치를 수 있을 것인가에 대한 고민을 동 교과 교사가 함께 나누고, 협의하는 과정에서 새로운 운영 방법을 도출하였다.

일시	회의 대상	회의 내용	교육과정 반영 사항
8/19	동학년	2학기 체육 교과 교육과정 운영 계획 협의 주제별 통합 교과 및 통합 내용 협의 평가 내용 및 방법에 대해 협의	통합 교과 및 통합 내용 선정 평가 내용 및 평가 방법 선정
8/20	동교과	체육 시설 및 교구 이용 방안 논의 리그전 운영 방식에 대해 논의	체육 활동 장소 결정
9/2	동학년	거리 도전활동을 수학의 이상, 이하, 초과, 미만, 어림하기의 의미와 쓰임 알기와 연계할 방안을 논의	체육 도전 일지에 수학 학습 내용 포함
10/14	동학년	학급 리그전에 대해 감상이 드러나는 글을 쓰고, 학년 학생들이 함께 공유할 수 있는 방안 논의	국어 교과에 체육 활동을 소재로 활용
11/11	동교과	학급 리그전을 운영하기 위한 장소, 시간 조율 학급 리그전을 홍보할 방안 논의	학급 리그전 홍보물을 제작해 학교 곳곳에 부착
11/21	동학년	학급 학예회 시간에 포함할 모둠별 전통 표현활동에 대해 논의	학급 학예회 시간에 모둠별 표현 활동을 포함하기로 함
…	…	…	…

동학년 및 동교과 교사 협의

라. 교사 교육과정 운영 및 평가 계획 작성

교사 교육과정 운영 계획은 본격적인 교사 교육과정의 구상이라 할 수 있다. 먼저, 성취기준을 중심으로 시기별 프로젝트 주제를 선정하고, 필요한 차시를 설정하였다. 2학기에 주어진 34차시의 수업을 도전 활동 8차시, 경쟁 활동 16차시, 표현 활동 8차시, 시작 및 정리 2차시로 나누고, 차시별 세부 학습 활동을 구상하였다. 이때 성취기준을 재구조화한 평가 기준을 통해 평가 계획을 먼저 세우면 차시별 학습 활동을 구상하는 것이 한결 수월하다. 예를 들어, 도전 활동의 경우 높이뛰기와 멀리뛰기 올림픽 데이를 평가일로 정하고, 그에 필요한 기능 연습 과정을 사전 활동으로 배치하였다. 학생들도 프로젝트 활동의 시작 전, 평가 내용을 미리 숙지하고 활동을 시작할 수 있기 때문에 프로젝트 활동을 하나의 경험으로 인식할 수 있었다.

1. 교사 교육과정 학기 운영 계획

<table>
<tr><th rowspan="2">월</th><th rowspan="2" colspan="5">기간</th><th rowspan="2">주</th><th colspan="5">주제</th><th colspan="2">통합 운영</th></tr>
<tr><th>주제
(영역)</th><th colspan="2">학습 활동</th><th>활동장소</th><th>체육과
성취기준</th><th>교과</th><th>통합 운영 교과
성취기준</th></tr>
<tr><td>8</td><td>19</td><td>20</td><td>21</td><td>22</td><td>23</td><td>1</td><td>2학기
시작!</td><td></td><td>OT</td><td>교실</td><td></td><td></td><td></td></tr>
<tr><td rowspan="4">9</td><td>26</td><td>27</td><td>28</td><td>29</td><td>30</td><td>2</td><td rowspan="4">○○
올림픽
(도전 활동)</td><td>2. 여러 가지 방법으로 높이뛰기</td><td>3. 가위뛰기로 높이뛰기</td><td>체육관</td><td rowspan="4">[6체02-02] 거리 도전과 관련된 여러 유형의 활동에 참여해 자신의 기록을 향상할 수 있는 기본 자세와 동작을 이해하고 도전 상황에 적용한다.
[6체02-04] 상황과 환경에 관계없이 해낼 수 있는 자신감을 갖고 적극적으로 거리 기록 향상에 도전한다.</td><td rowspan="4">수학</td><td rowspan="4">[6수03-01] 실생활 장면에서 이상, 이하, 초과, 미만의 의미와 쓰임을 알고, 이를 활용하여 수의 범위를 나타낼 수 있다.</td></tr>
<tr><td>2</td><td>3</td><td>4</td><td>5</td><td>6</td><td>3</td><td>4. 여러 가지 방법으로 멀리뛰기</td><td>5. 제자리 멀리 뛰기</td><td>운동장</td></tr>
<tr><td>9</td><td>10</td><td>11</td><td>12</td><td>13</td><td>4</td><td>6. 배면뛰기로 높이뛰기</td><td>7. 높이뛰기 올림픽</td><td>체육관</td></tr>
<tr><td>16</td><td>17</td><td>18</td><td>19</td><td>20</td><td>5</td><td>8. 달려와서 멀리뛰기</td><td>9. 멀리뛰기 올림픽</td><td>운동장</td></tr>
</table>

	23	24	25	26	27	6	학급 리그전! (경쟁 활동)	10. 티볼형 게임 규칙과 기능 익히기	11. 티볼형 게임 규칙과 기능 익히기	체육관	[6체03-02] 필드형 게임의 기본 기능을 탐색하고 게임 상황에 적용한다. [6체03-03] 필드형 게임 방법에 대한 이해를 바탕으로 게임을 유리하게 전개할 수 있는 전략을 탐색하고 적용한다. [6체03-04] 필드형 경쟁 활동에 참여하면서 책임의 중요성을 인식하고 이를 바탕으로 맡은 바 역할에 최선을 다하며 게임을 수행한다.	국어	[6국03-05] 체험한 일에 대한 감상이 드러나게 글을 쓴다.
	30	1	2	3	4	7		12. 학급 리그전Ⅰ	13. 학급 리그전Ⅰ	운동장			
	7	8	9	10	11	8		14. 티볼형 게임 기능 연습	15. 티볼형 게임 기능 연습	체육관			
10	14	15	16	17	18	9		16. 학급 리그전Ⅱ	17. 학급 리그전Ⅱ	운동장			
	21	22	23	24	25	10	댄스 페스티벌♪ (표현 활동)	18. 민속표현 알아보기	19. 민속표현 익히기	체육관	[6체04-01] 세계 여러 나라의 전통적인 민속 표현의 종류와 특징을 탐색한다. [6체04-02] 세계 여러 나라 민속 표현의 고유한 특징을 효과적으로 표현하는 데 적합한 기본 동작을 적용한다. [6체04-03] 민속 표현 활동에 포함된 다양한 표현 방법(기본 움직임, 대형, 리듬 등)을 바탕으로 작품을 구성하여 발표하고 이를 감상한다. [6체04-04] 세계 여러 민족의 문화적 특성을 이해하고 존중하는 개방적인 마음을 참여한다.	미술	[6미01-05] 미술 활동에 타 교과의 내용, 방법 등을 활용할 수 있다. [6미02-03] 다양한 자료를 활용하여 아이디어와 관련된 표현 내용을 구체화할 수 있다.
	28	29	30	31	1	11		20. 민속표현 익히기	21. 민속표현 익히기	다목적실			
	4	5	6	7	8	12		22. 민속표현 익히기	23. 민속표현 익히기	체육관		창체	학급 학예회
11	11	12	13	14	15	13		24. 모둠별 발표 준비하기	25. 민속표현 발표하기	다목적실			
	18	19	20	21	22	14	반별 리그전! (경쟁 활동)	26. 티볼형 게임 기능 연습	27. 티볼형 게임 기능 연습	체육관	[6체03-02] 필드형 게임의 기본 기능을 탐색하고 게임 상황에 적용한다. [6체03-03] 필드형 게임 방법에 대한 이해를 바탕으로 게임을 유리하게 전개할 수 있는 전략을 탐색하고 적용한다. [6체03-04] 필드형 경쟁 활동에 참여하면서 책임의 중요성을 인식하고 이를 바탕으로 맡은 바 역할에 최선을 다하며 게임을 수행한다.	음악	[6음03-01] 음악을 활용하여 가정, 학교, 사회 등의 행사에 참여하고 느낌을 발표한다. [6음03-01] 음악을 활용하여 가정, 학교, 사회 등의 행사에 참여하고 느낌을 발표한다. [6음03-01] 음악을 활용하여 가정, 학교, 사회 등의 행사에 참여하고 느낌을 발표한다.
	25	26	27	28	29	15		28. 반별 리그전Ⅰ	29. 반별 리그전Ⅰ	운동장			
	2 2	3 3	4 4	5 5	6 6	16		30. 티볼형 게임 기능 연습	31. 티볼형 게임 기능 연습	체육관			
12	9	10	11	12	13	17		32. 반별 리그전Ⅱ	33. 반별 리그전Ⅱ	운동장		창체	리그전 사전·중간 학급 회의
	16 16	17 17	18 18	19 19	20 20	18 18	커튼콜 체육	34. 정리					
	23	24	25	26	27	19							
	30	31	1	2	3	20							
주당 2차시 학기 동안 34차시 운영													

2. 교사 교육과정 주제별 운영 및 평가 계획

주제	성취기준	차시 배당	수업 계획	수행 과제 (평가)	평가 방법	평가 시기
○○ 올림픽 (도전 활동)	[6체02-02] 거리 도전과 관련된 여러 유형의 활동에 참여해 자신의 기록을 향상할 수 있는 기본 자세와 동작을 이해하고 도전 상황에 적용한다. [6체02-04] 상황과 환경에 관계없이 해낼 수 있는 자신감을 갖고 적극적으로 거리 기록 향상에 도전한다. [6수03-01] 실생활 장면에서 이상, 이하, 초과, 미만의 의미와 쓰임을 알고, 이를 활용하여 수의 범위를 나타낼 수 있다.	8	• 높이뛰기 4차시, 멀리뛰기 4차시로 운영. • 친구들과의 비교보다는, 자신의 신체 기능을 최대한 사용하는 것을 목적으로 함. • 학습한 동작 기술의 기본 자세를 이해하고 적절히 활용할 수 있도록 지도함. • 도전일지를 작성함으로써 자신의 기록을 체크하고, 자신의 문제점, 개선사항, 연습사항들을 스스로 정리해보도록 유도함.	높이뛰기, 멀리뛰기에 대한 자신의 기록과 도전 과정을 기록지에 작성해 포트폴리오로 구성한다.	포트폴리오	9월
댄스 페스티벌♪ (표현 활동)	[6체04-01] 세계 여러 나라의 전통적인 민속 표현의 종류와 특징을 탐색한다. [6체04-02] 세계 여러 나라 민속 표현의 고유한 특징을 효과적으로 표현하는 데 적합한 기본 동작을 적용한다. [6체04-03] 민속 표현 활동에 포함된 다양한 표현 방법(기본 움직임, 대형, 리듬 등)을 바탕으로 작품을 구성하여 발표하고 이를 감상한다. [6체04-04] 세계 여러 민족의 문화적 특성을 이해하고 존중하는 개방적인 마음을 참여한다. [6미01-05] 미술 활동에 타 교과의 내용, 방법 등을 활용할 수 있다. [6미02-03] 다양한 자료를 활용하여 아이디어와 관련된 표현 내용을 구체화할 수 있다. [창의적 체험활동] 학급 학예회	8	• 세계 여러 나라의 민속 표현을 감상하고 생각을 이야기로 나눔. • 세계 여러 나라의 민속 표현 중 직접 표현해 보고 싶은 표현을 선정함. • 선정한 민속 표현 작품의 표현 방법을 익히고 연습함. • 모둠별로 민속 표현 활동을 재창조함. • 미술 활동에 표현 활동에 필요한 자료를 제작함. • 학급 학예회를 이용해 모둠별로 준비된 전통 표현 활동을 공연함.	모둠의 민속 표현 활동의 과정과 결과를 자기 평가 보고서를 이용하여 평가하고, 다른 모둠의 민속 표현 활동의 과정과 결과를 동료 평가 보고서로 평가한다.	자기 평가 보고서	11월
반별 학급별 리그전! (경쟁 활동)	[6체03-02] 필드형 게임의 기본 기능을 탐색하고 게임 상황에 적용한다. [6체03-03] 필드형 게임 방법에 대한 이해를 바탕으로 게임을 유리하게 전개할 수 있는 전략을 탐색하고 적용한다. [6체03-04] 필드형 경쟁 활동에 참여하면서 책임의 중요성을 인식하고 이를 바탕으로 맡은 바 역할에 최선을 다하며 게임을 수행한다. [6음03-01] 음악을 활용하여 가정, 학교, 사회 등의 행사에 참여하고 느낌을 발표한다. [창의적 체험활동] 리그전 사전·중간 학급 회의	16	• 필드형 게임의 기본 기능을 익힘. • 학급 리그전을 통해 익힌 기능을 실전 경기에서 사용해 봄. • 경기를 하면서 필요한 기능과 전술에 대해 함께 탐색하며 보충함. • 학급 리그전의 내용을 바탕으로 반별 리그전을 준비함. • 리그전에 대한 학급 회의를 가짐. • 음악 시간을 이용해 학급별 응원가를 선정하고 연습함. • 2주간 학급 리그전을 개최하여, 학년 전체의 행사로 구성함.	실전 경기를 통해 게임 방법 및 전략을 이해하고 있는지 확인하고, 운동 기록 일지를 작성해 경기를 할 때 상황에 맞게 전략을 적용하고 맡은 역할에 최선을 다했는지 평가한다.	운동 기록 일지	10월 12월

마. 만들어 가는 교육과정

교사 교육과정을 운영하면서 활동별 수업 계획과 더불어 실제 수업 중에 가진 교사의 생각을 '수업 메모' 형태로 기록하였다. 기록에는 "학생들이 생각했던 것보다 높이뛰기를 즐기는 모습을 보임", "남녀가 손잡는 동작을 부끄러워하는 듯하면서도 싫어하지 않는 것 같음" 등과 같이 교사의 사전 계획과는 달랐던 내용이 많다. 이는 다음 차시 수업에 반영되어 활동의 수준을 달리하거나, 활동 내용을 다양화하는 데 사용되었다.

학생들은 자신들의 상황과 의견이 수업에 반영되는 과정을 체험하면서, 시간이 지날수록 점점 더 적극적으로 수업 활동에 참여하고 의견을 개진하는 모습을 보였다. 단순히 자신들의 흥미와 관심을 위한 재미를 요구하는 것이 아니라, 수업의 주체로서 달성해야 할 성취기준에 부합하는 활동을 교사와 함께 고민하고 나누었다. 예를 들어, 학급별 리그전을 앞두고는 학급회의를 통해 학급에 부족한 부분을 정리하고, 이를 극복하는 방안을 함께 구상하였다. 학생들이 구상한 방안은 교사와의 협의를 통해 수업 시간에 적극적으로 반영될 수 있었다.

이러한 과정은 학생과 교사 모두에게 긍정적인 영향을 주어, 함께 발전할 수 있도록 한다. 학생들은 자신이 만들어가는 수업에 더욱 몰입하게 되고, 학습의 주체로 자신을 인식하게 된다. 교사는 학생 및 동료 교사들과의 소통을 통해 교육과정 전반과 단위 수업을 더욱 완성도 있게 설계하고 운영하게 된다.

주제	학습 활동		활동 장소	수업 계획	수업 메모
○○ 올림픽 (도전 활동)	2. 여러 가지 방법으로 높이뛰기	3. 가위뛰기로 높이뛰기	체육관	•높이뛰기 4차시, 멀리뛰기 4차시로 운영. •친구들과의 비교보다는, 자신의 신체 기능을 최대한 사용하는 것을 목적으로 함. •학습한 동작 기술의 기본 자세를 이해하고 적절히 활용할 수 있도록 지도함. •도전일지를 작성함으로써 자신의 기록을 체크하고, 자신의 문제점, 개선사항, 연습사항들을 스스로 정리해보도록 유도함.	•학생들이 생각했던 것 보다 높이뛰기를 즐기는 모습을 보임. 학생들이 막대를 무서워 소극적인 모습을 보일 것으로 예상했으나, 대부분의 학생들이 거침없이 매트로 몸을 던지는 모습을 보임. •타인과 기록을 비교하기 보다는, 자신의 한계를 극복하고자 도전하고 성공과 실패를 가볍게 수용하는 모습이 인상적임. •3차시의 수업을 진행하였으나, 여전히 점프에 대한 두려움을 갖는 학생이 존재함. •도전활동에는 자신의 동작과 자세, 태도에 대한 성찰이 반드시 필요함. •도전일지를 학생들에게 개인적으로 나눠주니, 분실이 많으며, 기록을 제대로 적는 학생이 많지 않음. 체육관 벽면에 기록일지를 붙여둘 수도 있겠지만, 개인 신체 기록이기 때문에 이것 또한 조심스러움. 교사가 일일이 기록해주는 것과 학생이 스스로 기록하는 것 중 무엇이 더 좋을지 고민해볼 필요.
	4. 여러 가지 방법으로 멀리뛰기	5. 제자리 멀리뛰기	운동장		
	6. 배면뛰기로 높이뛰기	7. 높이뛰기 올림픽	체육관		
	8. 달려와서 멀리뛰기	9. 멀리뛰기 올림픽	운동장		
반별 리그전! (경쟁 활동)	10. 티볼형 게임 규칙과 기능 익히기	11. 티볼형 게임 규칙과 기능 익히기	체육관	•넷볼 8차시 운영. •1차시: 넷볼 슈팅 연습, 1분 안에 골 많이 넣기 팀 대결. •2차시: 넷볼 경기 규칙 설명. 4분씩 두 번 경기. •3차시: 체스트 패스, 슈팅 연습. 4분씩 두 번 경기. •이해중심게임수업 모형으로 게임을 하고, 게임에 필요한 기능과 전술을 함께 탐색하도록 함. •반별 리그전으로 자신에게 적합한 포지션을 탐색함.	•평소 운동을 싫어하던 학생들도 넷볼에는 흥미를 가짐. 움직일 수 있는 구역이 나누어져 있어 모든 학생이 고루 경기에 참여할 수 있어 그런 것 같음. •골대 높이를 2m, 2m 30cm, 2m 50cm으로 점점 높이고 있음. 아무래도 학생들은 골이 들어갈 때 희열을 느끼는 것 같음. •포지션을 두고 학생 간 다툼이 있음. 포지션 내에서도 욕심을 부려 다투는 경우가 발생함. 팀 경기인 만큼 서로 유기적으로 협력하고 협동할 수 있는 경험을 시켜줄 필요가 있음.
	12. 학급 리그전Ⅰ	13. 학급 리그전Ⅰ	운동장		
	14. 티볼형 게임 기능 연습	15. 티볼형 게임 기능 연습	체육관		
	16. 학급 리그전Ⅱ	17. 학급 리그전Ⅱ	운동장		

댄스 페스티벌♪ (표현 활동)	18. 민속표현 알아보기	19. 민속표현 익히기	체육관	•1차시: 전통 표현 알아보기 사회과 부도 이용해 위치 알기, 지역의 특성, 춤의 특성, 배경 알아보기 •2차시: 전통 표준 중 배우고 싶은 표현 선정하기. 선정한 표현의 동작과 배경에 대해 학습하기 •3차시: 선정된 표현의 기본 동작과 표현 방법 익히기 •4차시: 운동장에서 학급 전체가 표현을 완성해보기 •5~7차시: 모둠별로 표현활동을 재창작함. •8차시: 학급 학예회 시간을 이용해 모둠별 발표하기	•신체 표현활동을 어색해하는 학생이 많으나, 생각보다 흥미로워함. •남녀가 손을 잡는 동작을 부끄러워하는 듯 좋아하는 것 같음. •구기 운동에서 항상 소외되던 학생들도 표현 활동은 모두 즐겁게 참여할 수 있음. •평소 신체 표현을 좋아하던 학생들이 두각을 나타냄.
	20. 민속표현 익히기	21. 민속표현 익히기	다목적실		
	22. 민속표현 익히기	23. 민속표현 익히기	체육관		
	24. 모둠별 발표 준비하기	25. 민속표현 발표하기	다목적실		
학급별 리그전! (경쟁 활동)	26. 티볼형 게임 기능 연습	27. 티볼형 게임 기능 연습	체육관	•학급 리그전을 바탕으로 학급별 4팀을 만들고 포지션 정하기 •다른 반과의 경기 전후로 회의 시간을 갖고 필요한 기능과 전술에 대해 탐색하기	•1학기 리그전보다 학급 내에 협동, 응원, 단합하는 분위기가 형성됨. •경기의 승패를 떠나 경기 자체를 즐기는 모습을 보임. •경기에 지고 있더라도 끝까지 최선을 다 하는 모습을 보임. •츄크볼과 다르게 넷볼은 학급별 실력차가 크지 않음. •1학기와 다르게 모든 반이 경기를 해 본 것이 좋았음.
	28. 반별 리그전Ⅰ	29. 반별 리그전Ⅰ	운동장		
	30. 티볼형 게임 기능 연습	31. 티볼형 게임 기능 연습	체육관		
	32. 반별 리그전Ⅱ	33. 반별 리그전Ⅱ	운동장		

교사 교육과정 운영 실제

7

동 학년과 함께하는 교육과정, 이런 방법은 어떨까요?

가. 교과 팀티칭: ○○은 내가 가르칠게!

중등과 달리, 초등교사의 전문성은 아동 발달에 대한 이해와 교과 내용에 대한 폭넓은 다양성이다. 그러나 이러한 특성에서 불구하고 10개 교과를 모두 가르치는 초등교사가 교과 내용 및 학습지도에 부담을 느끼지 않는 것은 아니다! 초등 교사의 현실적 어려움 및 교과 전문성을 보완하는 차원에서 「교과 전담제」가 실시되고 있지만, 학급 수에 비례하여 배치되는 교사의 수가 다르고, 담당 교과도 학교 및 교사 특성에 따라 달라져서, 학교별 담임교사가 담당해야 하는 교과의 부담은 상존한다.

이러한 주어진 현실 속에서 교사들이 낼 수 있는 방안의 하나가 바로 '교과 팀티칭'이다. 특히 요즘처럼, 동 학년 단위의 학습 공동체 문화가 활성화되는 시점에서는 서로의 장점을 살린 이러한 방식이 좀 더 효과적으로 운영될 수 있다.

1) 방법

① 동 학년 교사와 '자신 있는 교과 & 자신 없는 교과'를 상의한다.
② 바꿔서 가르칠 교과를 맞교환한다.(학년 전체 or 희망 교사 간)
③ 시간표 반영: 바꿔 수업하는 교과를 같은 시간대에 배치한다.

2) 장단점 비교

① 장점: 교사의 교과 지도 준비, 부담을 줄일 수 있다. 우리 학급뿐만 아니라 다른 학급의 아이들의 성향, 수준 등을 파악할 수 있어, 동 학년 생활지도에 도움이 된다.

② 곤란한 점: 새 학년 이전(2월)에 동 학년 교사들이 함께 모일 수 있어야 한다. 분과형으로 교과를 지도할 때에는 교과 간, 교과 내 영역간 교환하여 한 학기 간 지속 운영되지만, 통합형으로 교과를 지도하는 경우에는 주제별 교환 교과를 결정하여 번거로울 수 있다.

3) 시간표(예)

① 교과 간: '사회-과학' 팀티칭

차시	A반	B반
	수요일	수요일
1	사회-A반	과학-B반
2		
3	과학-A반	사회-B반
4		

※ 수요일: A반 교사는 사회만 4시간,
B반 교사는 과학만 4시간 지도
(A, B반: 같은 내용 지도)

② 교과 내: '과학' 단원별 팀티칭

차시	A반	B반
	수요일	수요일
1	국어	창체
2	국어	음악
3	과학-I	과학-II
4		

※ 반별로 과학과 1단원씩 담당.
-새 단원마다, 아이들이 해당 반으로 이동
-교사는 담당 과목 지속 지도

나. 기초 학력: 1교실 2교사제

2017년 서울시의 '1교실 2교사제'는 다양한 의견에도 불구하고 현재 시범 운영 중이며, 타 지역에서도 다른 이름, 다른 목적으로 실행되고 있다. 강원교육청•에서는 '협력교사제'라는 이름으로 초등 1~2학년에 한해 기초 · 기본 교육의 강화 차원에서 학생들의 개별 학습을 도와줄 수 있는 대안으로 적용되고 있고, 대구교육청••에서는 '예비교사제'라는 명칭으로 수습교사제의 방식으로 운영하고 있다.

그러나 이러한 방식이 교사 수급과 같은 정치적, 사회적 문제해결의 대안으로 대두되는 것과 달리 교육 본연의 목적 · 학생들의 성장과 발달을 위한 방안으로 고려한다면 이는 학교/학년 단위에서도 교사들의 합의가 전제될 때 충분히 시도해 볼 만한 좋은 방안이 될 수 있다.

1) 방법

① 해당 학년 아동들의 학습력을 분석 – 기초 학습 강화가 필요한 교과목을 정한다.
② 동 학년 내에서 '1교실 2교사제' 희망 교사를 찾아 매칭한다.
③ 시간표 반영: 전담 교과 시간에 매칭 학급의 기초 학습을 보조할 수 있도록 수업 시간표를 배치한다.

• 강원도교육청 블로그 학구파(2019.06.20.) [협력교사제] 한 교실에 선생님이 두 명이에요!

•• 「에듀인뉴스」(2019.06.17.) 불 지피는 '수습교사제'… 임용 자격고사화 등 난제 산적

2) 장단점 비교

① 장점: 도움이 필요한 학생을 개별지도함으로써 학습 소외를 방지하고 기초 학력 향상을 기대할 수 있다. 주교사(담임)의 수업 집중 및 학생들의 적극적인 몰입, 참여 시간을 증배할 수 있으며, 우리 학급뿐만 아니라 다른 학급의 아이들의 성향, 수준 등을 파악할 수 있어 학년 학습지도에 도움이 된다.

② 곤란한 점: 다양성 인정, 배움 중심의 수업 분위기가 형성되지 않았다면 학생 낙인 효과를 유발할 수 있다. 교사별 전담교사 시간을 보조교사로 들어감으로써 수업 부담 및 피로도가 증가할 수 있다.

3) 시간표(예)

① 기초 교과-수학(블록 수업형)

차시	A반	B반
	수요일	수요일
1	수학	전담 교과
2		
3	전담 교과	수학
4		

② 기초 교과-수학(단일 수업형)

차시	A반	B반
	수요일	수요일
1	수학	전담 교과
2	전담 교과	수학
3	과학-I	과학-II
4		

※ A반의 수학 수업 시 B반 교사는 보조교사로 참여(전담 교과로 비는 시간을 타 반의 보조교사로 활동하는 것임)

다. 학년 다모임: 창체(자율)

교육 주체로서의 '학생 세우기' 및 윤리적/민주적 생활 공동체 운영 방안의 하나로 '다모임'이 확산되고 있다. 다모임은 대상 및 내용에 따라 '모두 다(多)~모임'을 의미하거나 '차(茶)를 마시며 협의하는 모임'으로 해석되는데, 협의 중심의 교사회의가 강조되며 '교사 다모임'으로 불리거나, 학생들의 자율적 의사결정을 위한 회의를 '학생 다모임'으로 부르기도 한다.

동 학년 학생 전체가 모이는 '학년 다모임'은 평화로운 학년을 운영할 수 있는 '학년 약속 정하기' 및 여러 반에 걸친 학생생활 문제에 대한 협의를 학생 스스로 할 때 보다 효과적이며 주체적인 모습을 볼 수 있다.

1) 방법

① 학기 초 혹은 정기적인 학생 다모임 시간을 공통으로 확보한다.
② 초반에는 교사의 진행으로 다모임 시간의 의의와 내용을 알려주고, 학년/학급별 학생대표가 준비되면 점차 자율적으로 진행할 수 있는 체제를 마련한다.
③ 주요 내용
- (학기 초) 우리 학년의 약속
- (정기적 운영) 학년 생활, 교육 활동(체육대회, 현장 학습 등) 계획 및 성찰 등
- (비정기적: 필요시) 다툼, 학교 폭력 등 학년 내-학급 간 문제 발생 시 의견 나누기 등

2) 장단점 비교

① 장점: 교사와 학생 간, 학생과 학생 간 평등한 인간관계, 존중 의식 등을 키워 줄 수 있다. 학생들의 자발적 참여에 따른 주체성 신장이 가능하며, 다양한 의견을 반영할 수 있어 학생 중심적인 교육과정을 운영할 수 있다.

② 곤란한 점: 학생들의 협의 내용 및 결정 사항이 자율적으로 느끼며 모두에게 교육적이고 민주적이기 위해서는 교사의 보이지 않는 노력, 사전 지도가 필요하다. 학생들의 의견이 교육과정 계획 – 실행에 반영되기 위해서는 교사의 교육과정 유연성이 전제되어야 한다.

3) 시간표(예)

① 학기 초: 평화로운 학급/학년 만들기 주간 운영

차시	화요일	목요일	금요일
1	수학	국어	과학
2			
3	전담 교과	수학	미술
4			
5	학급 다모임 ① – 생활 인권 규정 알기	학년 다모임 ① – 약속 정하기	학년 다모임 ① – 계획 세우기
6			

② 정기적 운영

– 매월/격주 등 @요일 #교시

벽 속의 구멍 프로젝트
: 학생의 자기 주도성

수가타 미트라(Sugata Mitra),

벽 속의 구멍 프로젝트(www.hole-in-the-wall.com)

'부자인 아이들은 왜 재능과 학력이 더 뛰어날까?'

인터넷이 세상에 모습을 보이던 초기, 지역 내 네트워크 담당이었던 연구자는 부유한 가정의 아이들과 달리 상대적으로 낙후된 빈민가 아이들의 교육적 소외와 현실에 가슴 아파했다. 그리고 어느 날, 빈민가 아이들의 반짝이는 눈에서 '호기심'을 발견하고 그것이 그들을 특별하게 만들어 줄 수 있을 것이라 생각하며, 부자인 아이들과 같은 환경 즉, 빈민가 아이들도 자신들의 재능을 찾고 배움의 기회를 가지 수 있도록 자신의 사무실 외부 벽에 컴퓨터를 설치해 배움의 경험을 가질 수 있도록 하였다.

그리고, 몇 달 후!! 아이들의 모습을 본 연구자는 경악하게 된다.

누구의 도움 없이도 아이들은 무수한 도전과 서로의 가르침으로 자유로운 인터넷 탐색, 음악·영화 청취, 심지어 메일 계정을 만들어 편지 주고받기까지 할 수 있게 된 것이다. 이 믿기 힘든 결과에 연구자는 '아이들은 어떻게 배우는가? 어디까지 배울 수 있을까?'라는 궁금증이 좀 더 확장되었고, 인도의 더 오지 마을, 파키스탄 그리고 영국 등지에서 반복 실험하며, 다음과 같은 결론을 얻는다.

1. 아이들은 스스로 배울 수 있다.
2. 협력, 격려는 배움을 촉진한다.

즉, 아이들은 교사의 가르침이 없는 상황에서도 '호기심'과 '도전'으로 무수히 키보드와 마우스를 두드려 스스로 배울 수 있었고 '서로가 서로에서' 가르쳐 주며 배움을 나눌 수 있는 것이다.
이후 배움의 소외에 대한 관심에서 시작된 이 연구는 네트워크를 활용한 '구름 속 학교, 구름 할머니(Cloud in the school)' 프로젝트를 통해 SOLE(자기 구조화 학습 환경) 이론으로 정리되었고, 현재도 네트워크를 활용하여 평등한 배움이 이루어질 수 있도록 전 세계적으로 확장되는 중이다.

이 연구를 통해 우리가 생각해 봐야 할 것은 크게 2가지다.
하나, 학생들의 호기심(동기부여)과 자유로운 환경! SOLE 연구에서 보듯이, 아이들은 스스로 배울 수 있으며, 구름 할머니들처럼 주변 누군가의 무한한 경청, 인정, 격려는 아이들의 배움을 더 생명력 있게 만들어 준다.
둘, 교사의 역할! 초기 이 연구는 교사의 부재에서도 교육이 가능함에 따라 교사무용론 또는 교사의 역할에 대한 의문을 제시하였다. 그러나 거듭되는 실험연구를 통해 확인된 결과는 학생들은 단순한 지식적인 것들은 스스로 혹은 서로 배울 수 있었으나, 그 사회의 문화, 전통 등 사회 관계적 양식, 가치 등은 배울 수 없었다는 점이었다. 결국, 학교/교사의 역할은 학생들이 스스로 할 수 있는 것을 직접적으로 가르치기보다 그들이 할 수 없었던 태도와 가치를 기르는 데 좀 더 초점화할 필요가 있는 것이다.
이처럼, 이 연구는 미래 사회 교사의 변화된 역할과 교사의 교육과정 개발 시 학생들의 자기 주도성을 주요 개념으로 인지할 필요성을 보여 준다.

6

교사 교육과정 : 해외 사례

해외 사례가 궁금합니다

영국, 미국 등 해외에서는 최근까지 국가 교육과정이 없었잖아요. 교육에 대한 의무도 국가보다는 주(States) 단위에 권한이 있고요. 그럼, 그 나라들은 아주 오랫동안 교사 교육과정(Teachers' Curriculum)이었던 건데, 우리나라 교육과정과 어떻게 다르지요? 국가 교육과정 체제에서부터 다른가요? 교사의 교육과정 자율권은 우리와 얼마나 다른가요?

혹시 제가 참고할 만한 사례가 있을까요?

1 뉴질랜드: 역량 기반 교육과정

핵심 역량이란 '개인의 행복과 사회의 발전을 위하여 모든 사람이 기본적으로 갖추어야 하며, 삶의 다양한 영역에서 중요하게 사용될 수 있는 역량에 해당하는 것이다.'(이광우 외 2009: 12) OECD(2003)의 정의는 역량이 학습 가능하다는 점을 강조하고 있으며, 윤정일 등(2007) 역시 역량의 학습 가능성에 주목하고 있다. 이로 인해 핵심 역량과 학교 교육과정을 연계하려는 움직임들이 역량 기반 교육과정이라는 이름으로 등장하고 있다. 여기서 우리는 뉴질랜드 교육과정을 살펴봄으로써 역량 기반 교육과정이 학교 현장의 변화로 이어지게 하는 방안의 힌트를 얻고자 한다.

가. 핵심 역량과 교육과정의 연계

뉴질랜드 교육과정에서 제시하고 있는 핵심 역량은 '사고하기(Thinking)', '언어, 기호, 텍스트 사용하기(Using language, symbols, and texts)', '자기 관리하기(Managing self)', '다른 사람과 관계하기(Relating to others)', '참여 및 공헌하기(Participating and contributing)'의 5가지로 제시하고 있지만,(이근호, 2017) 이의 해석과 적용은 단위 학교에 맡기고 있다.

왜냐하면 핵심 역량의 의미가 무엇이며, 구체적인 학교 상황에서 어떻게 해석되고 적용될 수 있는지를 탐색하는 과정 자체가 중요한 핵심 역량이고 또한 핵심 역량을 개발하기 위한 교육과정은 교사들의 집단적 지혜가 없이는 불가능하기 때문이다. 이것은 뉴질랜드의 교육 당국자들이 학교의 자율성과 융통성을 존중하기 때문이기도 하고, 핵심 역량은 결국 학교의 공동체적 노력을 통해 교과 · 비교과 활동으로 스며들어야 한다는 인식이 있기 때문이다.

즉, 국가 교육과정에서 핵심 역량을 제시하되, 단위 학교 학생들에게 요구되는 핵심 역량이 무엇인지에 대한 교육 공동체의 합의 과정을 거친다. 이러한 합의를 바탕으로 교육 내용을 재구조화함으로써 교육 내용을 적정화하고, 이어서 교육과정을 개혁하려는 각종 노력들을 체계화하여 역량 기반 교육과정을 구현할 수 있다는 것이다.(홍원표 외, 2010)

나. 국가 교육과정 총론에 '편제'가 포함되어 있지 않다

우리나라의 경우 교육과정 총론의 핵심은 편제다. 어떠한 교과를 몇 시간이나 가르쳐야 하는가를 결정하는 것이 실질적으로 총론 결정의 핵심이다. 그러나 뉴질랜드 교육과정 총론에서는 '시간 수'를 정하지 않는다. 필수 학습 영역 7가지, 그리고 필수 핵심 기술 8가지만을 정했을 뿐이다. 편제를 국가 수준에서 정하지 않는다는 것은 학교 차원에서 편제를 결정한다는 것을 의미한다. 이러한 경우 학교 수준 교육과정 결정의 자율의 범위는 우리와는 비교할 수 없을 정도로 광범하다고 할 수 있다. 이 부분이 우리와는 근본적으로 다른 부분인 것이다.

홍후조 외(2009)는 '학교 교육과정 자율화를 통한 교육 선진화 방안 연구'에서 뉴질랜드를 비롯한 영국, 독일, 호주, 미국 등의 나라에서의 수업 시수는 필수 교과 및 이수 기준 등의 가장 기본적인 조건만 제시하고 교과목 및 운영 시수는 단위 학교에서 자율적으로 결정 · 운영할 수 있도록 제시하는 경우가 많다고 하였다.

국가 교육과정은 명세화되고 구체화될수록 지역이나 학교 수준에서의 교육과정 의사결정 권한이 상대적으로 줄어들며, 탄력적이고 자율적인 교육과정 편성과 운영에 지장을 초래한다. 교육과정 대강화란 교육과정 문서의 내용과 형식을 양적으로 간소화하고 질적으로 적정하게 표현하여 제시하는 것으로써 이러한 뉴질랜드 교육과정 총론의 성격은 우리가 지향하는 '교육과정 대강화'의 한 방안으로 살펴볼 필요가 있다.

다. 성취기준 중심 평가(Standards Based Assessment)

우리나라에서 학생의 학업 성취 평가의 기본 단위는 과목이다. 고등학교의 경우 각 과목별로 학생들이 획득한 원점 수 및 그에 기초한 9등급 점수로 학생들의 성취 정도를 평가한다. 그러나 뉴질랜드는 학생 평가의 기본 단위가 과목을 구성하고 있는 성취기준이다.

실제로 뉴질랜드 고등학교의 경우는 특정 과목의 특정 영역들이 소위 '성취기준'으로 명명되고 이 기준을 성취한 정도도 4단계로 구분되어 제시하고 있다. 그럼으로 뉴질랜드에서는 성취기준에 대한 학생들의 성취 정도가 국가적으로 종합적, 체계적으로 파악되기 때문에 진정한 의미의 교육과정 질 관리가 가능하게 되어 있다. 이러한 평가 방식을 통해서 학부모, 교사, 학교, 그리고 국가는 학생들이 어느 과목에서, 그리고 그 과목 중에서도 특히 어느 하위 영역에서, 어느 정도의 성취를 이루고 있는지를 명료하게 파악할 수 있게 되어 있다.

교육과정과 교육 평가는 어떻게 연계될 수 있는가? 교육과정의 질 관리를 위한 평가는 어떻게 이루어질 수 있는가? 뉴질랜드의 경우, 특히 고등학교의 경우 교육과정은 평가와 밀접하게 연관되어 있다. '성취기준'들이 실제 평가의 기본적인 단위가 되며 이러한 성취기준에 대한 수준을 국가가 체계적으로 파악하고 있기 때문에 이러한 평가의 결과는 교육과정의 기준에 환류될 수 있는 것이다. 교육과정과 평가의 밀접한 연결, 이점이 바로 뉴질랜드 교육과정의 또 다른 중요한 특징인 것이다.

2

캐나다: 모두를 위한 교육

Education for All

가. 학생들의 삶을 반영하여 모두를 위한 교육을 펼치는 온타리오주

캐나다는 우리나라와 달리 주 정부를 중심으로 교육과정을 운영하기 때문에 교육부의 역할은 최소한의 기준만 제시함으로써 자연스럽게 제한적이게 되고 주 수준에서 교육과정이 만들어지게 된다. 주 교육부도 마찬가지로 최소한의 기준을 제시함으로써, 나머지를 학교의 자율화로 허용하였고, 교육과 교육과정은 학교에서 책임을 지게 되었다. 이러한 교육과정 자율화 정책을 실시한 결과 2000년대에 들어와 국제 학업 성취도 평가(PISA)에서 높은 순위를 차지하며 교육적인 성과를 드러내고 있다.

그중 캐나다 교육의 중심지인 온타리오주는 2005년 '모두를 위한 교육(Education for All)'을 발표하며 능력 부족으로 학년 기준에 도달하지 못하는 학생들의 지원을 포함해 학급 모든 학생의 배움을 돕기 위한 교사를 지원하는 교육 정책을 내세웠다. 특히 교육의 혁신을 주장하며 초등학생들의 문해력과 산술 능력을 키우기 위해 노력하였고, 고등학교 학생들의 졸업률 향상과 성취도가 낮은 학교를 위한 정책을 실행하였다. 그 결과 주 단위 학력 성취도 평가가 제시한 기준 점수를 넘는 학생이 2003년 기준 50%에서 2014년 72%까지 증가하였고, 학업 중단 비율이 낮아져 고등학교 졸업률도 68%에서 84%로 증가하였다.• 이민자 비율이 30% 가량 되는 온타리오주의 이러한 교육 혁신의 변화는 주목할 만하다.

2005년 '모두를 위한 교육(Education for All)' 발표 이전 온타리오주의 교육과정은 주 공통 교육과정을 기반으로 하여 학생들이 학년 또는 과목별로 기준에 도달하게끔 교육하였으며, 성취 수준에 도달하였는지에 대한 평가는 주 단위 학업 성취도 평가로 실시하였다. 2005년 교육 혁신에서 가장 중점을 두었던 것은 학교 시스템이 학생들 각각 개인에 맞춰서 학습 및 성취 욕구를 효과적으로 지원하지 못한다는 점을 파악하고, 주 교육부–교육청–학교가 동일한 목표를 가지고 집중하여 노력해야 한다고 생각하였다. 하향식으로 전달되던 정책 방식은 교사들이 교육과정과 수업에 집중할 수 없게 하여 업무 처리 시간이 늘어나는 현상을 초래하였고, 교사의 성장에 역효과를 초래하였다. 이러한 실패를 기초 삼아 온타리오주는 2005년 다음과 같은 교육 혁신 정책을 추진하였다.

• https://www.oecd.org/pisa/pisaproducts/46580959.pdf

교육 혁신 정책 주요 내용
교사의 교수법 개선에 직접적인 영향을 줄 수 있는 전략 구축
교사들에게 새로운 내용을 적용하여 실습할 수 있는 기회 제공, 전문적 학습 공동체 구현
교사와 학생에 대한 기대 수준 설정 및 전략 단일화
교육 혁신을 위한 교사 지원

온타리오주 교육 혁신 정책•

여기서 가장 중점을 두었던 것은 교사 지원에 관한 부분으로 우리나라가 추진해 왔던 국가 주도의 성과 중심으로 평가를 채택하지 않았다는 점이다. 단위 학교에 퇴직 교장을 중심으로 한 외부 교육과정 전문가가 투입되어 교사들이 스스로 교사 학습 공동체를 만들어 공부하고 발전할 수 있도록 지원하였다. 교사들을 교육 혁신이 필요한 대상이 아니라 주체적으로 교육 혁신을 이끌어 나갈 수 있도록 하고자 능동적인 역할을 부여하였다. 매주 정해진 시간에 모여 학생들의 학습 능력을 진단하고 학생에 맞는 교수학습 방법을 고민하고 협의하였다. 기존의 일방적인 지식 전달 위주의 교사 연수 방식에서 벗어나 협력과 소통을 통한 교사 학습 공동체를 구현하였다. 교사 개인이 가지는 철학과 능력을 중심으로 하여, 각각의 의견을 시너지화하여 학생들의 학습 능력 향상이라는 동일한 목표를 중심으로 협업 시스템을 갖추게 되었다. 당시 교육 전문 컨설턴트로 왕성한 활동을 하던 Micheal Fullan의 자문을 통해 도움이 필요

• http://www.edu.gov.on.ca/eng/general/elemsec/speced/LearningforAll2013.pdf

한 개별 학생을 지원하는 것이 아니라 학급 모두가 다 같이 학습할 수 있는 에듀테크나 교육과정으로 지원을 하였다. 또한 초등학교는 학생들의 문해력과 산술 능력을 전담하는 부서를 신설하여 학급 수준에서 학생들이 최대한 성취도를 올릴 수 있도록 시스템을 마련하였다. 외부 교육과정 전문가는 학교 및 학급의 상황과 특성에 맞게 멘토로서 교사들을 현장 지원하는 역할을 담당하였다.

나. 보편적 학습 설계를 통한 개별화 수업

온타리오주 교육과정에서 살펴볼 수 있는 가장 핵심적인 것을 꼽으라면 개별화 수업을 말할 수 있다. 학생들의 다양한 교육적 요구에 따른 개별적 차이, 발달적 차이에 근거해서 각 학생을 위한 개별화 교육 계획을 계획하고, 학생들의 준비도, 흥미와 학습 선호에 따라 개별화 지도(Differentiated Instruction, DI)를 통해 학생 맞춤형 수업을 진행한다. 표준화된 시험이나 교육과정보다 학생들의 자기 주도적 학습 방법의 습득을 강조하며, 다양한 방식의 학습과 다양한 학생의 차이를 존중하여 개별화된 교육과정을 구성한다. 온타리오주는 학생들의 다양한 수준과 맥락 속에서 발현되는 역량을 키우기 위해 개별 학생의 선지식, 요구, 관심 등에 대해 반응하는 개별화 수업이 이루어진다.

특히 보편적 학습 설계(Universal Design for Learing, UDL)를 통해 개별화 수업을 구현해 내는데 이는 특정한 요구를 가진 학생들뿐만 아니라 모든 학생들의 학습을 극대화하기 위한 노력이다. 보편적 학습 설계에서 보편적 설계(Universal Design, UD)란, 본래 건축 분야의 보편적 설계에 사용하던 말로써 건물을 우선 지은 뒤에 어린이, 노인, 장애인 등을 배려해야 한다는 사실이 확인될 때마다 이를 맞춰 개보수하는 것보다 처음부터 최대한 다양한 성격의 사람들이 사용할 수 있는 방향으로 건물을 설계하는 게 최선의 방법이라는 것을 말한다. 교육과정에서의 보편적 학습 설계(UDL)란 처음부터 표준적인 보통의 학습자를 전제로 교육과정을 만들고, 후에 이런저런 식으로 끝없이 수정 · 보완해야 하는 것보다는 처음부터 최대한 다양한 학습자들을 위한 교육과정을 만들어야 한다는 것을 뜻한다. 이러한 보편적 학습 설계를 통한 개별화 수업을 위해 테크놀로지를 중요한 요소로 보고, 교사는 쓰기와 읽기를 지원하는 다양한 에듀테크를 활용하여 실험하고 연구를 하고 있다.

이처럼 온타리오주에서는 학생 개개인에 적합한 교육 방법으로 보편적 학습 설계를 적극 활용하고 있다. 교사들은 다양한 수준과 경험을 고려한 보편적 학습 설계를 바탕으로 개별화 수업을 디자인하는데 학습 목표는 동일하나 경로가 다양한 활동들이 제시될 수 있도록 수업을 준비한다. 이러한 개별화 수업을 만들기 위해 교사의 역할이 기존과 많이 달라졌다. 전통적으로 3Rs(읽기, 쓰기, 셈하기) 등의 기초 학습을 통해 학생들을 이끌어 나가는 역할을 담당하였다면 개별화 수업은 학생들의 기본 능력을 파악하여 필요한 부분에 도움을 주는 조력자의 역할을 담당하게 된다. 학생의 역할이 전통적 수업에서는 교사 주도에 따른 소극적 학습의 형태를 띠고 주로 학부모가 교사와 의견을 주고받는 형태였다면 개별화 수업에서는 학생 주도에 의한 적극적 학습이 이루어지고 교사와 학부모뿐만 아니라 학생까지 공동으로 협력하여 학습하게 된다. 교육과정 내용 선택 시 전통적 수업은 학교나 교사에 의해 주어진 메뉴로부터 선택하는 반면에 개별화 수업에서는 학생의 자율적인 선택에 따라 그 범위가 크게 확대된다.

구 분	전통적 수업	개별화 수업
교사의 역할	기초 학습(3Rs)을 이끄는 지도자	기초 학습(3Rs)을 관리하는 조력자
학생의 역할	교사 주도에 의한 소극적 학습	학생 주도에 의한 적극적 학습
학부모의 역할	교사와 학부모가 공동 협력자	교사, 학생, 학부모가 공동으로 협력
교육과정 선택의 범위	학교로부터 주어진 교육과정으로부터 선택	학교, 학부모, 학생으로부터 자율적 선택 범위 확대

전통적 수업과 개별화 수업의 차이

교수학습은 다양한 활동, 유연한 모둠, 지속적 평가 등을 통해 개별화를 지원하며, 학생들의 준비도, 흥미, 선호에 따라 다양화한다. 교실 수업에서 유연한 모둠 활동을 통해 개별 또는 독립 활동을 혼합하여 최대한 학생들의 자율성을 존중한다. 모둠 활동은 단계별로 구체화, 체계화하여 다양한 학습 욕구를 가진 학생들의 학습을 극대화시켜 주며, 개별화 수업을 통해 학습 과정과 결과를 체계적이고 지속적으로 평가함으로써 과정 중심 평가가 가능하게 된다.

온타리오주의 교사들은 학생들에게 학생의 삶을 반영한 교실 실행 수준의 교사 교육과정을 설계한다. 학생들이 배우고 싶어 하는 것이 무엇이고 그것에 대하여 이해하고 있는지, 학습이 더 잘 이루어지기 위해 교육과정을 어떻게 설계할 것인지, 수업을 이해하고 있지 않은 학생들을 어떻게 도울 것인지를 고려한다. 즉, 교사들은 학생들이 배우고 있는 지점을 파악하고 학생들에게 필요한 학습의 단계를 결정한다.

개별화 수업은 수준이나 학습이 느린 학생들을 보조하여 누구나 학습 목표 도달을 위한 성취가 일어나는 것을 가능하게 한다. 또한 수준이나 학습이 빠른 학생들도 맞춤형 수업을 통해 처치함으로써 모두를 위한 교육(Education for All)이 이루어진다. 수월성 교육(Excellence Education)은 모든 학생들이 자신이 가지고 있는 잠재력을 최대한으로 발휘할 수 있게 하는 교육을 말한다. 누구나 다 잠재적인 능력을 가지고 있고 그 분야나 내용은 다르지만 개별화 수업을 통해 각자가 가지고 있는 잠재적인 능력을 최대한 발휘하는 것이 교육에서의 수월성이다. 모두를 위한 교육은 모든 학생들의 수월성을 키우고자 하는 교육으로서 학생들에 좀 더 높은 수준의 교육이 이루어지게 만든다.

3

일본: 앎과 삶의 교육과정

가. 앎과 삶이 함께하는 마을 교육 공동체

일본은 2013년 1월 총리실 산하에 '국가교육재생회의'를 신설하고 '세계 최고 수준의 교육의 중요성에 대해 국민들이 눈을 뜨고 그 교육 기회를 갖는 것'을 목표로 국가 교육 재건에 시동을 걸었다. 이에 따라 2013년 6월에 2020년부터는 수능(센터시험) 폐지를 선언하기도 했다. 그런데 이 결정이 문부과학성(교육부) 결정이 아니라 각의(국무회의) 결정이라는 것이 주목할 점이다. 일본은 교육 개혁을 단순히 교육계 차원의 문제가 아닌 국가 전체 차원의 미래 전략으로 함께 접근하는 것이다.

즉, 일본에서는 미래 교육에 대한 변화와 더불어 학교 교육이 강조되고 있으며, 학교 교육을 둘러싼 개혁에서 학교와 지역의 연계 협력의 중요성이 더욱 강조되고 있다. 이러한 교육 공동체 구축을 위한 실천적인 움직임은 그동안 일본의 교육계에 팽배해 왔던 경쟁 위주의 교육적 관행과 피폐해진 학생들의 배움에 대한 새로운 모색이자 시도라 할 수 있다.

더 이상 공교육 바로 세우기가 학교 바로 세우기만으로 달성될 수 없다는 점, 따라서 학교 혁신이 아니라 지역의 교육력이 강화되어야 한다는 인식이 마을 교육 공동체의 실천을 강화시키고 있는 것이다. 이러한 움직임으로 그들만의 다양하고 창의적이며 전략적인 교육과정이 수립되고 앎과 삶이 함께 하는 교육을 이루어 낼 수 있게 되었다.

나. 교실에서의 한계를 마을 교육 공동체로 확장하다

일본에서 학교와 지역의 연계협력과 관련된 주요 정책으로는 학교운영협의회를 설치하는 '커뮤니티 스쿨'과 '지역학교협동본부'를 통한 협력 활동 등 2가지 형태를 들 수 있다. 현재 한국의 마을 교육 공동체의 실천과는 달리 일본의 커뮤니티 스쿨은 정부 주도의 정책으로 운영되고 있다. 학교 교육력 강화뿐만 아니라 지역의 교육력 강화에 집중하고 있다는 점, 그리고 지역의 다양한 기관과 시설 또는 시민단체가 적극적으로 함께 하며 교육과정을 운영하고 있다는 점이다.

일본의 커뮤니티 스쿨은 학교운영협의회를 통해 보호자(학부모)나 지역원(주민)이 일정한 권한과 책임을 갖고 학교 운영에 참가하여, 지역의 교육적 니즈(Needs)를 신속하고 정확히 학교 운영에 반영함과 동시에 학교 · 가정 · 지역 사회가 하나가 되어 좀 더 좋은 교육의 실현에 대처하는 것을 목적으로 운영하고 있다. 이러한 커뮤니티 스쿨 운영을 통해 학생들의 기초 학력 향상과 함께 집단따돌림과 같은 문제를 해결하고 학생들의 자주성 함양을 유도하고 있다. 또한 지역의 교육적 요구를 학교 교육에 반영하기 위한 지역 주민 간의 연결과 참여를 도모하고 있으며, 지역 만들기를 활성화를 통해 지역과 학교가 함께 성장하고 있다.

커뮤니티 스쿨의 법제화의 목적은 첫째, 가정이나 지역 주민의 교육적 요구를 학교 운영에 반영하고 보호자나 지역 주민에게 신뢰받는 「열린 학교 만들기」를 추진하는 것이다. 둘째, 학교 · 가정 · 지역 주민이 하나가 되어 다음 세대의 주역인 아이들의 「살아갈 힘」을 육성함으로 지역 특성에 맞는 독자적인 마을 만들기를 추진하는 것이다. 그리고 셋째, 학교 · 가정 · 지역주민이 하나가 되어 만들어 가는 지역화된 교육을 통해 지역 활성화를 실현시키는 것으로 요약될 수 있다.(나가하타 미노루, 2014) 일본 커뮤니티 스쿨이 아이들의 '살아갈 힘'을 키우는 데 지역이 함께 해야 가능하다는 결론을 내린 것은, 오늘날 개인주의와 물질주의가 만연된 현대 사회에 대한 일종의 대안으로 지역의 공동체성을 복원하는 것을 의미한다. 지역 교육력을 강화하기 위해서는 지역의 교육 자원이 자연스럽게 학교로 들어올 수 있도록 학교 문호를 개방하고 참여를 유도하는 것이 중요하다. 이러한 움직임에 커뮤니티 스쿨 증가뿐 아니라 지역 주민이나 학부모 등이 학교 운영이나 교육 활동에 관해 협의하고 의견을 나누는 장(場)이 늘어나고 있는 추세다.

일본의 커뮤니티 스쿨에서 강조되는 지역 교육력의 의미는 일반적으로 교육에 대한 역할과 책임을 분담하기 위해 지역의 교육적 역량을 회복하고 이를 통해 학교 교육 · 지역 교육 · 가정 교육의 연계를 강화하여 그들만의 차별화된 교육과정을 운영함에 있다.

일본 마을 교육 공동체의 또 다른 사례로는 '지역학교협동본부'를 설치하고 코디네이터를 배치하여 학교와 지역이 연계 · 협력하여 지역 학교 협동 활동을 실시하는 형태가 있다. 일본의 이러한 교육네트워크 사례는 한국의 마을 교육 공동체가 비단 학교와 지역의 협력뿐만 아니라 학교와 학교를 연결하는 노력도 필요하다는 점을 시사한다. 우리 경우는 혁신 초등학교를 졸업하고 중학교, 혹은 이후 상급 학교로 진학했을 때 학교 간의 연계가 부족하다 보니 혁신 교육의 효과가 단절되는 상황을 쉽게 경험할 수 있다. 혁신 학교의 벨트화를 통해 학교급 간의 종적인 네트워크를 구축하고, 지역 사회와의 횡적인 연대가 함께 이루어져야 차별화되며 연계된 교육과정의 운영을 통해 마을 교육 공동체가 제대로 구축될 수 있는 것이다.

다. 교사 교육과정으로 꽃을 피우기 위한 마을 교육 공동체

이상에서 살펴본 바와 같이 일본 학교와 지역의 연계 · 협력은 커뮤니티 스쿨을 확대하고, 지역학교협동본부 활동을 통합적으로 추진하는 형태로 체계적이고 연계된 교육과정으로 진행되고 있음을 알 수 있다. 일본 정부는 모든 공립 학교가 커뮤니티 스쿨을 지향해야 하며, 도입을 확대하기 위한 제도적 검토를 하고 재정 지원을 포함한 종합적 지원이 필요하다고 보았다. 동시에 커뮤니티 스쿨이 도입되지 않는 곳은 기존의 학교지원지역본부 등을 활용하여 이를 '지역학교협동본부'로 정비해 학교와 지역의 연계 협력을 적극적으로 추진해 나가고 있다. 학교와 지역의 연계 협력에서 중요한 것은 학교와 지역 사이에서 연락과 조정 등을 담당할 인력과 활동이다.

마을 교육 공동체는 단순한 학교 응원단이 아니라 지역 사회가 다양한 열린 교육과정을 실천하고, 학교와 지역을 만들어 가고, 교원의 지도력을 향상하기 위해 적극적으로 학교와 연계 · 협력하는 파트너의 관계로 움직이고 있어야 한다는 것을 보여 준다. 이러한 결과, 지속 가능하고 안전하며 지역의 특색을 살린 차별화된 다양한 교육과정을 운영할 수 있는 여건을 마련해 준 것이다.

4

싱가포르: 공동체성을 기반으로

싱가포르의 핵심 역량 중심으로 한 교육과정 운영에서 국가-지역-학교 및 교사로 이어지는 하향식 방식이 아닌 단위 학교의 교사의 자율성을 지원하는, 교사의 공동체성을 기반으로 한 교육과정의 운영 지원에 주목하게 된다. 그 지원 방안으로 동료 간 집단 토의를 기반으로 하는 동료 중심의 교사 연수, 동료성을 기반으로 한 협동 장학과 교육부와의 파트너십, 교육공동체가 참여하는 교육과정 모니터링 등은 교사 교육과정 운영에 큰 시사점을 준다.

가. 동료 중심의 교사 연수

개정 교육과정이 적용되면 교육부는 교사들에게 연수를 실시한다. 연수의 방식은 사례 중심 연수로 연수 자료는 실제 교실에서 새 교육과정을 실천할 때에 필요한 자료와 연동할 수 있게 구성되고, 내용 역시 교과 목표－내용－평가가 연계된 교사들의 경험을 중심으로 하여 각 교과별 실천 사례를 풍부하게 담고 있다.

싱가포르의 교사 연수 중 가장 특징적인 부분으로는 학교군에서 실시하는 교사 연수 워크숍과 세미나(In－house Teaching & Learning Seminar)로 약 100시간 이상으로 운영된다. 연수 운영 방식은 전달 연수가 아닌 동료 간 집단 토의를 중심으로 개정 교육과정에서 추구하는 가치와 핵심 역량들이 교실에서 구체적으로 실현되는 모습을 파악할 수 있도록 하는 실제적 연수로 진행되며 교수 · 학습 계획안부터 수업 진행 절차, 수업 내용과 평가의 일련의 과정들이 모두 연계성을 가질 수 있도록 구성하여 교사의 전문성 향상을 돕는다.

핵심 역량은 교과서로 학습될 수 있는 것이 아니라 실제적이고 다양한 맥락에서 함양될 수 있는 것으로 역량교육 계획과 실천의 중심에는 교사들의 공동체성을 바탕으로 한 적극적인 노력이 필요하다.

나. 협동 장학의 활성화

학교 내 장학 중 협동 장학은 교사 전문성 향상 커뮤니티(Professional Learning Community)를 조직하여 연구 프로젝트를 협동적으로 수행하거나 실행 연구 및 수업 연구를 실행하여 그 결과를 교실 수업 개선에 활용하는 즉, 교사들의 반성적 실천을 장학 지원에 활용하고 있다. 이러한 협동 장학은 '질 높은 교육을 위한 핵심은 교사에게 있다'는 슬로건 하에 수업에 관한 동료 수업 관찰, 멘토링, 실행 연구, 수업 연구 등의 활동이 거의 모든 학교에서 이뤄지고 있다. 또한 교육부에서는 학교의 수평적 관계를 바탕으로 친밀함을 기반으로 하여, 학교 교사로부터의 장학 요청이 있으면 교육부의 교육과정 기획 개발과에서 장학 전문가를 파견하여 지원한다. 교육부와 학교와의 관계는 '완성품'으로서의 학교 교육과정을 점검하는 장학이 아닌 파트너십을 기반으로 한 소통을 중요시한다는 데 그 특징이 있다. 교육부는 학교를 감독하고 통제하는 기관이 아니라 학교에서의 교육과정 운영에 대한 어려운 점을 청취하고 문제를 개선하기 위해 인적 · 물적 자원을 제공하는 역할을 하고 있다. 즉, 공동체성을 바탕으로 함께 배우고 소통하는 수평적인 관계는 교사의 자율성과 전문성을 신장시켜 자연스럽게 교사 교육과정을 실현하게 된다.

다. 교육 공동체가 참여하는 교육과정 모니터링

싱가포르의 교육과정 모니터링은 주기적으로 이루어지지만 상설 모니터링 시스템이 존재하며 그 방식은 면담(Focus group interview)과 토론(Dialogue sessions) 중심으로 이뤄지고 있다. 그 내용은 교육과정 내용뿐 아니라 내용에 따른 평가와 실천에 있어서의 문제점 등 광범위한 이슈들을 가지고 개별, 그룹 면담이 이루어지고, 이 면담 결과를 가지고 교차 면담을 시행한다. 면담하는 대상은 학부모, 교사, 교장 등으로 매우 광범위하며 의사소통을 기반으로 주기적인 검토가 시스템화되어 있어 교육과정 모니터링을 위한 의사소통이 안정적으로 정착되어 있다. 싱가포르 교육과정 모니터링 활동의 목적은 평가에 있지 않고 교육과정 검토 또는 교육 실천가들에 대한 지원으로 인식함으로써 교육과정에 대한 교사의 관심 및 마인드 형성을 적극 지원한다. 즉, 교육과정의 상설 모니터링을 통하여 교육 공동체의 가치와 비전을 공유하고 상호 간의 협력적 문화를 통해 민주적 소통과 협업 문화를 형성함으로써 학교 자율화의 핵심인 교육과정 자율 운영의 실질 토대를 구축하고 있다.

이렇듯 공동체성을 기반으로 한 역량 개발 지원은 교육과정을 이해하고 생성하여 적용 및 실행할 수 있는 능력 개발로 이어진다. 또한 이를 통해 함께 소통하고 배우는 가운데 교사의 자율성과 전문성이 신장되어 자연스럽게 교사 교육과정을 실현하게 된다. 이러한 과정은 교사 교육과정의 필수 요소로 국가, 교육청에서 주어지는 교육과정이 아닌 '만들어 가는 교육과정'을 만들기 위한 초석이 되고 있다.

미래의 학교
: 새로운 고등교육 모델, 미네르바 스쿨

'캠퍼스가 없는 대학교', '하버드보다 들어가기 어려운 대학' 등으로 유명세를 타고 있는 학교가 있다. 기존 대학의 모습에서 벗어나 새로운 대학 모델로 주목받고 있는 미국의 스타트업 학교, 미네르바 스쿨이다. 미네르바 스쿨의 교육과정은 철저히 '역량'을 중심으로 구성되어 있다. 과연 새로운 고등교육의 모델로 주목되는 미네르바 스쿨의 역량 기반 교육과정은 어떤 모습일까.

미네르바 스쿨에는 4가지의 혁신적 특징이 있다.(김성제·임상훈, 2018)

① 오프라인 캠퍼스가 없다. 전 세계 7개국의 기숙사를 임대 형태로 갖출 뿐이다.
② 실시간 온라인 학습 및 플립 러닝을 적용한 교수학습 방법을 활용한다.
③ 학생 선발은 SAT나 ACT와 같은 대학입학 자격시험 점수에 의하지 않고, 자체적인 입학전형을 통해 이루어진다.
④ 무전공으로 입학하며, 모든 교육과정과 교과는 역량을 중심으로 이루어진다.

이 중 미네르바 스쿨을 대표하는 특징은 공간의 제약에서 벗어난다는 것이다. 20여 명의 학생들은 4년 동안 전 세계 7개 도시(서울, 샌프란시스코, 하이데라바드, 부에노스아이레스, 런던, 베를린, 타이베이)를 유랑하며, 각 도시를 캠퍼스 삼아 생활한다. 그들은 온라인을 통해 수업을 듣고, 세계 각국 도시의 다양한 학습 환경에서 직접 생활하며 체험적 지식을 습득한다.
우리가 특히 주목하는 점은 미네르바 스쿨이 공간의 제약에서 벗어날 수 있었던 이유다. 미네르바 스쿨의 교육 이념은 단순한 '지식 습득'이 아니라, '실용적 지식 습득'이다. 그들의 교육 이념을 실현하기 위해서는 한정된 공간에서의 지식 전달이 아니라, 다양한 생활 환경에서의 실제적 경험이 필요하다. 이러한 교육 이념은 그들이 공간의 제약에서 벗어날 수 있게 해 주었다. 공간의 자유 속에서 미네르바 스쿨은 실용적 지식을 습득하기 위한 구체적인 방안을 4가지 핵심 역량으로 설정하고, 이를 기반으로 교육과정을 구성한다.

핵심 역량		하위 역량	관련 기초강좌
개인적 능력	비판적으로 사고하기	주장 평가하기 · 추론 분석하기 · 신중하게 결정하기 · 문제 분석하기	형식 분석 formal analyses
	창의적으로 사고하기	발견 촉진자 · 문제해결하기 · 프로젝트 · 프로세스 · 서비스 생산하기	실증 분석 empirical analyses
대인관계 능력	효과적으로 의사소통하기	효과적으로 언어 사용하기 · 효과적으로 비언어적 의사소통하기	다중양식 의사소통 multimodal communications
	효과적으로 상호작용하기	협상하기 · 조정하기 · 설득하기 · 다른 사람과 효과적으로 협업하기 · 윤리적 딜레마 해결하기 · 사회적 의식 갖기	복잡계 complex systems

미네르바 스쿨 핵심 역량 및 역량별 관련 기초 강좌(이혜정 외, 2019에서 재인용)

미네르바 스쿨의 학년별 교육과정을 살펴보면, 1학년은 학습의 초석을 닦는 단계로 4가지 핵심 역량이 무엇이며, 그것을 활용하는 방안에 대해 배우는 기초 강좌로 구성된다. 2학년은 자신이 관심 있는 분야에 대해 탐색하고, 전공을 선택한다. 3학년은 전공 과정으로, 학생들이 자신의 전공을 집중해 학습할 수 있도록 한다. 3학년부터 졸업 프로젝트를 시작하며, 마지막 4학년은 그동안의 교육과정에서 학습한 내용을 종합하여 졸업 프로젝트를 마무리한다.

이러한 학년별 교육과정과 모든 교과는 핵심 역량을 기반으로 설계된다. 추상적 개념인 핵심 역량은 실제 수업에서 다룰 수 있는 120개의 세부 역량(HCs: Habits of Mind & Foundational Concepts)으로 구체화되며, 세부 역량을 바탕으로 각 수업에 필요한 학습 목표, 학습 내용, 평가 등이 설계된다.

그런데 생각해 보면, 역량은 학습 후 얻을 수 있는 결과이므로 교사가 학생에게 직접적으로 가르칠 수 없는 영역이 아닌가. 이러한 이유로 미네르바 스쿨은 학생들이 역량을 습득하고 향상시킬 수 있도록 세부 역량이 적용된 상황을 제시한다. 이를 통해 학생들은 주어진 상황에 맞춰 스스로 해결책을 찾고, 자신의 역량을 향상시켜 갈 수 있다. 이처럼 미네르바 스쿨 교육과정의 핵심은 핵심 역량을 구체화하여 세부적으로 제시하고 이를 기반으로 교육과정을 구성하여, 학생들이 구체적인 상황 속에서 실용적 지식을 갖출 수 있도록 한다는 데 있다.

구분	내용
핵심 역량	비판적 사고하기
하위 역량	신중하게 결정하기
Habits of Mind	이해 당사자가 각기 다른 비용 및 이익을 고려하라.
적용 예시 상황	당신은 지난 6년간 이용했던 호텔에서 연례회를 개최하고자 한다. 이미 초청장을 출력해 놓았고, 손님과 초청연사, 가까운 식당도 섭외해 놓은 상태이다. 하지만 연례회 일주일 전 호텔 매니저로부터 작년보다 3배 이상의 가격을 청구하겠다는 연락을 받았다. 당신은 비용과 이익을 고려해 보고자 한다. 당신은 연례회에 드는 돈을 모두 커버할 수 없을 것이다. 이익이라고 하면 친숙한 장소이고, 초청장을 다시 돌리거나 다른 것들을 다시 조정할 필요가 없다. (하략)

'비판적 사고하기'의 세부 역량이 적용된 교과 예시(이혜정 외, 2019에서 재인용)

역량 기반 교육과정을 지향하는 우리의 교육과정에 미네르바 스쿨은 다양한 시사점을 전한다. 미네르바 스쿨의 역량 기반 교육과정은 모든 교과가 대학이 설정한 핵심 역량과 밀접하게 연계됨으로써 실현된다. 모든 수업을 미네르바 스쿨이 정의한 역량을 개발하는 활동으로 설계하며, 수업 내용 또한 이 역량을 습득하는 데 배경 및 맥락으로서 활용되는 것이다.(이혜정·임상훈·강수민, 2019) 따라서 온전한 역량 기반 교육과정을 실현하기 위해서는 역량의 세부적인 정의와 이를 기반으로 한 교육과정이 구성되어야 한다. 그 과정에서 미네르바 스쿨과 같이 교과의 경계가 허물어져야 할지도 모른다. '지식 습득'이 아닌, '역량 증진'을 위한 교육과정을 실현하고 있는 미네르바 스쿨은 이러한 도전 정신으로 만들어졌다고 할 수 있다.

7

시끌벅적 교육과정 : 교육과정 이슈들

뭐가 진짜예요?

선생님, 누구는 정시 확대가 더 공정한 거라 하고 또 누구는 수시 확대가 더 공정한 것이라는데…… 뭐가 진짜예요?
선생님, 국정교과서가 자유발행 체제로 바뀐다는데, 자유발행제가 왜 좋은 거예요?
선생님, 성취기준이 예전보다 좋은 거라고 성취기준을 중심으로 가르치라는데 왜 더 좋은 거지요?

교육과정 개정 때마다 바뀌는
교육정책과 교육 내용들……
현장 교사도 궁금합니다.

1 '국가 교육과정'은 없어져야 할까요?

교육 자치 · 학교 자치가 강조되면서, 교육부의 존폐 여부와 함께 국가 수준의 교육과정을 폐지하자는 요구가 있다. 이는 우리나라의 중앙집권적 교육과정에 대한 반감과 거부감의 영향으로 우리나라는 해방 이후부터 현재에 이르기까지 '학교에서 무엇을 가르칠 것인가' 하는 교육과정의 문제를 국가 사회 수준에서 대국민 합의물로 정하는 국가 교육과정 체제였고,(조상연, 2015) 이 과정에서 과도한 통제와 감시가 국가 교육과정에 대한 반감과 거부감을 양산하였기 때문일 것이다.

그러나 국가 교육과정은 필요하다! 세계 교육계의 역사와 변화를 감안할 때, 국가 교육과정은 '표준화'의 성격으로 인해 교육의 질적 수준을 담보할 수 있었으며, 교육에 대한 국가의 책임을 강화하여 교육의 '공공성'을 확보할 수 있었다.

가. 내용 · 방법의 표준화로 교육의 질적 수준 담보

국가 교육과정은 표준성의 성격으로 인해, 전국 어느 곳에서도 같은 내용을 지도하게 함으로써 일정 수준 이상의 교육적 질을 담보할 수 있는 방안이다. 이는 20세기 후반까지 국가 교육과정이 없던 영국, 미국 등 교육의 개별화가 주류였던 나라들이 국가 경쟁력의 약화 원인을 낮은 교육 경쟁력 – 국가 교육과정의 부재로 보고, 국가 교육과정을 적극적으로 개발하여 적용하는 방향으로 선회한 이유와도 같다.

그러나 국가 교육과정의 표준화 내용이 지역, 학교, 학생의 특성을 반영하는 데 한계가 있고, 특히 국가 교육과정이 지나치게 구체적이거나 상세할 때 지역 및 학교, 교사의 자율성이 제한되는 문제로 인해 '획일화'의 한계를 갖는다. 이에 현재 대부분의 나라는 국가 교육과정과 지역 단위 교육과정이 상존하는 형태를 취하며, 자율화의 정도에 따라 강한 구속력과 지도력을 발휘하는 경우, 단위 학교 교육과정 편성 · 운영의 방향 및 기본 틀로서 기능하는 경우, 안내적 지침(Guideline)으로서만 기능하는 경우 등 다양한 모습을 보인다.•

학교 교육의 근간으로 비교적 강한 구속력을 갖는 프랑스, 일본, 중국은 국가 교육과정이 법령 혹은 고시 형태를 취하는 경우로 교육과정을 관리하고 평가하는 기초가 된다. 영국, 뉴질랜드, 핀란드 등은 국가 교육과정이 기본 방향만 제시함으로써 지역과 학교 교육과정의 기본 틀로서 기능한다. 이 경우 국가 교육과정은 공통 교육 및 의무 교육에 대해 많은

• 초·중등학교 교육과정 선진화 방안(2008) 중, 교육과정 선진화의 전제 내용 요약

것을 결정하지만 학교 단위의 교육은 자율적으로 운영하게 된다. 안내적 지침으로서 국가 교육과정이 제시되는 경우는 호주, 캐나다, 미국 등 주로 주(State) 단위에서 교육에 대한 의무와 책임을 담당하는 경우로, 전반적인 교육과정 편성 · 운영 권한은 단위 학교에 주어져 있다.

이처럼, 교육과정의 운영 형태는 다양하지만, 국가 교육과정의 존립은 자국민의 교육적 표준화를 통한 교육의 질적 수준 확보에 큰 영향력을 갖는다.

나. 교육에 대한 국가 책임 강화로 교육의 공공성 확보

국가 교육과정은 공통성, 일반성의 성격으로 인해, 국민의 교육 기회에 대한 형평성(Equity)과 수월성을 추구한다. 국가 교육과정은 경제 능력, 종교, 성별, 인종, 장애 등에 구애 없이 모든 국민이 교육적 권리를 적극적으로 행사할 수 있도록 보장하며, 이에 따라 개인별 특성과 필요에 따른 맞춤형 학습 체제로 모든 학습자의 기초 학력을 보장하며, 교육적 배려가 필요한 학습자의 요구를 반영하여 잠재 능력을 계발할 수 있도록 제도적으로 지원하고, 모든 개인이 잠재 능력을 최대한 발휘할 수 있도록 수월성 제고를 위한 학습 기회의 형평성을 추구한다. 이렇게 국가가 교육에 대한 책임을 다할 때 교육 기회의 평등, 교육과정의 평등, 교육 결과의 평등이 가능하고, 이는 국민 모두의 잠재력을 최대한으로 발휘케 하여 인간 존엄적 가치와 성장의 기쁨을 갖게 해 줄 수 있다.

PISA, TIMMS 등 국제 평가에서 **핀란드 교육**이 큰 반향을 일으키고 있다. 자원도 부족하고 영토도 작은 그 나라의 교육 비밀을 알고자 세

1. 로컬 교육과정의 중요성
1.1. 국가교육과정과 로컬교육과정
1.2. 로컬 교육과정 개발 원리
1.3. 로컬 교육과정 개발과 평가 / 1.4. 관련 쟁점

2. 공통교육과정의 지식과 능력
2.1 의무사항 / 2.2 국가교육과정의 가치 이해
2.3 학습의 개념 / 2.4 관련 쟁점
3. 공통교육과정의 미션과 목적
3.1 미션 / 3.2 국가 수준의 목적
3.3 역량 / 3.4 관련 쟁점

4. 학교 문화
4.1 학교문화 형성과 중요성 / 4.2 학교 문화 조성의 원리
4.3 학습 환경과 학습 방식
4.4 통합수업 및 다교과 학습 모듈 / 4.5 관련 쟁점
5. 학습 및 웰빙을 촉진하는 학교 조직
5.1 책임 공유하기 / 5.2 협력
5.3 생활지도 / 5.4 학교교육 방식
5.5 기타 교육활동 / 5.6 관련 쟁점

6. 평가
6.1 학습을 지원하는 학교문화 평가
6.2 평가의 본질과 일반적인 원칙
6.3 평가 대상
6.4 과정평가 / 6.5 최종평가
6.6 평가 통지 방식
6.7 시험과 자격의 구분 / 6.8 관련 쟁점
7. 학습 지원과 출석
7.1 지원 원리 / 7.2 일반적인 지원
7.3 집중 지원/ 7.4 특별 지원/ 7.5 지원 종류/ 7.6 관련쟁점
8. 학생 복지
8.1 학생 복지를 위한 다각적 협력 / 8.2 협력 지원
8.3 개별 복지 지원 / 8.4 복지 지원 계획 / 8.5 관련 쟁점
9. 다문화와 그들의 언어 지원
9.1 사미어/ 9.2 로라/ 9.3 수화/ 9.4 기타 언어/ 9.5 관련 쟁점
10. 이중 언어
10.1 이중언어 교육의 목적과 조직/ 10.2 관련 쟁점
11. 공통 교육의 철학과 교수학적 기반
11.1 교육원리 / 11.2 관련 쟁점
12. 선택 과목
12.1 선택 수업 / 12.2 선택 교과
12.3 외국어 과목 선택 / 12.4 관련 쟁점

13. 1–2학년군
13.1 유아교육과 연계 및 1–2학년군 과제
13.2 1–2학년군 역량
13.3 관련 쟁점
13.4 1–2학년군 교과
13.4.1 모국어
13.4.2 제2공통어
13.4.3 외국어
13.4.4 수학
13.4.5 환경
13.4.6 종교
13.4.7 윤리
13.4.8 음악
13.4.9 시각미술
13.4.10. 공예
13.1 체육
13.4.12 지도 상담

14. 3–6학년군
14.1 2–3학년 연계 및 3–6학년 과제
14.2 3–6학년군 역량/ 14.3 관련 쟁점
14.4 3–6학년군 교과
14.4.1 모국어/ 14.4.2 제2공통어
14.4.3 외국어/ 14.4.4 수학/ 14.4.5 환경
14.4.6 종교/ 14.4.7 윤리/ 14.4.8 역사
14.4.9 사회/ 14.4.10. 음악
14.4.1 시각미술/ 14.4.12 공예
14.4.13 체육/ 14.4.14 지도 상담

15. 7–9학년군
15.1 6–7학년 연계 및 7–9학년 과제
15.2 7–9학년군 역량/ 15.3 관련 쟁점
15.4 7–9학년군 교과
15.4.1 모국어/ 15.4.2 제2공통어
15.4.3 외국어/ 15.4.4 수학/ 15.4.5 생물
15.4.6 지리/ 15.4.7 물리/ 15.4.8 화학
15.4.9 건강/ 15.4.10. 종교/ 15.4.1 윤리
15.4.12 역사/ 15.4.13 사회/ 15.4.14 음악
15.4.15 시각미술/ 15.4.16 공예/ 15.4.17 체육
15.4.18 가정경제/ 15.4.19 지도 상담

2014 핀란드 교육과정의 구성

게 교육계의 관심이 한껏 쏠려 있다. 이러한 성공 비결에 대한 여러 설명이 있지만, 그중 하나는 **'핀란드의 강력한 국가 교육과정과 자율적인 지역 교육과정(Local Curriculum) 간의 조화로운 운영'**을 꼽는다.(유성열, 정광순 2018) 유성렬, 정광순(2018)에 따르면, 2014 핀란드 교육과정의 특성은 3가지(로컬 교육과정 개발 강조, 역량 도입, 평가 강화)로 도출할 수 있고, 국가 교육과정은 역량 중심 교육과정이면서 동시에 단위 학교(로컬) 차원에서 교사가 교육과정을 개발하여 수업하도록 지원하는 데 중점을 둔다. 이렇게 국가 교육과정이 로컬 교육과정 개발을 위해 일반적 - 표준적 기준(규범적 지원), 다교과 학습 모듈(일반적 방법론적 지원), 총론과 각론을 잇는 중간 체제 지원, 평가적 지원을 함으로써 교육적 효율성을 극대화하는 효과를 낳는 것이다.

이처럼, 국가 교육과정은 교육의 전체적인 방향을 안내해 주는 나침반이자 표준화된 내용적 지침을 통해 교육의 공공성과 일정 수준 이상의 교육적 질을 확보해 주는 역할을 한다.

2

핵심 개념, Less is more?

2015 개정 교육과정 『초 · 중등학교 교육과정 총론』에는 "교과의 핵심 개념을 중심으로 학습 내용을 구조화하고 학습량을 적정화하여 학습의 질을 개선한다"라는 교육과정 구성 방향이 명시되어 있다. 이는 'Less is More'라는 교과 교육과정 개발의 경구에 따라, 전이력 높은 교과의 핵심 내용만으로 교과 성취기준을 구성하였음을 의미한다.

Less is More. 학습량은 줄이면서도 학습의 질은 개선시킬 수 있다는 이 경탄할 만한 경구는 어떻게 성립될 수 있을까. 2015 개정 교육과정에서 이를 성립시킨 장치가 바로 교과의 '핵심 개념'이다. 핵심 개념은 미국의 교육학자 브루너의 교육 이론을 의미하는 표현이다. 브루너는 그의 대표 저서인 『교육의 과정』(1960)에서 '지식'이 아닌 '지식의 구조'를 가르침으로써, 죽은 지식의 전달에만 의존하는 전통적 지식 교육으로부터 벗어나 살아 있는 교과의 본질을 가르치는 교육을 해야 한다고 말한다. 여기서 '지식의 구조'를 가르치는 것이란, 각 교과의 핵심 아이디어이자 일반적인 원리를 그 교과의 사고방식과 탐구 방식으로 가르쳐 비슷한 다른 상황에서도 문제를 해결할 수 있도록 하는 교육 원리를 뜻한다.

브루너가 말한 교과의 핵심 아이디어이자 일반적인 원리가 바로 2015 개정 교육과정의 핵심 개념이다. 핵심 개념은 각 교과의 교육 내용 체계의 중심에 위치하며, 일반화된 지식과 내용 요소, 기능 등의 하위 요소들을 설정하는 기준이 된다.(교육부, 2014)

핵심 개념이 도입된 이유는 소량의 교과 지식을 선별하여 이를 좀 더 유용하게 활용할 수 있도록 하는 것에 있다. 이는 분절적이고 단편적인 지식 습득 위주의 교육을 극복하고자 하는 역량 기반 교육과정의 가치와도 부합한다.(이광우, 2014) 실질적이고 유용한 교육 내용만을 체계적으로 제시하고자 한 역량 기반 교육과정의 의도가 핵심 개념을 통해 구현되는 것이다.

그러나 이러한 핵심 개념의 본질적 의도에도 불구하고, 교사들이 과거 교육과정과 비교해 2015 개정 교육과정의 전체 학습량이 줄었는지를 체감하기 어렵다. 왜 2015 개정 교육과정이 소수의 핵심 개념을 중심으로 교과 교육과정을 재구조화했음에도 현장의 교사들은 이를 실감하지 못하는 것일까?

그 이유는 교과별 적용 과정에서 핵심 개념의 본래적 의도를 제대로 살지 못하였기 때문이다. 김선영(2019)의 연구에 따르면, 총론에서는 하나의 의미로 핵심 개념을 제시하고 있지만, 각 교과에서는 서로 다른 의미로 핵심 개념을 사용하고 있다. 각 교과에서 핵심 개념은 '교과를 관통

교과	핵심 개념	교과 핵심 개념의 의미
수학	수의 체계 · 수의 연산 · 평면 도형 · 입체 도형 · 양의 측정 · 어림하기 · 규칙성과 대응 · 자료 처리 · 가능성	교과를 관통하는 학습 (상위) 개념
사회	민주주의와 국가 · 정치과정과 제도 · 국제 정치 · 헌법과 우리 생활 · 개인 생활과 법 · 사회 생활과 법 · 경제 생활과 선택 · 시장과 자원 배분……	영역별 학습 주제
미술	지각 · 소통 · 연결 · 발상 · 제작 · 이해 · 비평	수행 기능
국어 (읽기)	읽기의 본질 · 목적에 따른 글의 유형 · 읽기와 매체 · 읽기의 구성 요소 · 읽기의 과정 · 읽기의 방법 · 읽기의 태도	모든 교육 내용을 포괄하는 학습 영역

2015 개정 교육과정의 핵심 개념과 그 의미(김선영, 2019에서 재인용)

하는 상위 개념(수학 교과)', '영역별 학습 주제(사회 교과)', '수행 기능(미술 교과)' 등으로 사용된다. 예를 들어, 국어 교과의 경우 핵심 개념의 의미가 '모든 교육 내용을 포괄하는 학습의 영역'으로 설정되어 있다. 이는 국어과 교육 내용의 대영역을 의미할 뿐, 전이력과 생성력이 높은 교과의 핵심 아이디어라 보기 어렵다. 이로 인해, 소수의 핵심 개념을 중심으로 교과 교육과정을 재구조화하자고 했음에도 불구하고, 핵심 개념의 하위에 있는 교육 내용의 양은 큰 변화가 없는 것이다. 세부 교육 내용에 대한 조정 없이 대영역에 해당하는 핵심 개념의 양만을 줄였기 때문에, 전체 학습량에는 큰 차이가 없다.

이러한 문제는 핵심 개념의 의미가 교과 교육과정에 제대로 반영되지 못해, 교육 내용을 선발하는 도구로 작용하지 못하였음을 의미한다. 따라서 각 교과의 핵심 개념이 총론에서 제시하는 목적을 제대로 구현하고 있는지를 전반적으로 살펴보아야 한다. Less is More는 학습량은 줄이면서도 학습의 질은 개선시킬 수 있다는 2015 개정 교육과정의 의도는 핵심 개념의 본래적 의미를 되찾을 때만 성립될 수 있다.

3

창체가 '시체'가 된 사연!

'창체는 시체(시키는 대로 체험 활동)다!'

2009 개정 교육과정에서 처음 도입된 **'창의적 체험 활동(이하 '창체'로 지칭)'은 기존의 재량 활동과 특별 활동을 통합하여 '배려와 나눔의 실천'을 위해 신설된 '교과 외 교육 활동'**을 일컫는 용어로, 창의적 체험 활동이 실질적인 체험 학습이 되도록 지역 사회의 유관 기관과 적극적으로 연계 · 협력하여 프로그램을 운영하도록 하고 있다. 이에 따라, 국가 교육과정의 중앙집권적 성격에서 단위 학교 및 교사의 교육과정 자율권을 강화한 대표적인 사례로 꼽히기도 한다.

그러나 학교 현장에서 창체는 그 취지와 달리 '시키는 대로 체험 활동'으로 전락되었다. 각종 교육 관련 특별법(학교보건법, 인성교육진흥법, 국민안전교육진흥기본법 – 학교안전교육 7대 표준안 등)은 기존의 교육 내용에 '추가적으로 의무 교육 시수'를 부과함으로써, 오히려 교육과정의 파행적 운영을 조장하고 학교 교육의 정상적인 운영을 불가하게 만들고 있기 때문이다.

교육부 내 담당 부서의 범교과 관련 수업 시수 확보 요구 현황

번호	담당 부서	요구 근거		내용	시간	관련 근거
		법령	정책			
1	학생 건강안전과	o		성 교육	15	학교보건법
				보건 교육	17	학교보건법
				생명존중 교육	2	자살 예방 및 생명존중 문화 조성을 위한 법률
				심폐소생술 등 응급처치 교육	1	학교보건법
				안전 교육	44	아동복지법
				식품안전 및 영양, 식생활 교육	20	식생활교육지원법
2	특수 교육 정책과	o		장애이해 교육 및 인권 교육	2	장애인복지법 시행령
3	직업 교육 정책과		o	산업안전, 보건 및 근로관계법 교육	17	교육부 정책
4	창의 교수 학습과		o	에너지절약 교육	1	교육부 정책
5	학교정책과		o	통일 교육	–	교육부 정책
계					119	

※ 학교안전교육 7대 표준안(교육부)의 경우, 연간 51시간 이상의 수업 요구
※ 학생 안전건강과의 식품 안전 및 영양, 식생활 교육은 교육 대상에게 월 2회 이상으로 되어 있어 총 10개월을 1년 단위로 환산함
※ 관련 근거 법률은 여러 개가 중복되어 대표성을 띠는 법률 규정으로 한정하여 제시함
※ 직업교육정책과의 내용은 특성화 고등학교에 한정됨

위 표는 박창언(2019)이 창체에 부과된 특별법 관련 수업 시수를 조사한 자료다. 초등에서 평균적으로 특별법 관련 시수는 119시간 이상으로 학년별 창체 시수(102시간) 이상을 차지하며, 이는 교육과정에서 의도한 창체 본연의 교육적 취지를 전혀 고려하지 못하게 한다.

물론, 특별법으로 강조되는 이러한 교육들이 교육적으로 불필요하다고 말하는 것은 아니다. 다만, 현장 적용상의 획일성과 강제성은 '교육적 효과 및 교육과정 자율적 측면'에서 한계가 있기 때문이다. 기본법과 달리 특별법으로 제정되어 학교 현장에 새로운 내용이 적용될 때는, 적어도 이들 내용 및 운영 시간, 방법 등에 대한 전문가적인 판단과 학교의 자율적 실천이 전제되어야 한다. 기존 교육과정과의 중복성 여부, 학교 급별 또는 학생들의 발달 단계에 따른 적합성 여부, 학교 특성에 따른 자율적 선택권 여부 등이 전제되지 않은 교육 활동은 현장이 수용할 수 없는 무리한 요구로 교육과정의 형식화(문서주의), 교사를 잠재적인 범법자로 만들기 때문이다!

교육의 전문성은 교사에게 있다. 교사가 단위 학교 및 학생들의 필요와 요구를 가장 잘 반영할 수 있기 때문이다. 각종 특별법으로 제정된 교육 활동이 학교 현장에 시행되기 전 사전 적합성 및 적절성을 확인하고 검토해 줄 수 있는 제도적 장치(교육부, 국가교육위원회 등의 담당기관)가 필요하다.

4

성취기준을 모두 평가해야 하나요?

교사의 교육 활동 중 가장 예민한 부분으로 평가를 많이 이야기한다. 교사에게는 무엇보다 과정에 있어서 공정하고 완벽을 기해야 하며, 결과를 제시해야 하는 중요하고 예민한 부분이기 때문이다. 이러한 평가의 부분 중에서 많은 교사들이 가지는 질문으로는 성취기준을 모두 다 평가해야 하는가에 대한 것이다. 평가를 공정하게 진행하기 위해서 성취기준을 참고하여 평가 기준을 마련하고 그에 맞추어 평가 도구를 마련하여 진행하는 것이 보통 신경이 쓰이는 것이 아니기 때문이다. 집필진에서도 마지막까지 끊임없는 논쟁의 중심에 서 있던 이 주제에 대해 이야기 나누고자 한다.

다음에 제시된 교육과정 총론 해설서를 보고 이야기 나누도록 하자. 해설의 마지막 문장을 보면 교과 교육과정의 기준은 반드시 성취되어야

교과별 수업 시수의 20% 범위 내 증감 운영
이때 특정 교과 시간을 20% 감축하는 것은 단원 재구성, 교육과정 압축 등과 같은 방식으로 교과 교육과정을 재구성하여 운영함을 의미하는 것이지 일부 내용(성취기준)을 삭제하여 가르쳐도 된다는 말은 아니다. 다시 말해서 **교과별 수업 시수 20% 범위에서 증감 운영할 수 있다는 지침이 교육과정 성취기준의 일부를 생략할 수 있음을 뜻하는 것은 아니며, 수업 시수를 감축하더라도 교과 교육과정 기준은 반드시 성취되어야 한다.**

출처: 2015 개정 교육과정 총론 해설서, p.68

한다는 것으로 성취가 되도록 교사는 가르쳐야 한다는 것이다. 이는 성취기준에 모든 학생이 도달하도록 가르쳐야 하고 평가해야 하는 것에 대한 당위성을 제시한다고 볼 수 있다.

그렇다면 과연 성취기준을 모두 다 평가해야 하는 것인가? 우리는 그동안 평가하지 않았던 것인가? 우리는 교과에 대한 교육과정을 계획하고 가르치며 평가하고 있다. 즉 우리는 모두 성취기준을 평가해 왔다고 이야기할 수 있다.

성취기준을 모두 평가해야 하는가에 대하여 평가에 대한 부분은 우리가 실제적으로 다 시행하고 있다. 다만 우리의 고민은 평가를 하고 안 하고의 문제가 아니라 나이스에 성취기준을 모두 입력하느냐 아니냐의 문제가 아닐까 한다.

성취기준을 교육과정에서 누락하면 안 된다. 달성도 해야 한다. 그리고 교사도 그렇게 가르쳐 왔고 도달했는지 평가를 했으며 과정 중심 성장 중심 평가를 통해 지속적으로 도달하도록 지도하였다. 다만 모든 성취기준을 나이스에 모두 등재하는 것이 맞느냐, 아니냐에 대한 해석을 해야 하는 것에 대해서는 고민이 많다.

우리는 대부분 학년 평가 계획에 반영된 일부만을 나이스에 입력하고 있다. 현실은 나이스에 성취기준 모두를 다 입력하고 있지 않다는 것이다. 학년군으로 구성된 성취기준을 학년군에서 분배하여 넣어야 하는데, 학년군 간 조율을 하고 평가 계획을 작성하는 학교가 많지 않은 것이 현실이다. 결국 성취기준을 모두 평가해야 하는 문제가 아닌 나이스에 모두 기록해야 하는 문제가 아닐까 한다.

현재 나이스는 성취기준을 중심으로는 몇 단계로 나누어서 결과만을 입력하는 한계가 있다. 이러한 현실로 미루어 본다면 일반적으로 교과별로 영역이나 단원별로 넣었던 관행이 아마 성취기준을 모두 넣는 방향으로 진행되지 않을지도 생각해 본다. 평가 계획 없이 평가를 했다는 것도 어불성설이기 때문이다. 성취기준의 성격과 기록을 근거로 생각한다면 그 모든 것을 기록해야 하는 것은 맞다고 볼 수도 있기 때문이다.

나이스에 성취기준을 모두 넣는 것에 대한 교사들의 저항감이 있을 수 있다. 하지만 교사들이 느끼기에는 성취기준을 다해야 한다고 하면 엄청 많은 것처럼 느껴지지만 실질적으로 성취기준을 학년군에서 학년으로 학년에서 학기로 분산해 보면 실제 그리 많지 않은 수준임을 알 수 있다.

성취기준이 교육과정에 반영된 것은 2009 개정 교육과정에서 부터다. 교과에서도 동일하게 성취기준을 만든 것도 아니며, 핵심 성취기준에 대한 이해가 아직 시행착오처럼 진행되고 있고, 교과마다 성취기준도 다르게 적용되고 있다.

이러한 질문을 해 본다. 과연 '현실에서 학생이나 학부모가 느끼는 성취기준의 신뢰도나 필요성은 얼마나 높은가'. 쉽게 말하자면 통지표를 받아 볼 때 '어떤 것을 체크하는가'다. 학생들은 통지표에서 몇 반이 되었는지만 본다고 한다.

성취기준을 얼마나 신뢰할 수 있는가. 성취기준의 결과도 의미가 있는가. 과정 중심으로 평가가 변화하여 몇 차례에 걸쳐 최대한 잘 나온 결과값으로 제시되기도 하는데 이러한 것이 의미가 있는가. 특히나 미래 교육에 있어서 교과 성취기준의 의미가 점점 없어지고 있다. 교과 성취기준은 선택 사항이면 좋겠다. 초등학생에게는 행동 특성 및 종합 의견에 좀 더 집중하는 것이 필요하지 않을까. 2015 개정 교육과정에서 이야기하는 역량 기반에서 역량 중심으로의 변화에서 교과 수준의 세부적 성취기준이 과연 얼마나 의미 있을까도 생각해 본다. 교과별 평가에 체크식의 성취기준은 큰 의미가 없지 않은가. 교과에 대한 종합 의견으로 좀 더 구체적인 학생의 변화와 활동을 제시하는 편이 나을 것이다. 실제 교과 수준 체크는 큰 의미가 없지만 이러한 변화가 생긴다면 학생들은 교과에 대한 통지표도 볼 것이고 의미가 있을 것이다.

이처럼 성취기준의 이론적 바탕과 나이스 입력의 현실이 부딪히는 공간에서 교사는 고민하게 된다. 교육과정을 만든 사람들은 교육과정의 이론적 맥락과 취지만 이야기할 뿐 교사가 고민하는 현실적인 나이스의 체제와 입력의 상황, 교사들이 느끼는 실제적인 나이스 연계 부분은 알지 못하고 있다. 그들은 성취기준이 지침인가 기준인가에 대한 이론을 이야기하지 그게 왜 혼란이 되는 것인지 이해하지 못하고 있다. 교사들이 곤란해하는 문제와 그들의 연구 주제가 다르다. 그들은 교사들에게 이렇게 좋은 것을 제시하였는데 안 한다고 생각할 수도 있다. 현장의 교사들은 이러한 어려움을 이야기하고 문제제기하는 것이 필요하다. 이러한 상황을 드러내는 것이 필요하다. 교사들도 더욱 목소리를 내고 교육과정 개발에 참여해야 하는 이유도 이것이다.

우리들의 고민이 더욱 깊어졌다. 나이스 입력에 대한 전달 연수는 바뀐 것만 이야기한다. 바뀐 의미는 무엇인가 어떠한 변화와 철학이 있는가에 대해 좀 더 맞추어야 한다. 이러한 변화가 학생들을 바라보는 시선의 변화가 될 수 있는 것이며. 이렇게 바뀐 문구가 교사들에게 요구하는 사회가 기대가 다름을 느끼며 공부할 필요가 있지 않을까. 이론이 아닌 어떠한 의미인지 풀어내는 것이 필요하다.

아직도 정리되지 않은 이야기, 성취기준을 나이스에 다 입력해야 하는 ……. 아직 결정을 내리기 힘들었다.

5

'학생의 의견을 반영한다'는 것의 의미

한 학생이 수업을 받고 있다. 그 학생이 하고 있는 일이 무엇인지 물어보았다고 가정해 보자. 이 학생은 자신이 무엇을 하고 있는지 다음과 같이 대답했다.

"색종이를 오리고 있어요!"

그렇다. 이 학생은 실제로 미술 시간에서 '건물 꾸미기' 활동1을 위해 실제로 활동1에 해당되는 '색종이 오려 붙이기'를 하고 있었다. 그런데 같은 교실 다른 학생에게 같은 질문을 했더니 다른 대답이 나왔다.

"환경 오염을 예방하자고 하는 건축물을 만들고 있어요!"

같은 시간, 같은 교실, 같은 것을 배우고 있는 이 학생들의 같은 질문에 대한 대답이 다르다. 앞서 대답한 학생은 자신이 하고 있는 활동에 대해서 답을 해 주었고, 나중에 대답한 학생은 자신이 궁극적으로 무엇을 완성할지에 대한 답을 해 주었다. 이 둘의 차이는 교육학적으로 어떤 차이일까?

전자는 수동적인 학생들을 대변하는 모습을 비유하였다. 즉, 주어진 대로 하나씩 배우고 있는 학생의 모습을 조명한 것이다. 처음의 학생은 교사가 수업을 주도한 대로 하나씩 단계적으로 배우기를 하고 있다. 활동1에서 '색종이 오려 붙이기'를 하고 활동2에서는 상자에 환경 오염 예방 문구 쓰기, 활동3에서는 '상자들로 건축물 세우기'를 순서적으로 배우고 있는 것이다. 이런 방식의 아이들은 주어진 활동을 몸소 하면서 교육학적으로 느끼는 바가 많지 않다. 주어진 대로 하게 되고, 그다음에 무엇을 해야 하는지 선생님을 바라보게 되면서 배움의 중심에 자신을 세우는 노력이 나타나지 않게 된다. 배우는 활동에서 자신은 어떤 존재이며, 어떻게 해야 하는지에 대해 경직되고 말아 결국 단편적인 배움으로 그 이상의 것을 기대하기 어렵다.

한편, 후자는 능동적인 학생들을 대변하는 모습을 그려 내었다. 주어진 것을 하나씩 배우는 것이 아니라 선생님과 학생이 서로 배울 내용에 대해 소통하고 함께 결정하면서 전체적인 조망도를 파악한 후 학생이 활동1을 접하고 있었던 것이다. 그래서 그때 그 학생은 최종적으로 무엇을 하는지 전자의 학생과 다르게 말하게 된 것이다. 이 학생은 활동 1, 2, 3이 흘러가는 대로 배울 수도 있지만, 그렇지 않을 가능성이 더 많다. 활동을 하면서 생기게 되는 다양한 상황에 따라 학생은 계획을 수정하거나 변경할 것이고, 그러한 의견을 선생님께 그때그때 묻거나 필요에 따라서는 후에 전달하기도 할 것이다. 이런 것이 가능한 이유는 모든 활동이 끝났을 때의 상황을 파악하고 수업에 참여하는 학생이기 때문에 학생 자신의 의견이 사이사이에 반영될 수 있기 때문이다. 즉, 배움의 중심에 학생을 주체로 세워 학생 스스로 무엇을 해야 할지 생각하고 판단하고 행동하는 자기 주도성이 나타난다. 이런 학생들은 수업에서 교사와 소통하면서 자신의 의견을 반영하는 협업 구조에 익숙해져 있다. 그리고 단편적인 활동을 하는 것이 아니라 궁극적으로 배우고자, 달성하고자 하는 것이 무엇인지 알기 때문에 전체적인 성취를 위해 교사는 조력자로서, 촉진자로서 필요하다. 그리고 그 중심에 자신의 생각과 의견을 넣을 수 있는 힘이 생기게 된다. 이것이 바로 배움의 중심에 학생이 우뚝 서 있는 '학생 주도' 수업이다.

교사 교육과정은 학생의 의견을 반영하는 교육과정 설계 방식이다. 우선 학생의 의견을 반영하는 것이 어떤 것을 의미하는지 알아보자. 그동안의 수업은 교사 중심의 수업들이 많이 펼쳐져 왔다. 학교에서 가르쳐야 하는 것들로 시작해서 선생님들이 주도한 교육 내용과 방식들이다. 그러다 보니, 학생들이 배우고 싶어 하는 것들은 반영하기 어려운 구조였다. 학생들의 흥미나 소질, 적성이나 취향 등이 반영되어 자신만의 색깔을 독특하게 발휘하는 교육 활동들이 이루어지기 어려웠던 것이다. 그 이유는 교사 중심의 교육과정을 획일적으로 학생들에게 가르치게 되어 제각기 다른 학생들의 특성에 들어맞지 않게 되었기 때문이다. 그리고 간혹 학생이 질문하거나 어떤 것을 요구하더라도 교사 중심의 수업을 전개하고자 준비하고 계획했던 교사들에게는 일종의 방해나 장애물로 인식되기도 한다. 학생의 질문이 중요한 것을 알기는 하지만, 내 수업이 더 중요하기 때문에 학생의 목소리를 간과하거나 놓치기 일쑤다. 그랬을 때, 수업은 실패할 확률이 높다. 정해진 것을 똑같이 가르칠 때, 저마다 똑같이 배움이 도달되지 않기 때문이다. 이 사실은 현장에서 수업을 참관해 보면 금방 파악될 수 있다. 하지만 이 부분을 교사들은 간과하곤 한다. 이 부분에 대한 개선의 필요성이나 방법에 대한 갈급함이 많지 않았던 것이 사실이다.

하지만 이제 좀 상황이 달라졌다. 학생 수가 많이 줄 정도의 인구학적 변동이 현재 일어나고 있고, 그 학생들이 이전과 다르게 자신의 입맛과 취향에 맞게 수업을 배우고 싶어 하는 주체적 성향들이 많이 강해졌다. 무엇을 어떻게 배우는지에 대한 관점이 교사만이 아니라 학생들에게도 제법 관심이 생긴 시대에 살고 있다는 것이다. 그래서 배우는 학생들의 여건과 실태에 맞게 교사는 수업을 디자인해야 한다. 안 그러면 제각기 다른 학생들을 똑같이 가르치는 '수업 디자인 부진 교사'가 될 수 있기 때문이다. 따라서 학생들이 무엇을 원하는지, 어떤 것이 힘들고 곤란한지 등 그들의 의견을 받는 것이 매우 중요하다. 만약 이것이 교육과정을 계획하는 단계라면 학생과 학부모의 요구와 필요를 반영하는 것을 의미하는 것이고, 만약 이것이 수업을 계획하는 것이라면 수업 중 학생의 생각과 질문을 반영하는 것을 의미한다. 이렇게 '학생의 의견을 반영'하게 되면, 학생은 제대로 된 배움의 주체가 될 수 있고, 학생들은 배움이 즐겁고 행복한 경험이라는 것을 알게 된다. 자신이 원하는 것을 배워가면서 성장하는 희열도 맛보게 된다. 그러면서 학생들은 그다음을 상상하게 되고, 더 배우고 싶어지게 되어 수업에 몰입하게 된다. 그러다 보면 학생들은 배움을 주도하게 되고, 수업을 주도하게 되어 한 학기, 1년, 6개 학년 동안 자기 주도를 펼치게 된다. 그렇게 12년 동안 초 · 중 · 고등학교 과정을 배웠다고 가정할 때, 이 학생은 성인이 되어서 어떻게 살게 될까? 학생의 의견을 반영한다는 것은 그들의 배움에 오롯이 주인공으로 서게 하는 매우 큰 교수 · 학습 방법의 원리다. 교사 교육과정은 이 원리를 담고 있는 학생 중심의 교육과정 설계 방식이다.

또 하나의 의미를 생각해 볼 수 있다. 스웨덴과 같은 북유럽 국가에서는 민주주의를 우리나라처럼 내용으로만 가르치는 것이 아니라 사회 교과가 아닌 수업 중에서도 자연스럽게 가르치는 방식을 사용하고 있다. 즉, 학생들의 질문을 교사는 반드시 대답을 하면서 그들이 원하는 요구사항이나 필요를 교육과정 안에 담아 기획하고 수업을 구현하고 동반자 역할을 하도록 제시되어 있다. 이것은 수업을 같이 고민하고 같이 계발하며 같이 평가하는 또 하나의 주체를 보고 있음을 알 수 있다. 민주적인 교육과정은 바로 이 점이 핵심이다. 교사 혼자서 혹은 교사들이 모여서 만들어 학생에게 하달하는 교육과정(Mandated)이 아니라 함께 소통하면서 공동체가 필요로 하는 것을 민주적으로 만들어 내는 교육과정(Making)이다. 따라서 학생들의 의견을 수용하여 교육과정을 운영하는 것은 수요자의 만족도를 충족시키는 동기 유발 차원에서의 장점뿐만 아니라 가르치고 배우는 각 주체들이 서로 상호작용하면서 파트너로서의 민주적인 협치가 가능하다는 것을 보여 준다. 이처럼 교사 교육과정은 수업을 함께 만들어 가는 두 주체로서의 민주적인 교육과정을 구현하고자 하는 특성을 가지고 있다.

학생의 의견을 반영한다는 것은 교육을 교육답게 만드는 매우 중요한 교육의 본질을 말하고 있는지 모른다. 배움의 중심에 학생이 주체로 서서 그들이 바라는 배움의 목소리를 민주적으로 반영해 교사와 함께 수업을 디자인하는 주도적인 학생이 만들어질 때 교육의 본령이 회복되고 학생의 성장이 제대로 이루어질 것이다. 따라서 교육과정은 이러한 원리를 담아내는 플랫폼으로써 학생을 주체로 하는 방식의 형태로 만들어져야 한다. 교사 교육과정은 바로 학생의 흥미, 적성, 소질, 능력, 수준 등을 고려하여 그들의 목소리를 담아 성장할 수 있도록 제각기 다른 출발점에서 발달시키기 위한 최적화된 교육과정이다.

6

'교육과정을 지원한다는 것'의 의미

이미 6차 국가 교육과정기부터 교육의 지역화를 위해 '교사의 교과서/교육과정 재구성'을 강조하였지만, 학교 현장에서 재구성이 일반화된 것은 '혁신 학교'를 통한 학교혁신 운동이 확장되면서다.

학교혁신 운동은 '공교육의 정상화'를 목표로 '배움의 중심에 학생'을 둠으로써, '무엇을 – 왜 가르쳐야 하는지'를 논의하게 하였고, 이러한 과정에서 표준화된 국가 교육과정 및 교과서는 해당 학생들의 필요와 요구, 흥미, 특성 등에 따라 변화의 필요성이 있었다. 특히, 요즘처럼 미래교육과 교육 자치를 논하는 시점에서 학생 개개인의 맞춤형 교육을 위해서는 교사들의 좀 더 적극적인 교육과정 해석과 개발을 요청한다. 이를 위해 각급 학교에서는 '교사 학습 공동체' 등을 통해 공동체에 기반한 '교육과정 중심의 학교 운영'을 위해 노력하고 있으며, 교육청에서도 여러 정책 및 연수 등을 통해 교육과정을 지원하고 있다. 이렇게 현장 교사들의 교육과정에 대한 인식과 실천적 지식(Practical Knowldge)은 꾸준히 진일보하는 중이다.

그러나 여러 연구에서 밝힌 것처럼 '교육과정 재구성 및 개발'은 쉬운 일이 아니다. 국가 교육과정을 기초로 하되, 학교별 학사 일정, 지역적 특성, 학생, 학부모, 교사의 제반 요구를 반영하여 새로운 단원을 구성하고 학교 밖 연계 활동을 구안하며 융통성 있는 시간 운영을 계획하는 기본적인 교육과정 편성 · 운영을 위한 계획만으로도 매우 많은 시간과 노력이 요구되기 때문이다.

교사 교육과정 개발을 위한 도구(Tool) 제공

복잡한 학사 일정과 교과서/교육과정 내용을 반영하여 교실 수준의 교육과정 계획표를 만들기 위해서는 고도의 노력과 시간이 요구된다. 국가에서는 교육 정보의 효율적 운용을 위하여 나이스 내에서 교육과정 편성이 가능하도록 툴을 제공하고 있으나, 공통적인 국가 교육과정을 사용함에도 불구하고 기본적인 내용 탑재가 미비하여 현장에서 개별적으로 입력해야 하는 등 편의성이 매우 낮다. 이에 다수의 학교에서는 단위학교별 별도의 예산을 구비하여 이지○○ 등의 교육과정 편성용 소프트웨어를 구입하여 사용한다. 그러나 이 또한 교과서 중심 운영 체제이다 보니 현재와 같이 성취기준을 중심으로 교사가 교육과정을 개발할 때에는 기존 내용의 재배치, 삭제, 조정 등 번거로움이 따른다.

이와 관련하여 해외에서는 다양한 교육과정 편성 도구들이 개발되

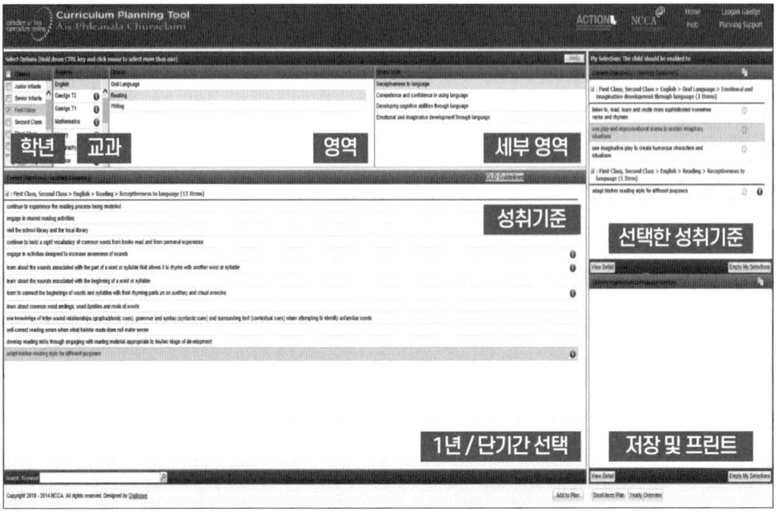

NCCA 아일랜드 교육과정 플래닝 툴의 예

어 교사에게 보급된다. 한 예로 아일랜드는 국가 교육과정 평가원(NCCA:National Council for Curriculum and Assessment), 아일랜드 교육부 등에서 학교 교육과정이나 교과 교육과정 개발 · 운영을 위한 도구 키트(Kit)와 템플릿(Template), 관련 문서 및 소프트웨어, 참고 자료들을 제공하여 교육과정의 효율성을 제고한다.(박현미, 2016)

위 교육과정 플래닝 툴에서 보듯이, 아일랜드는 교과서 자유발행제 국가로 성취기준을 중심으로 교육과정이 운영되고 이에 따라 교육과정 편성 툴에서도 학년 – 교과 – 영역별 성취기준이 기본적으로 탑재되어 있다. 교사는 자신의 교육적 필요에 따라 성취기준을 선택하고 기본적으로 제공되는 틀(Framework)을 활용할 수 있으며, 선택한 자료는 교육과정 운영 단위 및 내용, 방법 등에 따라 단원별, 학기별, 학년별 기본 일정에 맞추어 재배치됨으로써 교사의 교육과정 계획을 좀 더 용이하게 도와준다.

이처럼, 국가/지역교육청에서 단위 학교의 교육과정을 지원한다는 것에 대한 위상과 지원 방식에 변화가 필요하다. 기존의 교과서 중심 수업 형태에서는 교육과정 전달 연수와 교과서/지도서를 제공하는 것만으로도 현장의 필요를 충족할 수 있었겠지만, 요즘과 같이 교사의 창의적인 교육과정 개발을 강화하는 시점에서는 다양한 교육 자료의 접근성을 높이고 또한 교육과정 편성 면에서도 계획의 어려움을 간소화할 수 있는 소프트웨어의 개발, 보급 등을 통해 좀 더 적극적인 지원이 요청된다. 국가와 지역이 단위 학교와 교사의 질 높은 교육을 위해 현장의 목소리에 기울이고 이를 적극 해결, 우선 지원할 수 있도록 교육적인 안목과 위상을 높여야 한다.

7

초등학교 주요 교과서

: 2022년부터 검정체제 전환

교과서는 검정 여부로 분류할 경우, '국정교과서, 검·인정교과서, 자유발행교과서' 세 종류로 나눌 수 있다.

국정교과서는 교육의 통일성이 필요하거나 경제성이 없어 민간이 발행을 꺼리는 경우 교육부가 대학이나 연구소에 위탁해 편찬하는 방식으로, 현재 초등의 대부분 교과서(영어, 예체능 제외)와 중·고교의 국어, 도덕, 국사, 고교의 전문 교과 등이 해당된다. **검정교과서**는 민간에서 개발한 도서 중 국가의 검정심사에서 합격한 도서로 중·고등의 국어, 도덕, 국사를 제외한 모든 교과서가 이에 해당되며, 인정도서는 각 시·도교육청이 심의해 통과시킨 것이다. **자유발행교과서**는 출판사나 저자가 정부기관의 검·인정 절차 없이 출판한 것으로, 미국, 호주, 스웨덴, 네덜란드, 핀란드 등 유럽의 대부분의 국가에서 자유발행제를 채택하고 있다. 우리

나라도 자유발행제를 단계적으로 도입한다는 계획을 발표한 바 있다.[•]

2022년부터 초등의 주요 교과 교과서도 검 · 인정 체제로 전환된다. 지난 2010년 교과서 검 · 인정 체제 전환에 따라, 영어 및 예체능 교과가 국정에서 검 · 인정 체제로 전환된 데 이어, 2022년부터는 3~6학년의 수학, 사회, 과학 교과서도 검정교과서 체제로 전환한다는 것이다. 이처럼, 단위 학교 및 교사의 교육과정 자율권이 강화되면서 교과서제도 면에서도 검 · 인정 도서를 확대하는 등 현장의 교과서 선택권이 대폭 확장되고 있다.[•]

그러나 이에 대한 현장의 기대는 그리 크지 않다. 현재 예체능 교과별로 개발되는 2~10여 종의 검 · 인정 교과서가 출판사와 저자만 다를 뿐 내용적 측면에서 대동소이하기 때문이다. 그리고 이러한 원인 중 하나는 **현행 교과용 도서 개발과 관련한 법률 및 이와 관련된 지침이 매우 엄격하여 창의적인 교과서 개발이 어렵기 때문**이다.

그럼에도 교과서를 검정 체제로 전환한다는 것은 **첫째, 교과서 선택권 확대!** 국정 교과서의 정형화 및 획일화 등을 해소하고 교과서 편찬에 경쟁 체제를 도입함으로써 다양한 양질의 교과서를 보급할 수 있다. **둘째, 교과서 개발 주체의 확대!** 현장의 실천적 경험이 풍부한 개발진의 교과서 개발 참여로 교육적 적합성을 높여 줄 수 있다. **셋째, 다양한 교과서**

• 자유발행교과서제도 단계적 도입(교육부, '교과용 도서 다양화 및 자유발행제 추진 계획')
- 교육부, 2020년부터 입시와 관계없는 일부 고등학교 과목에 한해 자유발행제 실시 계획 발표. 자유발행제는 정부의 승인 과정이 대폭 줄어든다는 점에서 개발 과정이 단축(사회의 변화상을 빠르게 담아낼 수 있음)되고, 자유로운 환경에서 창의적인 교과서를 만들 수 있는 장점이 있다.

교과서 관련 법률

- **초·중등교육법 제29조**(교과용 도서의 사용)

① 학교에서는 국가가 저작권을 가지고 있거나 교육부 장관이 검정하거나 인정한 교과용 도서를 사용하여야 한다.(2013.3.23. 개정)

- **교과용 도서에 관한 규정**(대통령령 제25959호, 2015.1.6., 일부 개정)

제3조(교과용 도서의 선정 등) ① 학교의 장은 국정도서가 있을 때에는 이를 사용하여야 하고, 국정도서가 없을 때에는 검정도서를 선정(교육과정의 전면개정 또는 부분개정에 따라 발행된 교과용 도서를 최초로 선택하는 경우를 말한다.) · 사용하여야 한다. 다만, 국정도서 · 검정도서가 없는 경우 또는 이를 선정 · 사용하기 곤란하거나 보충할 필요가 있는 경우에 제16조의 규정에 의하여 인정받은 인정도서를 선정 · 사용하는 경우에는 그러하지 아니하다.(2014.10.8. 개정)

② 학교의 장은 해당 학교에서 사용할 검정도서 또는 인정도서를 선정할 때에는 해당 학교 소속 교원의 의견을 수렴한 후 해당 학교의 학교운영위원회의 심의(사립 학교의 경우에는 자문을 말한다.)를 거쳐야 한다.(2009.8.18., 2014.10.8. 개정)

제공! 교사가 교육과정을 개발 · 운영할 때 좀 더 다양한 교육과정 자료를 참고하고 선택, 활용할 수 있다는 장점과 의의를 갖는다.

따라서, 교과서 검 · 인정 체제 및 자율발행제로의 이행은 교사에게 교육과정에 적합한 교과서를 알고 선택할 수 있는 교사의 교육과정 문해력을 좀 더 강조하며, 국가적 차원에서는 이러한 교과서 제도적 장점이 부각될 수 있도록 검인정교과서 평가 방식에 자율성이 강화되어야 할 것이다.

8

현행 '교육과정 진도표'의 문제점

통합교과(바슬즐) 교육과정 연간지도계획

○○초등학교 2학년 1반

주	기 간	요일	대단원(대주제)	소단원(소주제)	차시	교과	학습주제	쪽수	비고
2	3.11– 3.15	목	봄 2–1	1. 알쏭달쏭 나	11/40	바생	몸을 깨끗이 해요 (1/2)	24–27	
		목	봄 2–1	1. 알쏭달쏭 나	12/40	바생	몸을 깨끗이 해요 (2/2)	24–27	
		목	봄 2–1	1. 알쏭달쏭 나	1/40	슬생	알쏭달쏭 나 (1/3)	8–13	
		금	봄 2–1	1. 알쏭달쏭 나	4/40	슬생	[수업 만들기]	8–13	
		금	봄 2–1	1. 알쏭달쏭 나	2/40	즐생	알쏭달쏭 나 (2/3)	8–13	
		금	봄 2–1	1. 알쏭달쏭 나	3/40	즐생	알쏭달쏭 나 (3/3)	8–13	
		금	봄 2–1	1. 알쏭달쏭 나	5/40	슬생	내 몸을 살펴봐 (1/3)	16–19	
3	3.18– 3.22	월	봄 2–1	1. 알쏭달쏭 나	6/40	슬생	내 몸을 살펴봐 (2/3)	20–21	
		월	봄 2–1	1. 알쏭달쏭 나	7/40	즐생	내 몸을 살펴봐 (3/3)	16–19	
		월	봄 2–1	1. 알쏭달쏭 나	15/40	즐생	꼬리를 잡아라	36–39	

초등학교 교육과정 진도표 (예)

위 자료는 초등학교급에서 많이 사용되는 '교육과정 지도 계획'이다. 2008년부터 시행된 '학교정보공시법(2008~)•'에 따라 각급 학교는 매년 4월 이전까지 학교 교육과정 및 학년별 교과 지도 계획, 평가 계획을 정보 공시 사이트에 탑재하도록 되어 있다. 이에 따라, 각급 학교에서는 학기 초 짧은 교육과정 준비 기간 동안 전 교과별 지도 계획을 위와 같은 방식으로 작성하여 탑재한다. 그러나 이러한 교육과정 공시 체제 및 양식에는 몇 가지 문제점이 있다.

• '결재/공시'를 위한 형식적인 문서

4월 이전의 정보 공시 및 사전 결재는 '만들어 가는 교육과정'의 취지와 모순된다. 학급/학생들과 만나기 전(2월)에 혹은 만난 직 후(3월)에 전 교과에 대한 한 학기/한 해의 교육 계획을 모두 세워야 하는 현행 방식은 학생들의 의견을 반영할 수 없고, 또한 짧은 기간에 구체적으로 작성하기 때문에 실제 운영과 다른 형식적인 계획으로 전락하게 된다. 현행 정보 공시 시기 및 세부적인 내용까지 공개하도록 하는 지침들은 개선이 필요하다.

• 교육 관련 기관이 보유, 관리하는 정보를 법령에 따라 공시하는 제도로, 초·중등학교의 경우 '학교 정보 공시'로, 고등교육기관의 경우 '대학정보공시'라 한다.
- 학교 정보 공시는 의무 공시 항목과 자율 공시 항목으로 구성되며, 의무 공시 항목은 특례법 제5조에 명시되어 있는 15개 항목[학교 규칙 등 학교 운영, 교육과정 편성 및 운영, 학생 수 및 학생 변동 상황, 학년별/교과별 학습, 교지(校地), 교사(校舍) 등 학교 시설, 직위자격별 교원 현황, 예결산 내역 등 학교 및 법인의 회계, 학교운영위원회, 학교 급식, 학교의 보건 관리, 환경 위생 및 안전 관리, 학교 폭력, 학업 성취도 평가, 입학/졸업생 진로, 시정 명령 등]이며, 항목별 매년 1회 이상 공시(수시, 자율, 정시)한다.

• '교육과정'이 아닌 교과서 중심

위와 같은 양식은 교육과정(성취기준) 중심의 운영과도 모순된다. 다수의 학교에서 위와 같은 양식을 사용하는 것은 교육부에서 사전 안내한 단원지도 계획이 그러하고 단위 학교에서 사용하는 교육과정 편성용 소프트웨어 업체가 제공하는 툴이 기본적으로 국정 교과서를 기반으로 담고 있기 때문이다. 따라서, 성취기준을 중심으로 교사 교육과정 개발하기 위해서는 다시금 삭제, 수정, 재배치 등 복잡한 과정을 거쳐야 하는 등 교육과정 편성 과정이 용이하지 않다. 국가에서 제공하는 나이스 체제도, 사설 프로그램도 성취기준을 중심으로 하는 교사의 교육과정 개발을 지원하지는 못하는 것이다.

교육과정 중심의 학교 운영을 위해서는 다음과 같은 개선이 필요하다.

공시가이드

- 공시기관: 초, 중, 고
- 자료기준일: ○○○○학년도 1학기, 2학기 계획
- 공시시기: 매년 4월, 9월 (연2회)
- 공시내용: 해당 과목 지도를 위해 사용하는 교과용 도서의 단원 또는 과목별 국가수준 교육과정의 세부내용에 대한 지도 계획 (교과별(학년별) 교과지도 운영 계획) 지도 중점 내용, 지도 방법, 진도 운영 계획 등을 포함한 교과 지도 운영 계획서 탑재
- 공시기관 구분(초등학교, 중학교, 고등학교, 특수학교, 각종학교, 기타학교)
- 허위내용 및 오류 신고(www.schoolinfo.go.kr)

정보 공시 관련 안내 자료

❶ 정보 공시용 '교과 지도 운영 계획'의 대강화

대국민 '알 권리' 차원에서의 정보공시용 항목 – '교과 지도 계획'에 대한 세부 공시 내용을 보더라도, 현재와 같이 요일별 지도할 내용을 이렇게까지 구체적으로 작성하라는 기준은 없다. 세부 공시 내용으로 안내된 ①교과용 도서의 단원 또는 과목별 국가 수준 교육과정의 세부 내용에 대한 지도 계획(교과별/학년별 교과 지도 운영 계획) ②지도 중점 내용 ③지도 방법 ④진도 운영 계획 등을 고려하더라도 '교과 지도 운영 계획'은 충분히 더 대강화될 수 있다.

앞서 5장 1. 교육과정 계획하기에서 사례로 제시한 것(p. 185)처럼, ① 국가 수준 교육과정=성취기준별 ② 중점 교육 활동 ③ 분과/통합 교과로 운영 또는 주제 학습/프로젝트 학습 명시 ④ 월별 주제별 관련 교과, 시수 등 최소한의 필수 정보만으로도 충분히 정보 공시의 요구를 만족시킬 수 있다. 따라서, 현행과 같은 교육과정 계획은 좀 더 대강화될 필요가 있으며, 이후 학생들과 함께 만들어 가는 교육과정으로 완성될 수 있다. 교육과정 계획의 여백과 여유가 필요한 이유다.

❷ '교육과정 친화적인' 나이스로의 변화

2002년부터 상용된 나이스는 학생 개인별 체격, 학습능력, 학교생활 등 학교 이력을 장기간 보관하는 전산 시스템이다. 학교 간 호환 및 학부모 서비스(내 자녀 바로알기) 등으로 학교 행정에 획기적인 변화를 주었으며, 개인별 학습 이력 정보를 위해 교사는 교육과정 내용 및 학습 결과, 출결 등 다양한 자료를 입력, 관리하는 책임을 갖는다.

그러나 현 나이스 입력 체제는 '교육과정'보다 '행정' 중심 체제다. 학교 현장에서 나이스는 법적 강제성으로 별도 입력해야 하는 '일'이지 '교육과정 계획 및 운영 · 결과가 일관성 있게 지원 · 사용되는 체제'가 아니다. 현 나이스 체제는 사전 성취기준 내용이 입력되어 있지 않아 현장에서 개별 입력 · 사용해야 하는 등 교육과정적 측면에서는 불편한 시스템이다. 현행 나이스 체제가 교육과정 편성 · 운영에 좀 더 편의성을 제공해 줄 수 있도록 개선되어야 한다.

교육과정 계획의 대강화는 다음과 같은 의의가 있다.

• 교육과정 계획과 실행의 일치도 증가

사전 대강화한 교육과정 계획으로 학년별/교실별 교육 계획의 방향을 설정하되, 세부적인 지도 계획은 해당 지도 시기에 맞춰 구체화함으로써, 계획과 실행 간의 중복/번복되는 과정을 줄일 수 있어 보다 '현장 친화적인 교육과정 계획 방식'이다.

• 교육과정 중심의 학교 운영

교과서 중심의 지도 계획이 아니라 내용(성취기준)을 중심으로 대강화한 교육과정 계획을 하면, '교과서 진도 나가기 수업'에서 벗어나 성취기준을 중심으로 좀 더 융통성 있고 특색 있는 교육 활동이 가능하다.

에필로그

저자에게 '교사 교육과정'을 묻다

Q 나에게 교사 교육과정의 의미는 무엇일까?

임재일 그동안 국가에서, 교육청에서, 학교에서 '해야 한다'고 하라는 문화에 참 힘들었다. 내가 만나는 아이는 교과 부진, 다문화, 흥미 · 적성 · 능력이 다 다양한데, 어떻게 획일적으로 맞추어야 하는지 아무도 알려 주지 않았다. 교사 교육과정은 나에게 학생을 학생답게 가르칠 수 있는 철학과 방법을 안겨다 주었다. 내가 가르치는 학생에게 꼭 가르쳐야 하는 교육 내용을 잘 가르칠 수 있는 좋은 기회이자 관점이 '교사 교육과정'이라고 생각한다.

심성호 어린 시절 『죽은 시인의 사회』를 통해 교사의 대한 꿈을 꾸었다. 정작 현실에 와서는 직업인으로서의 교사로 살아왔던 것 같다. 하지만 선생님들과 함께, 교사 교육과정을 공부하면서 교사의 삶으로 나는 어땠는지 반성을 많이 해 보았다. 교사 교육과정을 통해 나를 생각해 보고 나를 담은 교육과정을 고민하며 성장한 시간이었다. 아무쪼록 정책의 흐름이 아닌 선생님 자신을 담은 진정한 교사 교육과정이 되길 응원한다.

Q 교육과정의 변화 속에서 교사는 어떤 역할을 해야 하는가?

이동철 최근 코로나19 바이러스로 인해 개학이 늦춰짐에 따라 학생들에게 학습을 안내하려고 할 때 좋은 콘텐츠가 너무 많아서 어떤 것을 선택할지 고민했던 경험이 있다. 국가 교육과정을 대강화하여 학교와 교사에게 자율성을 준다고 하지만 좋은 콘텐츠가 많이 생겨나서 그것을 활용하는 데 급급한 나머지 교사가 직접 고민하여 만들어 내는 '교사 교육과정'이 사라질까 봐 걱정이다. 이러한 교육과정의 변화 속에서 교사는 장인의 마음으로 돌아갈 필요가 있다. 학생들의 상황이 모두 다르기에 공장에서 찍어 내듯이 표준화된 똑같은 교육으로 학생들의 성공을 담보할 수 없다. 내가 가르치는 모든 학생의 성공을 위해 차별화되고 개별화된 '교사 교육과정'을 한 땀 한 땀 정성 들여 손수 만들어 낼 때 학생 개개인뿐만 아니라 교사 자신에게도 놀라운 변화가 있을 것이라고 기대한다.

Q 교사 교육과정은 나에게 어떤 경험을 가져다주었나?

정원희 교사 교육과정에 대해 공부하고 실천해 보면서 지난 나의 교육활동 모습을 반성해 보게 되었다. 나 또한 여느 교사들처럼 수업을 잘하는 교사, 학생들과 함께하는 교사가 되고 싶었다. 그래서 어떻게 수업하는 것이 좋을지에 대해 고민하고 연구하였다. 그러면서 나무(수업)만 보고 정작 숲(교육과정)을 보지 못했다는 반성을 하게 되었다. 이번 집필 과정이 나에게는 교사가 교육과정을 왜 연구해야 하는지 교육에 대한 시야를 넓혀 주는 기회가 되었다.

Q 교사로서의 나의 철학은 무엇인가?

최진희 교사로서 난 학생들이 뭔가에 함께 몰입하는 모습을 볼 때, 가장 행복하다. 이는 아주 작은 출발점이지만 교사 교육과정 집필진 선생님들로부터 그것이 교사로서의 나의 철학이 될 수 있다는 자신감을 얻었다. 또한 그러한 철학이 공동체 안에서 공유되고 나누어지며 서로의 생각을 맞춰 나가는 실천은 교사 교육과정에서 가장 중요한 과정임을 깨닫게 되었다. 함께해서 행복했다.

Q 특별한 교육을 받아야만 교사 교육과정을 실행할 수 있을까?

박수원 교사들이 이미 모두 나름의 교사 교육과정을 실행하고 있다고 생각한다. 교육과정이란, 한편으로는 공식적인 계획이나 지침이지만, 다른 한편으로는 가르치는 교사와 배우는 학생이 접하는 모든 교육활동을 의미한다. 후자의 관점에 따라서, 우리는 교사 교육과정을 국가 교육과정에서 제시한 내용 기준이 학생의 배움으로 실현되기 위해 교사가 행하는 모든 교육과정 운영 행위라고 본다. 저마다의 방법으로 학생들의 배움이 실현되도록 노력하고 있는 교사 모두가 나름의 교사 교육과정을 실행하고 있는 것이다. 그런 노력을 하는 교사들이 조금 더 효과적이고 적극적인 교사 교육과정 운영 방법을 찾는다면, 이 책이 분명 도움이 될 것으로 생각한다.

Q 교사 교육과정을 고민하게 된 계기는?

임성은 교사 교육과정은 이론이 아니라 실천이다. 전에 없던 것을 새로이 만들어 낸 개념이 아니라, 교사라면 누구나 한 번쯤 겪었을 수업의 어려움을 해결해 줄 초석으로 '교사 교육과정'을 고민하게 되었다. 우리 교사들은 항상 좋은 수업을 꿈꾼다. 그런데 좋은 수업의 꿈은 계획한 대로 잘 이루어질 때도 있지만 꿈으로만 그칠 때도 많다. 아이들이 자신의 알껍데기를 깨고 나오기를 애타게 기다리며 밖에서 외로이 알껍데기를 두드려 보지만, 큰 관심이 없는 아이들을 마주할 때가 많다. 이제 교사 교육과정을 실천한다면 진정한 줄탁동시(啐啄同時)의 쾌감을 맛보게 될 것이다!

이원님 교사교육과정 개발이 강조되면서 '그게 뭐지?'라는 궁금증이 많았다. 이 책은 '교사 교육과정이 마치 새로운 것인 양' 정책으로 제시됨에 따라, 이것이 기존의 교과서 재구성, 교실 교육과정과 무엇이 같고 다른지 그리고 어떠한 과정으로 실행할 수 있는지 제시함으로써 현장 교사들의 부담과 거부감을 줄여 보고자 하였다. 연구를 함께하면서 저자들 역시 이해를 얻었던 만큼, 교육적 관심으로 배움을 구하는 많은 분들께 도움이 되기를 바란다.

참고문헌

1장

강충열, 권동택, 정광순, 김현욱 (2020). 학교 혁신론. (출판 예정)

교육부(1998). 제7차 교육과정 해설서. 교육부

교육부(2010). 2009 교육과정 해설서. 교육부

경기도교육청(2016). 교육과정-수업-평가 일체화를 위한 교사의 교육과정 문해력 신장 방안 연구. 교육과정정책과.

경기도교육청(2020). 2020 학교교육과정 편성·운영 계획. 학교교육과정과.

김덕년(2018). 교육과정-수업-평가-기록 일체화로 학교문화 바꾸기. 열린교육학회 학술대회 논문집, 33-42.

김세영(2017). 교사의 교육과정 사용을 둘러싼 문제점과 그 해결책. 교육과정연구, 35(1), 65-92.

김세영, 정광순(2013). 교육과정 가능성의 개념 탐구. 교육과정 연구, 31(4), 27-50.

김영천(2007). 우리나라 교육과정 개발 담론- 그 다섯가지 비평과 시사점. 중등교육연구. 55(2), 113-150.

김평국(2004). 초등학교 교사들의 교과 내용 재구성 실태와 그 활성화 방안. 교육과정 연구, 22(2), 135-161.

김현규(2016). 국가 교육과정 문서에 나타난 교육과정 재구성의 의미. 한국교원대학교 대학원 석사학위논문.

김현규, 정광순(2018). 교육과정 자료 사용자로서 교사와 교육과정 자료 개발자로서의 교사 개념 탐색. 통합교육과정 연구, 12(3), 49-72.

박창언(2004). 교육내용에 관한 법적 문제와 과제. 교육법학연구, 16(2), 77-97.

백남진(2013). 교사의 교육과정 해석과 교육과정 잠재력. 교육과정연구, 23(9), 201-225.

서명석(2011). 교육과정 재구성의 개념적 애매성과 모호성 비판. 교육과정 연구, 29(3), 75-91.

이민정, 성열관(2009). 사회과 교육과정 기준에 대한 비교 연구. 비교교육연구, 19(4), 77-98.

이용환(2002). 교육과정 패러다임의 변화와 교사. 교육과정연구, 20(1), 27-51.

이윤미, 정광순(2015). 초등교사의 교육과정 실행 경험으로 본 교육과정 실행 관점과 의미. 교육과정연구, 33(4), 65-89.

이윤미, 조상연, 정광순(2015). 교육과정 실행 관점 국내 연구에 대한 문제제기. 교육과정 연구, 33(3), 79-100.

정광순(2012). 교사의 교육과정 문해력. 통합교육과정연구, 6(2), 109-132.

정기오(2009). 국가교육과정의 법적 성격 지위 및 기능에 관한 연구. 교육법학연구, 21(2), 275-298.

정미향(2015). 초등학교 동학년 교사의 교육과정 개발 과정 기술. 한국교원대학교 대학원 석사학위논문.

하언지, 정광순(2018). 교과서 벗어나기 수업을 하는 교사의 동인 탐색. 학습자중심교과교육연구, 18(5), 61-80.

황현정(2019). 학교 자치와 지역 교육과정 개념화. 2019 한국교육학회 연차학술대회 자료,

1-36.
Ben-Peretz. M. (1975) The Concept of Curriculum Potential. Curriculum theory network.
법제처. 초중등교육법/지방교육자치에관한법률. http://www.law.go.kr.

2장 김학준(2013). 타일러 논리의 재음미: 교사배제 교육과정의 맥락에서. 교육과정연구, 31(3), 1-26.
박승배(2007). 교육과정학의 이해. 학지사.
서명석(2007). 수업철학과 교사 실존 간의 연관. 교육철학, 32, 139-168.
정미향(2015). 초등학교 동학년 교사의 교육과정 개발 과정 기술. 한국교원대학교 대학원 석사학위논문.
조영태(2007). 타일러 모형과 그 대안. 도덕교육연구, 19(1), 31-86.

3장 강현석, 이대일, 유제순, 이자현, 김무정(2006). 국가 교육과정의 대강화의 방향과 과제: 교육과정 체제의 개정을 중심으로. 54(1), 221-251.
강충렬(1998). 주제중심 교수모델 정립에 관한 연구. 초등교육연구, 12(1), 5-29.
곽영순, 구자옥, 김미영, 손정우, 노동규(2013). 미래 사회 대비 국가 수준 교육과정 방향 탐색-과학. 한국교육과정 평가원연구보고 CRC 2013-23.
경기도교육청(2016). 교사의 교육과정 문해력 신장. 교육과정정책과.
경기도교육청(2017). 교육과정 문해력 이해자료. 교육과정정책과.
경기도교육청(2017). 함께 만들어나가는 교육과정. 교육과정정책과.
교육부(2014). 문·이과 통합형 교육과정 총론 주요 사항[시안]. 교육부(2014.9.24.).
교육부(2015). 초·중등학교 교육과정 총론. 교육부 고시 제2015-80호.
교육부(2018). 2015 개정 교육과정 총론 해설 -초등학교-. 교육부 고시 제2018-162호.
김경자(2014). 국가 교육과정 무엇을 왜 개정하는가?. 제1차 국가 교육과정 전문가 포럼 자료집. 한국교육과정학회.
김경자(2015). 2015 개정 교육과정 개정 정책 방향. 한국교육과정평가원 〈교육광장〉 통권 제55호.
김미라(2015). Drake의 간학문적 접근에 따른 환경통합단원의 적용과정에서 나타난 초등학생의 변화 탐구. 교육논총, 35(1), 133-159.
김선영(2019). 역량기반 교육과정의 '교과 교육내용 구성방식'에 대한 국제 비교 연구 -우리나라, 싱가포르, 호주, 캐나다를 중심으로-. 서울대학교 대학원 박사학위논문.
김수동(2000). 교사와 교육철학. 책사랑.
김수정(2003). 초등학교 통합 음악 교육에 관한 연구 : 5, 6학년 사회과와의 통합을 중심으로. 서울대학교 교육대학원 석사학위논문.
서경혜(2005). 반성과 실천: 교사의 전문성 개발에 대한 소고. 교육과정연구, 23(2), 285-310.
성기산(2008) 교사의 교육철. 집문당.
박민정(2009). 역량기반 교육과정의 특징과 비판적 쟁점 분석: 내재된 가능성과 딜레마를 중심으로. 교육과정연구, 27(4), 71-94.

백남진, 온정덕(2014). 역량 기반 교과 교육과정에서 기준과 수행의 의미. 교육과정연구, 32(4), 17-46.
배지현(2013). 듀이 이론에서 '통합'의 의미에 따른 교과의 성격과 교육과정 통합의 의의 탐색. 초등교육연구, 26(4), 107~128.
양미경(1997). 교과 통합지도의 의의 및 방법적 원리 탐색. 교육학연구, 35(4), 111-132.
유성열(2017). 초등교사가 교육과정(성취기준)을 사용하는 용례 기술. 한국교원대학교 교육대학원 석사학위논문.
이광우, 정영근(2015). 2015 개정 교육과정에서 총론과 각론, 교과 간 연계 방안은 무엇인가?. 한국교육과정학회, 2015 국가 교육과정 전문가 포럼 2차. (2015.8.13.)
이광우, 정영근, 민용성, 이근호, 이주연, 이미숙, 김창원, 박병기, 모경환, 박철웅, 진재관, 박경미, 곽영순, 진의남, 서지영, 이경언, 박소영, 임찬빈, 온정덕, 김사훈(2015). 국가교육과정 각론 조정 연구. 한국교육과정평가원 연구보고 CRC 2015-25-1(2015.11.30.).
이승미(2018). 교육과정 대강화를 위한 교육과정 구성방향 탐색. 한국교육과정평가원 연구보고 CRC 2018-9.
정나라(2015). 교사의 수업 전문성: 실천적 지식과 실제적 지식. 서울교육대학교 대학원 석사학위논문.
황규호(2017). 일반역량 교육 논의의 쟁점 분석. 교육과정연구, 35(3), 247-271.
황현정, 손동빈, 민윤, 김삼향, 박승열(2018). 학교 자치 실현을 위한 지역 교육과정 구성 방안. 경기도교육연구원 정책연구 2018-06.
Dewey, J. (1902). Child and Curriculum. 박철홍(역)(2010). 아동과 교육과정. 문음사.
Erickson, H. L. (2002). Concept-based curriculum and instruction. Teaching beyond facts. California : Corwin Press.
Erickson, H. L., Lanning, L. A. & French, R. (2017). Concept-Based Curriculum and Instruction for the Thinking Classroom. 온정덕·윤지영(역)(2017). 생각하는 교실을 위한 개념 기반 교육과정 및 수업. 학지사
Nesin, G., Lounsbury, J. (1999). Curriculum Integration. 정광순 역(2007). 교육과정통합: 20가지 질문과 대답. 한국학술정보(주).
Ben-Peretz, M. (1990). The Teacher-Curriculum Encounter. 정광순, 김세영 역(2014). 교사 교육과정을 만나다. 강현출판사
OECD(2005). The definition and selection of key competencies : executive summary. Paris : OECD.
Fogarty, R. (1993). How to intergrate the curriculum. 박한숙(역)(2015). 통합교육과정의 이해와 개발. 교육과학사.
Schn, D. (1983). The reflective practitioner : how professionals think in action. 배을규 역(2018). 전문가의 조건: 기술적 숙련가에서 성찰적 실천가로. 박영스토리.
Shulman, L. S. (1987). Those who understand Knowledge Growth in Teaching. Stanford University.
Drake, S. M. (2012). Creating Standards-based Intergrated Curriculum : The Common Core State Standards Edition.
Wiggins, G & McTighe, J. (2005). Understanding by design. Alesandria, Virginia : Association for Supervision and Curriculum Development.

https://eduhope88.tistory.com/218?category=412379 (김현섭(2015). 나의 교육철학과 신념은?. 교육이야기 블로그).
https://www.ted.com/talks/simon_sinek_how_great_leaders_inspire_action (Simon Sinek(2009). How great leaders inspire action?. Ted talks.)

4장 박태호, 문지영, 나미경, 이옥경, 최연석(2015). PCK 수업 설계 Ⅰ. 아카데미 프레스.
이원님, 고윤미, 정광순(2020). 교사교육과정 개발 과정 탐구. 통합교육과정연구(예정)
Fisher, D., & Frey, N. (2008). Releasing responsibility. Educational Leadership, 66(3), 32-37.

5장 김민채, 김영환(2017). 수가타 미트라의 자기 구조화 학습환경(SOLE) 발전과정 및 인터넷 댓글 분석. 학습자중심교과교육학회, 17(23), 541-568.
문미경, 김홍숙, 유현경(2018). 디자인씽킹. 윤민창의투자재단(미발간).
www.eroun.net/news/articleview.html?idxno=1395 ('벽속의 구멍' 앞으로 아이들이 모이더니... 수가타 박사가 경악한 이유)
www.ted.com/talks/sugata_mitra_build_a_school_in_the_cloud? (2013. TED '수가타 미트라: 구름 속의 학교, The school in the cloud, what is the future of learning?)
www.ted.com/talks/sugata_mitra_kids_can_teach_themselves (2007. TED '수가타 미트라: 아이들이 스스로를 가르치는 방법')

6장 경기도교육청(2017). 교육과정 문해력 이해자료. 교육과정정책과.
경기도교육청(2017). 함께 만들어가는 교육과정. 교육과정정책과.
김남경, 정진철, 송정순(2018). 한국의 혁신학교 발전방향 모색 -일본 커뮤니티스쿨의 SWOT 분석을 중심으로-. 문화교류와 다문화교육, 7(4), 103-125.
김선영(2019). 캐나다 역량기반 교과 교육과정의 교육내용 구성 방식이 우리나라에 주는 시사점 탐색. 교육과정연구, 37(2), 83-105.
김성제, 임상훈(2018). 가르침(Teaching) 없이 배우는(Learning) 학교: 미네르바스쿨의 역량교육 집대성 플랫폼. 대학교육, 200, 70-77.
김용련(2015). 지역사회 기반 교육공동체 구축 원리에 대한 탐색적 접근: 복잡성 과학, 사회적 자본, 교육거버넌스 원리 적용을 중심으로. 교육행정학연구, 33(2), 259-287.
박선화, 전효선, 이문복, 장근주, 김영은, 이재진(2017). 미래사회 대비 외국 초 · 중등학교 교수학습 사례 분석-영국, 독일, 미국, 캐나다, 싱가포르, 일본을 중심으로-. 한국교육과정평가원 연구자료 ORM 2017-66-18.
백남진(2014). 교과 역량에 기반한 성취기준 개발의 방향 탐색 : 호주, 캐나다, 싱가포르 사회과 교육과정을 중심으로. 교육과정연구, 32(4), 163-194.
Hargreaves & Andy. The global fourth way. 이찬승, 홍완기 역(2015). 학교교육 제4의 길 2권. 21세기교육연구소.
이근호(2011). 역량기반 교육과정의 현장 적용 방안 연구: 캐나다 퀘벡의 사례를 중심으로. 교육과정연구, 29(1), 67-86.
이근호, 이은영(2010). 외국의 역량기반 교육과정 현장적용 사례 연구: 호주와 뉴질랜드, 캐나다, 영국의 사례를 중심으로. 한국교육과정평가원 연구보고 2010-2.
이근호, 이병찬, 가은아, 이주연, 김현숙(2015). 국제비교를 통한 국가 교육과정 적용체제 개선방안. 한국교육과정평가원 연구보고 2015-6.
이원님, 고윤미, 정광순(2020). 교사교육과정 개발 과정 탐구. 통합교육과정연구(발간 예정).
이혜정, 임상훈, 강수민(2019). 4차 산업혁명 시대 대학교육 혁신 방안 탐색: 미네르바스쿨 사례를 중심으로. 평생학습사회, 15(2), 59-84.
임유나(2016). 역량기반 수업 구현을 위한 지원 사례 탐색: 뉴질랜드 국가교육과정 개발과 적용을 중심으로. 교원교육, 32(3), 59-88.
홍후조, 강익수, 박하식, 이병호, 백경선, 박혜림, 이승미, 민부자, 이민정(2009). 학교 교육과정 자율화를 통한 교육선진화 방안 연구. 한국교육정책연구소 정책연구 2009-01.
황현정, 손동빈, 민윤, 김삼향, 박승열(2018). 학교 자치 실현을 위한 지역 교육과정 구성 방안. 경기도교육연구원 정책연구 2018-06.
www.kice.re.kr (2013년 3월 글로벌 교육센터 캐나다 교육동향)
http://www.kyosu.net/news/articleView.html?idxno=45983 (교수신문)
https://www.minerva.kgi.edu/ (Minerva Schools at KGI. Retrieved March 3, 2019.)

7장

교육부(2014). 문·이과 통합형 교육과정 총론 주요 사항 발표. 보도자료(2014.9.24.)
교육부(2015). 초·중등학교 교육과정 총론. 교육부 고시 제2015-80호.
김선영(2019). 역량기반 교육과정의 '교과 교육내용 구성방식'에 대한 국제 비교 연구 -우리나라, 싱가포르, 호주, 캐나다를 중심으로-. 서울대학교 대학원 박사학위논문.
김세영(2017). 교사의 교육과정 사용을 둘러싼 문제점과 그 해결책. 교육과정연구, 35(1), 65-92.
박창언(2019). 교육과정과 교육법. 학지사.
박현미(2016). 초등학교 학년군 구분에 한 연구. 고려대학교 교육대학원 석사학위논문.
유성렬, 정광순(2018). 2014 핀란드 교육과정으로 본 학교교육과정을 지원하는 국가교육과정의 역할 탐색. 통합교육과정 연구, 12(4), 171-196.
이광우(2014). 2015 개정 교과 교육과정 개정(안)의 기본 방향. 한국교육과정학회, 2014년도 한국교육과정학회 추계학술대회 자료집, 59-78.
이원님, 고윤미, 정광순(2020). 교사교육과정 개발 과정 탐구. 통합교육과정연구(발간 예정).
조상연(2015). 초등교사가 교과교육과정 성취기준을 사용하는 양상 탐색. 학습자중심교과교육연구, 15(8), 587-614.
한국교육과정평가원(2008). 초 · 중등학교 교육과정 선진화 방안 연구(세미나 자료집). 연구자료 ORM 2008-27.
Bruner, J. S.(1960). The Process of Education. 이홍우(역)(2006). 지식의 구조와 교과. 교육과학사.
http://nccaplanning.ie/ (아일랜드 국가교육과정 평가원)